校企合作财经商贸专业系列丛书

互联网+创新型“十四五”精品教材

跨境电子商务采购与物流管理

（微课版）

主　编　郭　斌　兰秀建　廖韵如

副主编　王　晓　高美美　李　施

哈尔滨工程大学出版社

Harbin Engineering University Press

内 容 简 介

本书在结构设计上，围绕跨境电子商务采购与物流管理的知识构成要素进行介绍。本书共十个项目，包括跨境电子商务产品采购规划、跨境电子商务采购货源组织与货品检验、跨境电子商务采购订单管理与存货分析、跨境电子商务采购成本控制与结算、跨境电子商务仓储管理、跨境电子商务物流、跨境电子商务海外仓管理、跨境电子商务进口物流管理、跨境电子商务出口物流管理和跨境物流绩效管理。

本书可作为职业院校电子商务相关专业的教材，也可供企业界人士阅读参考。

图书在版编目（CIP）数据

跨境电子商务采购与物流管理 ： 微课版 / 郭斌，兰秀建，廖韵如主编. -- 哈尔滨 ： 哈尔滨工程大学出版社，2024. 12. -- ISBN 978-7-5661-4614-4

Ⅰ. F713.365.1

中国国家版本馆 CIP 数据核字第 2024TR6252 号

跨境电子商务采购与物流管理（微课版）

KUAJING DIANZI SHANGWU CAIGOU YU WULIU GUANLI（WEIKE BAN）

选题策划 张林峰
责任编辑 张林峰

出版发行 哈尔滨工程大学出版社
社　　址 哈尔滨市南岗区南通大街 145 号
邮政编码 150001
发行电话 0451-82519328
传　　真 0451-82519699
经　　销 新华书店
印　　刷 唐山唐文印刷有限公司
开　　本 787 mm×1 092 mm　1/16
印　　张 16
字　　数 410 千字
版　　次 2024 年 12 月第 1 版
印　　次 2024 年 12 月第 1 次印刷
书　　号 ISBN 978-7-5661-4614-4
定　　价 49.80 元
http://www.hrbeupress.com
E-mail:heupress@hrbeu.edu.cn

前　言

党的二十大报告指出，“坚持尊重劳动、尊重知识、尊重人才、尊重创造，实施更加积极、更加开放、更加有效的人才政策”“着力形成人才国际竞争的比较优势。加快建设国家战略人才力量”“深化人才发展体制机制改革……把各方面优秀人才集聚到党和人民事业中来”。

随着经济全球化、“互联网＋”技术的迅速发展，企业间的竞争日益激烈，采购与物流管理作为连接社会生产、流通和消费的核心环节和关键职能，在国民经济资源配置和转型发展中发挥着至关重要的作用。因此，企业必须对采购与物流管理给予足够的重视，以科学的采购与物流管理为企业的战略发展提供动力。

本书在编写中秉持“紧跟前沿，夯实理论，提升技能，实践为本”的原则，在结构安排和内容选取上满足高等职业院校电子商务类、物流类专业及相关专业的教学要求。本书特色如下。

（1）丰富性。本书在每个项目中都安排了学习目标、思政目标、案例导入、知识拓展、思考练习等模块，不仅能增强学生的学习动力，还能激发学生的创造性思维，从而提升学生的课堂参与度和思维活跃度，体现了以学生为主体的指导思想。

（2）时效性。本书案例多以新生事件及计划内容为主，案例时效性鲜明。

（3）实践性。本书突破以往很多教材重理论轻实践的框架，内容包含最新跨境电子商务物流模式。

（4）全面性。本书既包含跨境电子商务采购、仓储管理与物流管理等基础内容，又详细介绍了中国商业快递国际化发展、“互联网＋物流”背景下跨境电子商务物流的新发展等。

本书由郭斌（兰州博文科技学院）、兰秀建（四川化工职业技术学院）、廖韵如（江西航空职业技术学院）担任主编，由王晓（河南交通职业技术学院）、高美美（石家庄理工职业学院）、李施（漯河职业技术学院）担任副主编。本书的相关资料和售后服务可扫封底微信二维码或登录 www.bjzzwh.com 下载获得。

跨境电子商务的发展非常迅速，通关政策、平台规则、操作流程不断更新，本书编写内容仅以截稿日期前的平台规则为准。由于编者水平有限，书中难免存在不足之处，恳请广大读者批评指正并提出宝贵意见。

编　者

前言

目　录 CONTENTS

项目一

跨境电子商务产品采购计划

项目导读

制订采购计划就是确定如何采购物料和服务，以便更好地满足企业生产需求的过程。采购经理在制订采购计划时要重点考虑的问题包括是否采购、采购什么、采购多少、怎样采购及何时采购。本项目主要介绍跨境电子商务产品采购计划方面的知识。

学习目标

◎知识目标

◆了解采购计划编制的程序。

◆熟悉 MRP 采购计划与 ERP 采购计划。

◎能力目标

◆能够编制采购计划。

◆掌握采购计划管理流程。

◎素质目标

◆培养学生准确把握用户需求的能力，能够及时调整和优化产品规划。

◆培养学生规划和设计创新型产品的能力，以提高企业竞争力和市场占有率。

思政目标

◆帮助学生理解国家在国际贸易中的政策方针和战略目标，增强国家意识和责任感。

◆培养学生从全球化视角看待跨境电子商务，增强对国际市场的理解和适应能力。

案例导入

理解职责与日常工作安排

采购经理要想有效地开展工作，需了解采购部在企业中所处的位置及其职责权限、日常工作流程。另外，采购经理还要事先明确一年的工作安排，做好年度或季度采购计划，这也是其岗位职责的一部分。

李先生：经理，请问如何才能做好采购计划管理工作呢？

经理：我认为要先了解采购部门在整个企业中的位置，包括职责权限、日常工作流程、与其他部门的关系，只有这样，才能顺利地开展采购部的工作。

李先生：那么，我该如何安排日常工作呢？

经理：根据我的经验，你可以按日、周、月、季度以及年度对日常工作进行安排，使工作有条不紊、循序渐进。

李先生：好的，谢谢。

任务一　采购计划管理

任务描述

某跨境电子商务公司计划推出一款新上市的韩国美妆产品——“青春焕彩精华液”。该产品在韩国市场表现优异，消费者评价高，预计在中国市场也有较大的需求潜力。公司需要制定详细的采购计划，以确保产品在国内市场的稳定供应，同时避免库存积压和资金占用。

任务分析

通过科学的市场分析、供应链优化、成本控制和采购计划制定，公司能够有效提升跨境电子商务采购计划管理的效率，确保“青春焕彩精华液”在国内市场的稳定供应，降低库存和采购成本，增强市场竞争力。

知识积累

在跨境电子商务中，采购计划管理是非常重要的一环。它涉及如何根据市场需求、产品特点、供应商状况等因素，制订合理的采购计划，以确保业务的顺利运营。

采购员制订采购计划就是要确定如何进行采购物料和服务，以最好的采购服务满足生产需求的过程。它需要重点考虑的问题包括：是否采购、采购什么、采购多少、怎样采购以及何时采购。

采购计划管理

一、采购计划概述

（一）采购计划的作用

采购员制订采购计划有以下几个作用。

（1）采购计划可以使采购数量与用料时间完全配合，达到适时供应的目的。

（2）可避免因物料短缺而发生临时高价采购的浪费。

（3）正确的物料采购计划可防止超购、误购及少购。

（4）实施采购计划可增进营运效率、控制成本。

（5）采购计划可使企业在财务上早做准备，并可作为有关部门汇编与核准预算数量的参考。

（二）采购计划的目的

企业的采购计划应达到下列目的。

（1）预估物料采购需用的数量与时间，防止供应中断，影响产销活动。

（2）配合公司生产及采购计划与资金的高度。

（3）使采购部门事先准备，选择有利时机购入商品和物料。

（4）确立商品及物料合理耗用标准，以便控制采购商品和物料的成本。

二、影响采购计划与预算的因素

影响采购计划与预算准确性的因素，采购员应详加注意，通常有下列几项。

（一）年度营销计划

企业的产品除非在市面上出现供不应求的状况，否则企业年度的经营计划应是以营销计划为起点，而营销计划的拟订又受到销售预测的影响。销售预测的决定因素包括外界的不可控制因素，如国内的经济发展情况（国内生产总值、失业率、物价、利率等）、科技发展水平、竞争者状况，以及内部的可控制因素（如财务状况、技术水平、厂房设备、原材料供应情况、人力资源及企业声誉等）。

（二）年度生产计划

企业的生产计划是依据营销计划来制订的，若营销计划过于乐观，将使产量变成存货，给企业造成财务负担；反之，过度保守的营销计划，将使产品在市面上供不应求，丧失了创造利润的机会。因此，常因营销人员对市场的需求量估算失当，造成生产计划变化多端，也使得采购计划与预算必须经常调整、修正，物料供需长久处于失衡状态。

（三）用料清单

若产品工艺变更层出不穷，会导致用料清单难以随之调整，以此计算出来的所需物料需求数量与实际使用的物料数量或规格不相符合，造成采购数量过多或不及，物料规格过时或不易及时购得。因而，采购计划的准确性，必须依赖于最新、最准确的用料清单。

（四）存量管制卡

由于应购数量必须扣除库存数量，因而存量管制卡记载是否正确也会影响采购计划的准确性，这包括料账是否一致，以及物料存量是否全为良品。若账上数量与仓库架台上的数量不符，或存量中某些物料的规格不符合要求，将使存量中实际可取用物料的数量降低，所以，准确的存量管制卡是采购计划准确性的重要保证。

（五）物料标准成本的设定

采购人员在编订采购预算时，对将来拟购物料的价格不能预测，故多以标准成本替代。如果该标准成本的设定缺乏过去的采购资料为依据，也无工程人员严密精确地计算其原材料、人工及制造费用等生产的总成本，则其正确性会降低。因而，标准成本与实际购入价格的差额，即是采购预算准确性的评估指标。

知识拓展

准时制生产方式

准时制生产（just in time，JIT）早期的最佳运作诞生于丰田公司，从 20 世纪 70 年代初期开始，大野耐一借此将丰田的交货期和产品质量提高到全球领先的地位。

准时制生产指的是将必要的零件以必要的数量在必要的时间送到生产线，并且只将所需要的零件、只以所需要的数量、只在正好需要的时间送到生产线。JIT 方式将“获取最大利润”作为企业经营的最终目标，将“降低成本”作为基本目标。

（六）生产效率

生产效率的高低，将使预计的物料需求量与实际的耗用量产生误差。产品的生产效率降低，会导致原料的单位耗用量提高，使得采购计划中的数量无法满足生产所需。当生产效率有降低趋势时，采购计划必须将此额外的耗用率计算进去以保证它的准确性；反之，当生产效率提高时，也需要考虑它所降低的耗用量，以免产生浪费。所以，生产效率也会影响采购计划的准确性。

（七）价格预期

采购员在编订采购金额预算时，常对物料价格涨跌幅度、市场景气情况等进行预测，甚至将其列为调整预算的因素，由于个人主观的判定与事实的演变常有差距，有可能会造成采购预算的偏差。

三、编制采购计划

（一）采购计划的类别

通常采购计划包括年度采购计划、月度采购计划、日采购计划、日常经营需求计划等，具体内容如表 1–1 所示。

表 1-1　采购计划的类别

序号	种类	制订要求
1	年度采购计划	根据企业年度经营计划，在对市场信息、需求信息以及往年采购数据进行分析的基础上制订计划
2	月度采购计划	在对年度采购计划进行分解的基础上，依据上月实际采购情况、库存情况、下月需求预测、市场行情而制订的当月采购计划
3	日采购计划	在对月度采购计划进行分解的基础上，对各部门每日经营所需物品进行汇总与审核而制订的采购计划
4	日常经营需求计划	各部门根据每天的经营情况、物品日常消耗情况、库存情况，向采购部报送的日常采购计划

采购预算是指采购部门在一定计划期间（年度、季度或月度）编制的材料采购的用款计划。

1. 采购预算的目的

采购部门可以凭采购预算进行采购和控制采购用款支出，并使财务部门据此筹措和安排所需资金，这样可以协调采购部门与财务部门之间的关系。

国内、外采购，有的以延期付款的方式进行，如采用承兑交单、远期信用证及远期本票或支票，这些延期付款方式不但到期日相当确定，而且金额很大，如承兑交单（document against acceptance，D/A）和本票（promissory note，P/N）在到期日必须支付 100% 的货款，远期信用证支付 90% 的货款。因此，若采购预算（即用款计划）分为到期与新购两部分，由于到期部分可以相当准确地估算，因而采购预算有助于提高资金需求计划的准确性。

2. 采购预算编制的内容

列入采购预算的各种材料的采购数量和金额，以企业进行生产和经营维修所需的原材料、零部件、备件等为主。设备更新和基本建设所需的机器设备和工程材料，则应另编单项采购预算，不包括在计划期间的采购预算内。

3. 采购预算编制的依据

采购预算编制的依据，具体内容如表 1–2 所示。

表 1-2　采购预算编制的依据

序号	依据类别	说明
1	计划期间生产和经营维修所需材料的计划需用量	由生产计划管理部门在销售计划的基础上根据所编制的生产计划，以及前期材料消耗资料和材料清单计算确定
2	计划期期初库存量	预计本期期末库存量，由编制预算之日起至本期期末止这一期间的预计收入量，再减去同期预计发出量来确定
3	计划期期末转结余存量	由仓管和采购部门根据各种材料的安全储备量和提前订购期共同确定
4	材料计划价格	由采购部门根据材料的当前市场价格，以及其他各种影响因素，如国际政治经济因素、劳动力市场资源情况来确定

（二）配合采购计划的部门

无论是正常的批量生产还是特殊的订货生产，采购计划工作都必须得到各部门的配合，唯有如此才能顺利获得物料来满足生产需求。需要配合采购计划的部门及其职责具体如表 1-3 所示。

表 1-3　需要配合采购计划的部门及其职责

部门名称	具体职责
技术部门	提出产品设计草案、蓝图及有关的规格，同时提供生产所需物料的明细表，具体包括材料、零部件、设备等
生产部门	依据技术部门提供的资料，研究生产细节并决定如何完成生产
财务部门	汇集有关资料，提出成本预算方案
采购部门	根据企业现有产品种类、经济状况、生产计划等因素，提出产品采购方案

（三）分析采购计划所需的相关资料

对采购计划进行分析所需的相关资料如下。

1. 生产计划

企业可利用销售预测和对自身实际情况的分析来拟订销售计划或目标。销售计划列出了各种产品在不同时期的预期销售数量；预期销售数量加上预期的期末存货减去期初存货就是预期生产数量，生产计划据此数量拟订。

2. 用料清单

生产计划只列示产品的数量，若想了解某一产品需用哪些物料及其数量的多少，则需查看用料清单。用料清单是由研发部门或产品设计部门拟定的，根据该清单我们可以精确计算出制造某一产品的用料数量。用料清单所列的耗用量，即通称的标准用量，可作为用料管制的依据。

3. 存量管制卡

若产品有存货，则生产数量不一定等于销售数量；同理，若材料有库存，则材料采购数量也不一定等于根据用料清单计算出的材料需用量。因此，在编制采购计划时，必须查阅物料的存量管制卡，以了解某一物料目前的库存状况，然后再依据用料需求数量以及购料的作业时间和安全存量水准，计算出正确的采购数量。

（四）确定物料采购数量

生产计划、用料清单（或物料需求计划）和存量管制卡是确定采购数量的主要依据。采购经理可根据以下步骤来确定采购数量。

（1）先预估计划期内生产所需物料数量。

（2）根据预估生产所需物料数量加上最低与最高存货数量，求出其总需求量。

（3）分别用上述所得数据减去上期期末存量，结果即为计划期内的最低与最高采购

数量。其计算公式为

最高采购数量 = 生产需要量 + 最高存货数量 − 上期期末存货最低采购数量

= 生产需要量 + 最低存货数量 − 上期期末存货

（五）编写采购计划表格

大多数企业都有一套标准化的采购计划表格，采购经理只需将相关信息填入表格即可。

（六）处理采购计划变更

如果发生采购变更的情况，请购部门要及时填写“采购变更申请单”，并将其交采购部审批，以便做出变更安排。

（七）汇总采购计划

采购经理应督促本部门人员定期汇总登记各类采购计划，具体可参考表 1-4 执行。

表 1-4　采购计划登记表

编号：　　　　　　　　　　　　　　　　　　　　　　日期：　　　年　　月　　日

序号	名称	规格	物资采购厂家	单位	计划数	库存数	采购数	要求到货日期	备注

制表人：　　　　　　　　　　　　　　　　　审核人：

（八）落实采购计划

采购经理应依据采购计划将采购任务分派给各个采购员，分派任务时要注意以下三点。

（1）同一个采购员不能长期与一家供应商联系。

（2）专业要对口。

（3）重要的供应商要由资深的采购人员负责联络。

知识拓展

定期采购

定期采购是指按预先确定的订货间隔期间进行采购补充库存的一种方式。企业根据过去的经验或经营目标预先确定一个订货间隔期间，每经过一个订货间隔期间就进行订货，每次订货数量都不同。在定期采购时，库存只在特定的时间进行盘点，如每周一次或每月一次。

1. 定期采购的订购量

在定期采购时，不同时期的订购量不尽相同，订购量的大小主要取决于各个时期的使用率，它一般比定量采购要求更高的安全库存。定量采购是对库存连续盘点，一旦库存水平到达再订购点，就立即进行订购。相反的，标准的定期采购模型是仅在盘点期进行库存盘点，这就有可能在刚订完货时由于大批量的需求而使库存降至零，这种情况只有在下一个盘点期才会被发现，而新的订货需要一段时间才能到达，这样有可能在整个盘点期和提前期会发生缺货。所以安全库存应当保证在盘点期和提前期内不发生缺货。

2. 定期采购的优缺点

定期采购的优点如表 1–5 所示。

表 1-5　定期采购的优点

序号	类别	内容概述
1	控制库存	订货周期需控制得当，既不能造成缺货，又能控制最高库存量，达到成本控制的目的，使采购成本最少
2	降低运输成本	订货间隔周期已经确定，可进行多种货物的同时采购，在降低订单处理成本的同时，还可以降低运输成本
3	节省盘查费用	此种方式不需要经常检查和盘点库存，可以节省这方面的费用

定期采购的缺点如表 1–6 所示。

表 1-6　定期采购的缺点

序号	类别	内容概述
1	不能掌握库存动态	由于不经常检查和盘点库存，对商品的库存动态不能及时掌握，遇到突发性的大量需要，容易造成缺货，给企业带来损失，因而为了应对订货间隔期间内需要的突然变动，往往库存水平较高
2	耗用流动资金	如果遇见品种数量少、占用资金大的产品，企业流动资金就会出现紧张

3. 定期采购的实施

定期采购仅对应产品数量多、占用资金较少的商品，对于产品数量少、占用资金大的商品最好采用定量采购。

采购周期也可以根据具体情况进行调整。比如，根据自然日历习惯，以月、季、年等确定周期；根据供应商的生产周期或供应周期进行调整等。

定期采购方式中订货量的计算方法为

订货量 = 最高库存量 – 现有库存量 – 订货未到量 + 顾客延迟

四、MRP 采购计划

（一）MRP 采购资料

物料需求计划（material requirement planning，MRP）是利用生产日程总表、零件结构表、库存报表、已订购未交货订购单等各种相关资料，经正确计算而得出各种物料零件的变量需求，以此提出各种新订购计划或修正各种已开出订购的物料管理的方法。

1. 生产日程计划表

生产日程计划表（mater production schedule，MPS），一般是根据客户合同、生产能力、物料状况和市场预测等来排定的。它通常是以周为单位，把经营计划或生产大纲中的产品系列具体化，使之成为实施物料需求计划的主要依据，起到从综合计划向具体计划过渡的承上启下的作用。

2. 物料逻辑档

物料逻辑档是储存一切有关成品、半成品与物料的各种必要资料，如物料名称、ABC 物料分类表、产品结构阶层表、采购前置时间、物料基准存量表等。

3. 零件构成表

零件构成表（bill of materials，BOM）表示最终产品零件的构成内容明细及需要数量的资料，它将产品、组合品、零件、原料等物品都体现在上面，能够让人了解以产品为首的各零件的构成，并以此计算出产品所需的组合品、零件及物料。

4. 库存量

库存信息是保存企业所有产品、零部件、在制品、物料等存在状态的数据库。在 MRP 系统中，将产品、零部件、在制品、物料甚至工装工具等统称为“物料”或“项目”（图 1–1）。

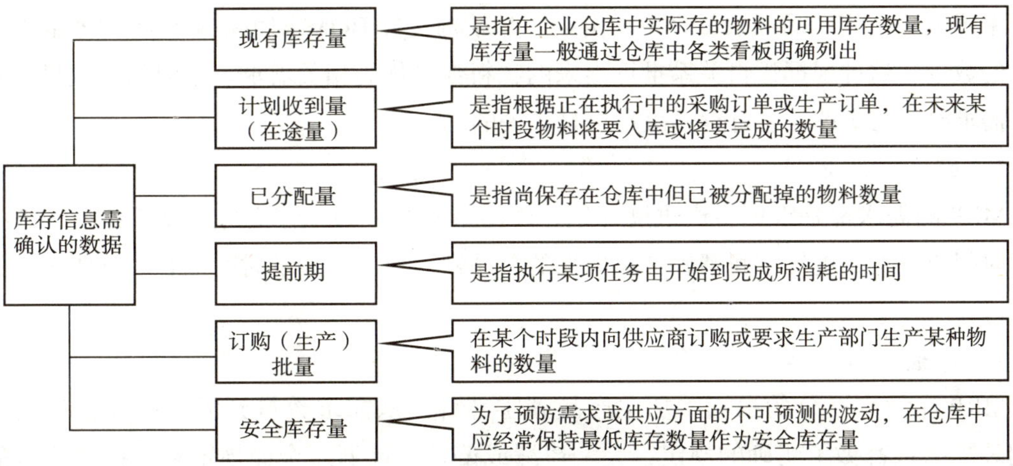

图 1–1　库存信息需确认的数据

根据以上的各个数值，可以计算出某项物料的净需求量。

净需求量 = 毛需求量 + 已分配量 − 计划收到量 − 现有库存量

【提示】

生产日程计划表、物料逻辑档、零件构成表、库存量这四类资料是开展MRP必需的，要完整地进行准备。

5. MRP 的构建流程

在了解了 MRP 运作所需的资料要求后，就要了解其构建流程以开展进一步的工作。MRP 的构建流程如图 1–2 所示。

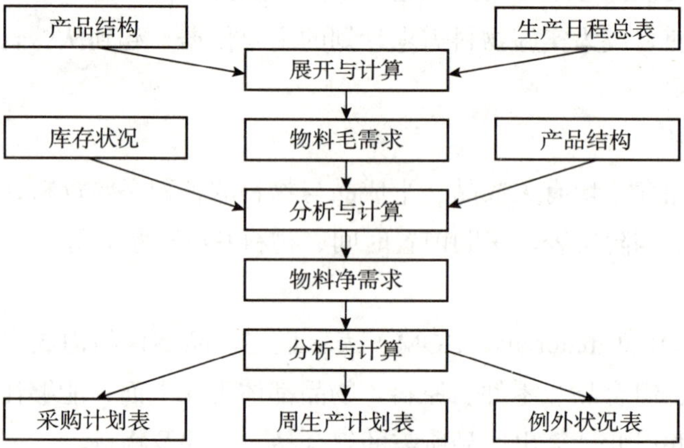

图 1–2　MRP 的构建流程

（二）MRP 采购的特点

1. 需求的相关性

在流通企业，各种需求往往是独立的。而在生产系统中，需求具有相关性。例如，根据订单确定了所需产品的数量之后，由新产品结构文件 BOM 即可推算出各种零部件和原材料的数量，这种根据逻辑关系推算出来的物料数量称为相关需求。不但品种数量有相关性，需求时间与生产工艺过程的决定也是相关的。

2. 需求的确定性

MRP 的需求都是根据主产进度计划、产品结构文件和库存文件，以及各种零部件的生产时间或订货、进货时间精确计算出来的，品种、数量和需求时间都有严格要求，不可改变。

3. 计划的精细性

MRP 计划有充分的根据，从主产品到零部件，从需求数量到需求时间，从出厂先后到装配关系都做了明确的规定，无一遗漏或偏差。计划还全面规定和安排了所有的生产活动和采购活动。不折不扣地按照这个计划进行，能够保证主产品出厂计划的如期实现。

4. 计算的复杂性

MRP 计划根据主产品计划、主产品机构文件与库存文件、生产时间、采购时间，把主产品的所有零部件的需要数量、需要时间、先后关系等准确计算出来，其计算量是非常庞大的。特别是主产品复杂、零部件数量特别多时，如果用人工计算，简直望尘莫及。所以 MRP 的产生和发展与计算机技术的发展有紧密的联系。

（三）MRP 的计算

MRP 的计算通常分两步：先根据主生产计划导出物料的需求量与需求时间，然后根据物料的提前期确定投产与订货时间。

1. 计算物料的毛需求量

首先是根据主生产计划算出一级物料的毛需求量，然后根据一级物料的物料清单（BOM）表算出二级物料的毛需求量，再根据二级物料的 BOM 表算出三级物料的毛需求量，后面的四级、五级以此类推，直到最低层级物料毛坯或采购件为止。

$$\text{毛需求} = \text{计划生产量} \times \text{BOM} + \text{杂项需求}$$

2. 净需求量计算

根据毛需求量、可用库存量、已分配量等计算出每种物料的净需求量。

$$\text{净需求量} = \text{毛需求量} + \text{已分配量} - \text{可用库存量} - \text{在途量}$$

3. 批量计算

相关计划人员对物料生产作出批量策略决定。不管采用何种批量规则或不采用批量规则，净需求量计算后都应该表明是否有批量要求。

4. 安全库存量、废品率和损耗率等的计算

物料计划人员需要用废品率和损耗率来确定净需求量，同时确保安全库存。

$$\text{库存量} = \text{现有库存} - \text{生产线已开单未领量}$$

5. 下达计划订单

通过 MRP 计算已经知道了需要的物料数量，但 MRP 所生成的计划订单，要在能力资源平衡确认后，才能开始正式下达计划订单。

6. 再一次计算

MRP 的再次生成大致有两种方式，一种是会对库存信息重新计算，同时覆盖原来计算的数据，生成全新的 MRP；另一种是在制定、生成 MRP 的条件发生变化时，才相应地更新 MRP 有关部分的记录。

（四）MRP 采购的注意事项

一般的采购活动都有以下几个步骤：资源调查；供应商认证；询价及洽商；生成请购单；下达采购单；采购单跟踪；验收入库；结算。实施 MRP 采购除了具有以上步骤外，还必须有一定的基础条件，最为重要的基础条件有两点：一是企业采用了 MRP 系统；二是企业有良好的供应商管理。

如果企业没有采用MRP系统，就谈不上进行MRP采购，物料的需求计划就不可能由相关性需求转换成独立性需求。没有MRP系统生成的计划订货量，MRP采购就失去了依据，对于复杂产品的物料相关性需求靠手工计算是不可能的。而若采用订货点方法进行采购，必然造成零部件配不齐或者原材料的大量库存，占用大量的流动资金。因此，可以说MRP系统与MRP采购是相辅相成的，如果企业采用了MRP系统，则它对需要购买的物料必然实行MRP采购管理才能使它的MRP系统良好地运行；而企业若实行MRP采购管理，则必然是企业实行了MRP管理，否则MRP采购如同空中楼阁，失去了基础。实施MRP采购管理必须要有良好的供应商管理作为基础。

在MRP采购中，购货的时间性要求比较严格，如果没有严格的时间要求，那么MRP采购也就失去了意义。如果没有良好的供应商管理，不能与供应商建立起稳定的客户关系，则供货的时间性要求很难保证。

MRP采购与一般采购管理还有不同，物料采购确定或者物料到达后，需要及时更新数据库，这里不仅包括库存记录，还包括在途的物料和已发订货单数量及计划到货量。这些数据都会添加到MRP系统中，作为下次运行MRP系统的基础数据。

五、ERP采购计划

（一）ERP系统介绍

企业资源计划系统（enterpriser resource planning，ERP）是指建立在信息技术基础上，集信息技术与先进管理思想于一身，以系统化的管理思想，为企业员工及决策层提供决策手段的管理平台。它是从MRP发展而来的新一代集成化管理信息系统，它扩展了MRP的功能，其核心思想是供应链管理。

ERP跨境电子商务协同管理平台是一个为从事跨境电子商务业务的企业和个人提供协同管理服务的云服务平台，深度对接eBay、亚马逊和全球速卖通等销售渠道，性能卓越、安全稳定，能够帮助卖家轻松对采购、订单、发货、仓储、售后、统计等电子商务运营关键环节进行一站式、智能化、自动化管理，提升运营效率，降低成本。

采购管理系统作为企业管理系统的一个重要核心，其功能也是非常强大的，包括了多途径采购功能、订单管理、发票管理、购货与质检、供应商供货管理、集团内部采购业务、业务流程设计、资料联查、多级审核管理等多种与采购相关的功能，正是这些分工明确的功能，使得采购管理系统可以极大地提升企业的采购效率，减少了采购时冗余的资金浪费，提高了企业效益。

（二）ERP采购的特点

ERP具有整合性、系统性、灵活性、实时控制性等显著特点。ERP系统的供应链管理思想对企业提出了更高的要求，是企业在信息化社会、在知识经济时代繁荣发展的核心管理模式。

1. 面向销售，能够对市场快速响应

ERP 将供应链管理功能包含了进来，强调了供应商、制造商与分销商间的新的伙伴关系，并且支持企业后勤管理。

2. 更强调企业流程与工作流

ERP 通过工作流实现企业的人员、财务、制造与分销间的集成，支持企业过程重组。

3. 增加对设计数据与过程的管理

ERP 纳入了产品数据管理的功能，增加了对设计数据与过程的管理，并进一步加强了生产管理系统与计算机辅助设计、计算机辅助制造系统的集成。

4. 具有较完善的企业财务管理体系

ERP 更多地强调财务管理，具有较完善的企业财务管理体系，这使价值管理概念得以实施，资金流与物流、信息流更加有机地结合。

5. 考虑人的作用

ERP 较多地考虑人作为资源在生产经营规划中的作用，也考虑了人的培训成本等。

6. 支持混合管理模式

在生产制造计划中，ERP 支持 MRP 与 JIT 混合管理模式，也支持多种生产方式（离散制造、连续流程制造等）的管理模式。

7. 采用最新的计算机技术

ERP 采用了最新的计算机技术，如客户 / 服务器分布式结构、面向对象技术、基于 Web 技术的电子数据交换（electronic data interchange，EDI）、多数据库集成、数据仓库、图形用户界面、第四代语言及辅助工具等。

（三）ERP 系统采购流程

采购业务在 ERP 系统中的工作流程如下。

1. 建立供应商资源

建立供应商档案，同时对首选、次选等供应商加以分类，并建立供应商的供应物品明细，资料最终必须进行确认才有效。

2. 生成采购计划

根据 MRP 的物料需求计划及库存子系统生成的物料需求来生成采购计划，并综合考虑物料的订货批量、采购提前期、库存量、运输方式以及计划外的物料申请，系统自动进行物料合并，也可以人工干预和修改。

3. 询价及洽谈

询价及洽谈过程是落实采购订单的采购供应商。

4. 生成用款计划

生成采购计划后，系统自动生成用款计划，并根据询价结果进行维护。

5. 下达订单

根据订货批量、采购提前期、库存量、运输方式、用款计划以及计划外的物料申请进行物料合并，生成采购订单，并经过确认后即可进行订单输出，最后下达给供应商，也可以网上发布订单。

6. 采购订单跟踪

采购业务人员对下达的采购订单按计划进行跟踪，系统可以设置跟踪的时间周期，形成订单跟催计划。

7. 来料验收

由采购业务员对来料按订单与发票进行验收，并录入收货单与发票。也可以根据系统集成的特点与企业的实际流程，直接由来料检验人员（或物料管理员）对来料按订单进行验收，并对不按计划交货（拖期、提前）的供应商进行管理控制。

8. 结账与费用核算

结账付款工作由采购部门配合财务部门来完成，并根据物料的采购结算单据和对采购各种费用的分摊，计算出采购成本。

9. 采购订单结算和清理

在采购订单交货、收货、入库、付款和考核后，要及时结清采购订单。

10. 系统基础数据维护

采购子系统的基本数据有采购员资料、供应商资料、采购提前期以及业务流程设置，对这些数据应及时加以维护。

知识拓展

ERP系统生产控制功能介绍

ERP系统生产控制功能是ERP系统的核心所在，它将企业的整个生产过程有机地结合在一起，使得企业能够有效地降低库存，提高效率。同时，各个原本分散的生产流程的自动链接，也使得生产流程能够前后连贯进行，而不会出现生产脱节，耽误生产交货时间。生产控制管理是一个以计划为导向的先进生产、管理方法。企业先确定它的一个总生产计划，再经过系统层层细分后，下达到各部门去执行，即生产部门以此生产，采购部门按此采购等。

1. 主生产计划

主生产计划是根据生产计划、预测和客户订单的输入来安排将来各周期中提供的产品种类和数量，它将生产计划转为产品计划，在平衡了物料和能力的需要后，精确到时间、数量的详细进度计划。它是企业在一段时期内的总的活动安排，是一个稳定的计划，是以生产计划、实际订单和对历史销售分析得来的预测产生的。

2. 物料需求计划

物料需求计划是在主生产计划决定生产多少最终产品后，再根据物料清单，把整个企业要生产的产品的数量转变为所需生产零部件的数量，并对照现有的库存量，可得到还需采购多少、生产多少、加工多少的最终数量。这是整个部门真正依照的计划。

3. 能力需求计划

能力需求计划是在得出初步的物料需求计划之后，将所有工作中心的总工作负荷与工作中心的能力平衡后产生的详细工作计划，用以确定生成的物料需求计划是否是企业生产能力上可行的需求计划。能力需求计划是一种短期的、当前实际应用的计划。

4. 车间控制

车间控制是随时间变化的动态作业计划，是将作业排序，再进行作业分配、作业管理、作业监控。

5. 制造标准

在编制计划中需要许多生产基本信息，这些基本信息就是制造标准，包括零件、产品结构、工序和工作中心，都用唯一的代码在计算机中识别。

任务二 采购计划编制与执行

任务描述

某跨境电子商务公司计划推出一款新上市的法国高端红酒——“波尔多珍藏干红”。该产品在法国市场享有盛誉，预计在中国市场也有较大的需求潜力。公司需要制定详细的采购计划，以确保产品在国内市场的稳定供应，同时避免库存积压和资金占用。

任务分析

通过科学的市场分析、供应链优化、成本控制和采购计划编制与执行，公司能够有效提升跨境电子商务采购计划管理的效率，确保“波尔多珍藏干红”在国内市场的稳定供应，降低库存和采购成本，增强市场竞争力。

知识积累

跨境电子商务采购计划管理流程的具体实施可能会因企业规模、行业特点和目标市场等因素有所差异。因此，在实际操作中，需要根据实际情况进行相应的调整和定制。

一、采购预算编制流程

采购预算是指采购部门在一定计划期间（年度、季度或月度）编制的材料采购的用款计划。作为一名优秀的采购员，应了解采购预算的编制流程（图 1–3）。

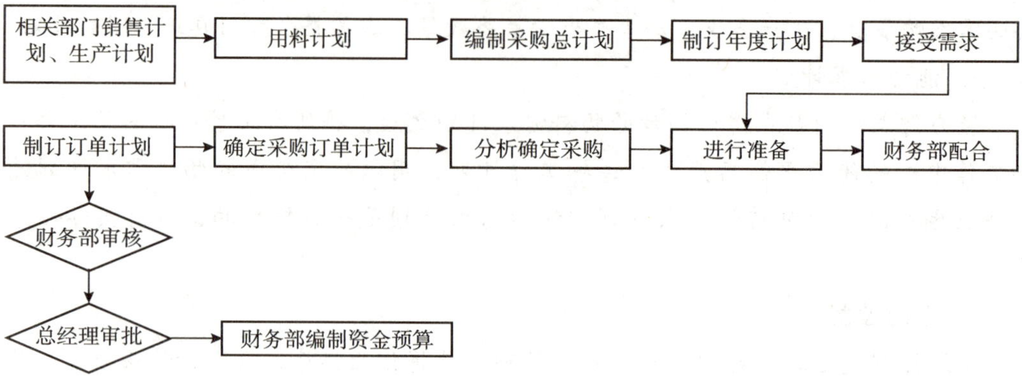

图 1–3　采购预算编制流程

二、采购计划编制流程

在采购计划编制过程中，采购员需要负责搜集相关部门的信息，协助采购主管编制采购计划（图 1–4），完成企业的采购任务。

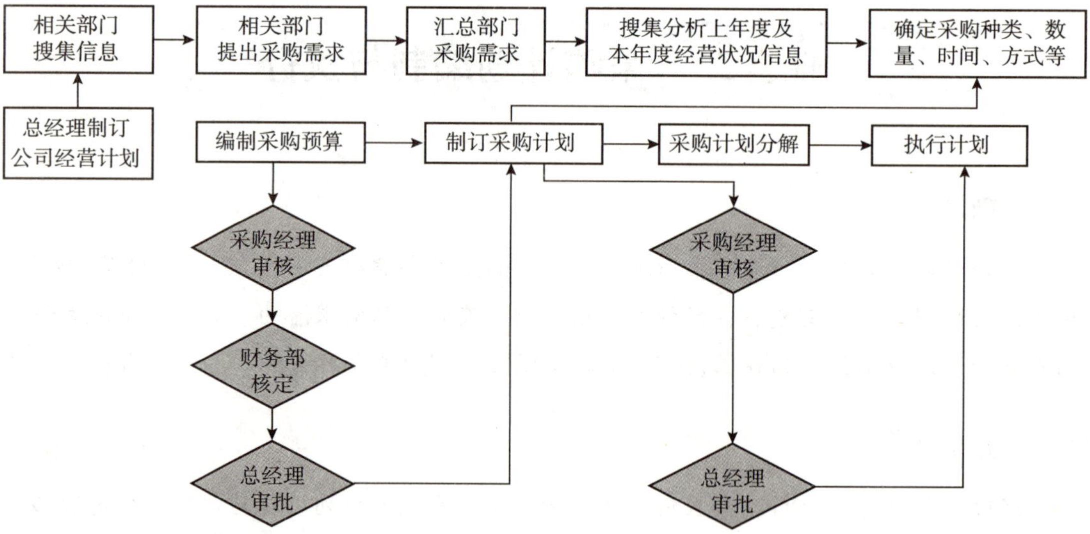

图 1–4　采购计划编制流程

三、采购计划审批流程

当物料使用部门提出采购申请时，采购员需要协助采购主管对采购计划进行审核。具体流程如图 1–5 所示。

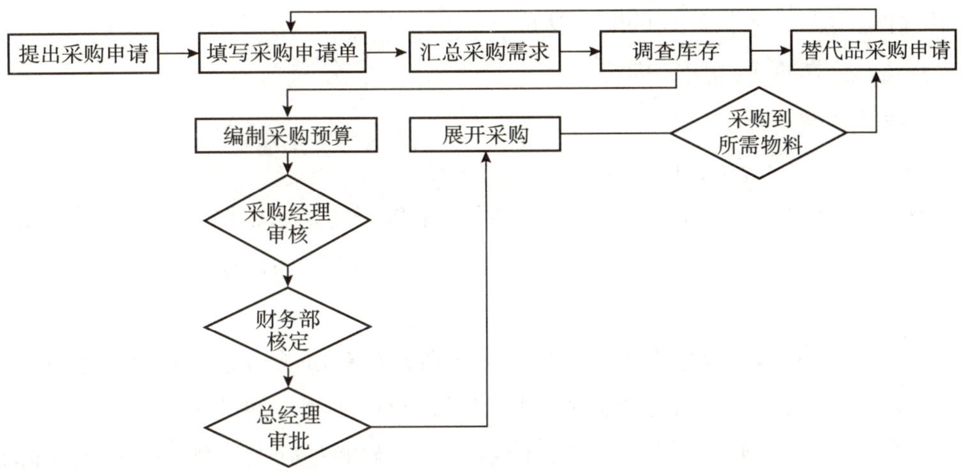

图 1-5　采购计划审批流程

四、采购招标流程

在确定了采购计划并通过审核之后，采购员需要协助采购主管编制招标流程。具体如图 1-6 所示。

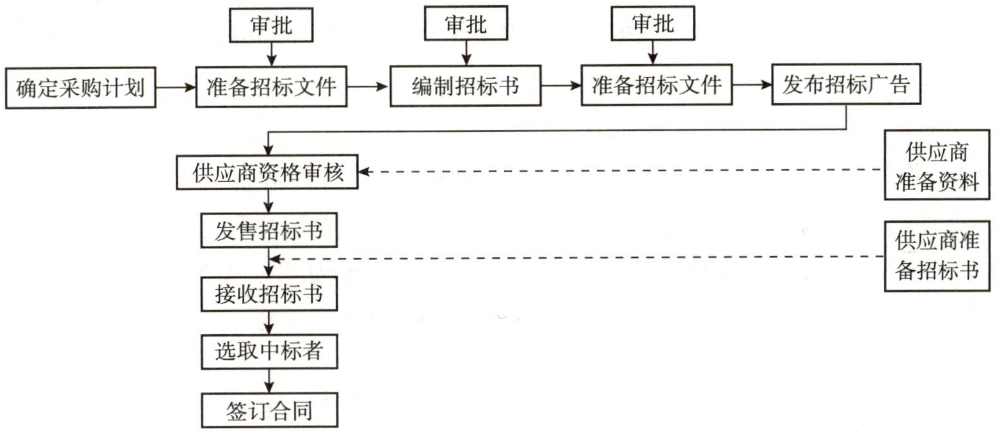

图 1-6　采购招标流程

（一）目的

为编制采购计划，配合公司采购计划管理制度的推行，特制定本程序。

（二）适用范围

本公司采购计划的制订，除另有规定外，悉依本程序处理。

（三）采购计划的编制

1. 编制采购计划的作用

（1）预估用料数量、交货期，以防止断料。

（2）避免库存过多、资金积压、空间浪费。

（3）配合生产、销售计划的顺利达成。

（4）配合公司资金运用、周转。

（5）指导采购工作

2. 编制采购计划的依据

制订采购计划时，应考虑经营计划、物品需求部门的采购申请、年度采购预算、库存情况、公司资金供应情况等相关因素。对经营活动的急需物品，应优先考虑。

3. 采购计划的种类

（1）年度采购计划。根据公司年度经营计划，在对市场信息和需求信息进行搜集和分析的基础上，依据跟往年历史数据的对比情况，权衡所制订的计划。

（2）季度采购计划。在对年度采购计划进行分解的基础上，依据上季度实际采购情况、库存情况、下季度需求预测、市场行情等所制订的当季度采购计划。

（3）月度采购计划。在对年度采购计划进行分解的基础上，依据上月实际采购情况、库存情况、下月需求预测、市场行情等所制订的当月采购计划。

（4）日采购计划。在对月度采购计划进行分解的基础上，依据各部门每日生产所需物品的汇总，经审核后制订的采购计划。

（5）日常生产需求计划。根据每天的生产情况、物品日常消耗情况、库存情况，各部门向采购部报送的日采购需求计划。

4. 采购申请提出及审批权限

（1）物料使用部门填写采购申请表应注明物品的名称、数量、规格、需求日期、参考价格、用途、技术要求、供应商（参考）、交货期、送货方式等。

（2）各种物品采购申请的提出及审批权限的相关规定如表 1-7 所示。

表 1-7 采购申请的提出及审批权限的规定

物品类别	采购申请提出人	申购依据	审核人	审批人
项目所需采购的材料、设备等	项目负责人	依据合同及设计任务书所做的预算表、工程进度表、材料及设备采购清单	部门负责人	工程部负责人
日常经营所需的材料、设备等	各部门	经营需求、加工要求	部门负责人	经营部负责人
工具及配件、量检具等	使用部门	月初提出采购申请	部门负责人	相关主管领导
常备用料	采购计划专员	日常领料情况、库存情况	各部门经理	相关主管领导
研究开发所需要的原料，辅助材料、工具、设备等	技术中心	根据需求时间提出月度或日采购申请	部门负责人	技术部负责人

（3）上表所列各类物品如果在年度预算外或超过年度预算，按超预算的审批程序办理，最终审批人为总经理。

（4）采购申请表应注明材料的名称、规格与型号、数量、需求日期、参考价格、用途、技术要求、安装尺寸、生产厂家（参考）、交货期、是否直发现场（若是直发现场，应注明地址）。

（5）部门负责人或授权人审核本部门的采购申请表时，应检查采购申请表的内容是否准确、完整，若不完整或有错误应及时予以纠正。

（6）经审批后的采购申请表由采购部审核汇总。审核内容包括采购申请表的各栏填写是否清楚、是否跟合同内容相符合、是否在预算范围内、是否在审批范围内以及是否有相关负责人的审批签字等。

5. 编制采购计划的步骤

（1）明确销售计划

① 企业于每年年底制定下一年度的营业目标。

② 市场营销部根据年度目标、客户订单意向、市场预测等进行销售预测，并制订下一年度的销售计划。

（2）明确生产计划

① 生产部根据销售预测计划，以及本年度年底预计库存与下一年度年底预计库存，制订下一年度的生产预测计划。

② 物控人员根据生产预测计划、物料清单、库存状况，制订下一年度的物料需求计划。

③ 各物料使用部门根据年度目标、生产计划，预估下一年度各种消耗物品的需求量，编制预估计划。

（3）编制采购计划

① 采购部汇总各种物料、物品的需求计划。

② 采购部编制下一年度采购计划。

（4）编制采购计划的注意事项

① 采购计划要避免过于乐观或保守。

② 企业年度目标达成的可能性。

③ 销售计划、生产计划的可行性和预见性。

④ 物料需求信息与物料清单、库存状况的准确性。

⑤ 物料标准成本的影响。

⑥ 保障生产与降低库存的平衡。

⑦ 物料采购价格和市场供需可能出现的变化。

（四）采购计划的管理

采购计划由采购部根据审批后的采购申请表制订，日采购计划由采购部经理批准执行，月度采购计划报请营运副总经理批准执行，年度采购计划需报请公司总经理审批。采购计划时应注意以下几点。

（1）采购计划应同时报送财务部审核，以利于公司资金的安排。

（2）采购计划专员应审查各部门申请采购的物品是否能由现有库存满足或有无可替代的物品，只有现有库存不能满足的申请采购物品才能列入采购计划。

（3）如果采购申请表所列的物品为公司内其他部门所生产的产品，在质量、性能、交货期、价格相同的情况下，必须采用本公司的产品，不得列入采购计划。

（4）请购部门下达给采购部的采购申请表，应分类列表，且必须是经过汇总、计划后的材料清单。

（5）对于无法于指定日期内办妥的采购申请单，必须及时通知请购部门。

（6）对于已申请的采购物品，请购部门若需要变更规格、数量或撤销请购申请时，必须立即通知采购部，以便及时根据实际情况更改采购计划。

（7）未列入采购计划的物品不能进行采购。如确属急需物品，应填写紧急采购申请表，由部门负责人审核后，报公司运营副总经理核准后才能列入采购范围。

（五）预算的编制

1. 年度用料预算编制

（1）由用料部门依据营业预算及生产计划编制年度用料预算表（特殊用料应预估材料价格），经主管人员核定后，送企划部汇编年度用料总预算转工厂财务部。

（2）凡属委托物控部补充的工作，概由物控部按用料部门计划代为编列预算，并通知用料部门。

（3）材料预算经最后审定后，由仓储部门严格执行，如经核减，应由一级主管召集相关主管研拟分配后核定，由企划部分别通知各用料部门重新编列预算。属于自行修配者，按上述规定办理。

（4）用料部门用料超出核定预算时，由企划部通知仓储部。用料部分超出数在 10% 以上的，应由用料部门提出书面理由，呈转一级主管核定后办理。

（5）用料总预算超出 10% 的，由企划部通知仓储部，由仓储部说明超出原因，并办理追加手续。

2. 分期用料预算

分期用料预算由用料部门编制，凡属委托修缮的工作，物控部按用料部门计划分别代为编列用料预算表，经一级主管核定后，由企划部转送仓储部。

3. 资本支出用料预算

（1）资本支出用料预算，由一级主管根据工程计划，通知企划部按前条的规定办理。

（2）资本支出预算，年度有一部分未动用或全部未动用的，其未动用部分不能保留，视情况得在下一年度补列。

4. 购料

（1）购料预算的编制程序如下。

① 年度购料预算由企划部汇编并送呈审核。

② 分期购料预算由仓储部视库存量、已购未到数量及财务状况编制购料预算表，由企划部送呈审核，并转公司财务会议审议。

（2）经核定的分期购料预算，在当期未动用的，不得保留，其确有需要者，须于下期补列。

知识拓展

采购数量计划的编制

1. 采购数量计划的目的

采购数量计划是在某一特定的期间内，针对何时购入何种材料及购入多少的估计工作。采购数量计划应达到以下目的。

（1）预估材料需用数量与时间，防止供应中断，影响产销活动。

（2）避免材料储存过多，积压资金，占用仓储空间。

（3）配合企业生产计划与资金调度。

（4）使采购员事先准备，选择有利时机购入材料。

（5）确立材料耗用标准，以便控制用料成本。

2. 采购数量决定流程

采购数量决定流程如图 1–7 所示。

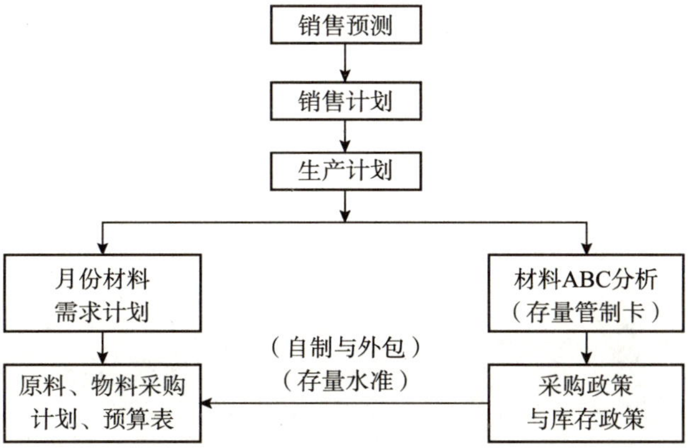

图 1–7　采购数量决定流程

3. 采购数量计划编制步骤

通常，企业采购数量与营业量、销售量息息相关。也就是说，生产及营业预算编制完后才可着手编制物料的采购数量预算。

4. 采购数量计算

综前所述，生产计划、用料清单或材料需求计划，以及存量管制卡是决定采购数量的主要依据，因而可依以下公式计算采购数量。

本期应购数量＝本期生产需用材料数＋本期期末预定库存量－前期预估库存量－前期已购未入库数量

5. 填写采购数量计划表

用料计划表只表示某一物料某月份应予订购的总量，至于某一物料应在何时订购、订购多少及何时到货，则必须填写采购数量计划表。

项目评价

课堂表现评价

评价内容：采购计划的编制、管理方法及管理流程。

评价规则：将全班同学分成若干小组来组织教学，每个小组需要设计队名，每次课在黑板上画出表 1–8。每次课都有评价，只要本组同学回答正确，就给全组加分，每组同一个人不能连续回答问题，必须换人回答才能给本组加分，如果回答错误，其他小组可以回答；小组讨论表现最好的（一组）和较好的（两组）加分；当堂课小组全勤的加分；每项分值由教师指定，每次课堂结束后由学习委员在分数记录册上进行记录，最终形成该小组分数，如表 1–8 所示。

表 1-8　课堂表现评价表

小组	回答或解决问题	小组讨论表现	小组全勤	合计
小组一				
小组二				
小组三				
小组四				
小组五				
小组六				
小组七				
小组八				
小组九				
小组十				

项目学习成果评价

评价规则：项目学习成果评价汇总表分数将作为学生项目学习成果得分，如表 1–9 所示。每个小组完成项目学习的可视化学习成果将会存档。

表 1-9 项目学习成果评价汇总表

小组	任务一	任务二	课堂表现	总评
小组一				
小组二				
小组三				
小组四				
小组五				
小组六				
小组七				
小组八				
小组九				
小组十				

项目小结

本项目首先介绍了跨境电子商务采购计划管理，其次介绍了跨境电子商务采购计划的编制与执行。通过本项目的学习，读者不仅加强了对跨境电子商务产品规划和采购管理的理解，还提升了采购计划编制和执行的实际操作能力。读者能够将所学知识应用到实际工作中，为企业的产品规划和采购管理工作贡献自己的聪明才智，推动企业业务的发展和优化。

巩固与训练

思考练习

1．简述影响采购计划与预算的因素。

2．MRP 采购的特点有哪些？

3．ERP 采购的特点有哪些？

4．简述采购计划管理流程。

拓展训练

假设你是某电子商务公司的客服经理，接到一位外国客户的投诉，客户购买的产品存在质量问题。请简述你需要采取的具体措施，以解决客户的投诉并确保下一次采购时不再出现类似问题。

项目二 跨境电子商务采购货源组织与货品检验

项目导读

在供应商准备货物的过程中，企业就要开始对采购进货过程进行计划、组织、指挥、协调和控制，要与相关方签订合同，对交货方式、运输方式、运输线路、收货的验收处理都加以控制，以确保交货进度；同时，要及时对货品进行检验，确保货品质量。本项目主要介绍跨境电子商务采购货源组织及货品检验方面的知识。

学习目标

◎知识目标

◆了解采购品的 ABC 分类。

◆熟悉国外采购退货与索赔。

◆掌握采购货物的质量与检验管理。

◎能力目标

◆熟练进行国外采购退货与索赔。

◆学会报检单的填制。

◎素质目标

◆培养学生建立稳定可靠的货源体系，确保供应商的信誉和质量可靠。

◆培养学生建立高效的检验流程、运用现代化的检验设备和技术，减少检验时间。

思政目标

◆提升学生的实践操作能力和问题解决能力，帮助学生更好地适应未来的职业环境。

◆强化学生对采购管理中职业道德的理解，使其树立正确的职业观和价值观。

案例导入

掌握采购品质控制方法

采购物料质量是企业产品品质控制的第一个环节，物料质量的好坏直接影响企业最终产品的质量和生产进度，因此采购经理应做好采购产品质量控制工作。

李先生：经理，公司采购物料时，我每次都担心采购品质会出现问题，请问，有没有控制采购品质的好办法？

经理：要想做好采购品质控制，必须掌握采购品质控制的各类基础知识，如采购品质构成、种类等，同时还要制定好准确的物料规格和采购品质控制标准、目标等。

李先生：为了加强采购品质控制，总经理计划成立采购品质管理部门，并让我作为该部门的主要负责人，您认为这样做有必要吗？

经理：这样做很有必要。采购品质控制是一项系统工程，采购部要想控制好采购品质，需要其他部门的帮助，如需要品质部门协助检验物料质量等。

李先生：好的，谢谢。

任务一　采购货源分类与管理

任务描述

某跨境电子商务公司（以下简称“公司”）主要通过电子商务平台销售进口商品，产品涵盖美妆、母婴、食品、电子产品等多个品类。随着业务规模的扩大，公司面临货源管理上的挑战，包括货源分散、供应链复杂、质量不稳定等问题。

任务分析

为了优化货源管理，公司决定对采购货源进行分类与管理，以提高供应链的透明度和效率。通过科学的货源分类与管理策略，公司能够有效提升跨境电子商务采购的效率，确保产品质量和供应链的稳定性。

知识积累

采购货源分类与管理是企业管理中至关重要的一环，它关乎着企业的运营效率和成本控制。在当今市场竞争激烈的环境下，企业需要更加精细地管理采购货源，以确保采购的商品符合企业的需求，同时降低采购成本。

一、采购品分类管控

采购品分类管控是采购品管理的基础工作之一。企业所面对的采购品往往种类繁多、性质各异，为了做到有重点、有针对性地对采购品进行管理，企业往往采取多种方法对采购品进行分类管理。

（一）采购品的 ABC 分类

采购品的 ABC 分类是一种根据采购品的重要性、价值、消耗量和采购成本等因素，将其分为 A、B、C 三个类别的管理方法。这种方法基于帕累托法则，即 80/20 原则，该原则表示 80% 的效益来自 20% 的采购品。

1. ABC 法则与效率

面对纷繁杂乱的处理对象，如果分不清主次，眉毛、胡子一把抓，其效率和效益是不可能高的。而分清主次，抓住主要的对象，却可以事半功倍。

在一个大型公司中，采购品的种类通常会很多，动辄就上千种。不分主次的管理费时费力，却收效甚微，而且可能出现混乱，造成重大损失。重要材料，例如产品关键部件，如果计数错误，可能导致缺料，影响生产，进而丧失市场机会、失去客户。所以，重要材料的存量应该作为重点监控，确保及时采购，不断料也不积压；非重要材料资金占用量应小，可以按一定的估计量备货。

2. ABC 分类的方法

对采购品的 ABC 分类，采取下列步骤。

第一步，计算每一种材料的金额。

第二步，按照金额由大到小排序并列成表格。

第三步，计算每一种材料金额占采购品总金额的比率。

第四步，计算累计比率。

第五步，分类。

累计比率在 0% ～ 60%，为最重要的 A 类材料；累计比率在 60% ～ 85%，为次重要的 B 类材料；累计比率在 85% ～ 100%，为不重要的 C 类材料。对于具体的分类标准，不同的文献有不同的表述，但原理都是相同的。越是重要的，往往种类越少，具体区分的时候可以按照接近的量级进行区分。

对于 A 类采购品，要认真研究需求的变化，尽可能密切关注库存消耗，按经济批量进行订购，同时加强货物的管理；对于 B 类和 C 类采购品，可以适当增加采购批量，减少采购次数和盘点次数，以减少其对采购资源的占用。

（二）供应定位模型

ABC 分类一般依据采购品的金额或价值来分类，但是一些金额不高、价值不大的采购品也有可能对企业的正常运作产生比较大的影响。为了解决 ABC 分类的不足，学者们提出了采购物品分类模块，它可以帮助企业衡量所采购的每一种不同商品和服务的相对重要性，这就是供应定位模型。它主要基于两个因素：一是采购品对本公司的重要性，一般用该采购品项的年度支出水平来表示；二是供应品项的影响、机会与风险，这组综合评价指标可以反映出，如果无法实现某品项的供应目标，将给企业带来多大的利润损失。同时，它也可以用来说明该品项的供应市场状况需要企业把精力放在为了避免因不能满足供应目标而带来的风险上，还是放在利用供应市场的机遇而让企业超越其他竞争者上。

依据不同采购物品的重要性及供应品项的影响、机会与风险，可将它们分为战略采购品、集中采购品、瓶颈采购品及一般采购品，如图 2–1 所示。

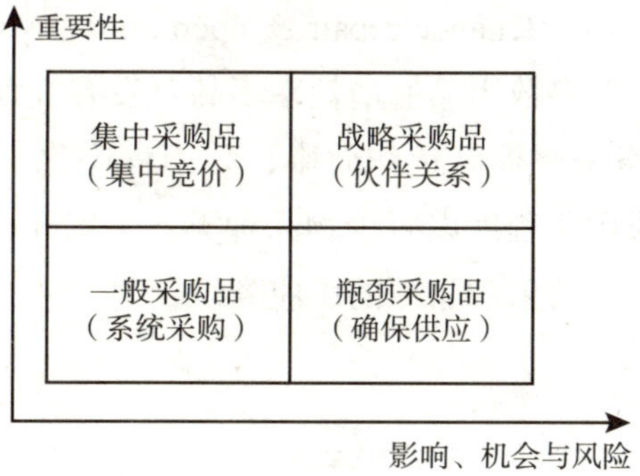

图 2–1 供应定位模型

1. 战略采购品

战略采购品，指价值比例高、产品要求高，同时又只能依靠个别供应商或者供应难以确保的采购品。如汽车厂需要采购的发动机和变速器及计算机厂商需要采购的微处理器等。战略采购品是使企业产品形成特色或者取得成本优势的基础。

对于战略采购品，要找到可靠的供应商并发展同他们的伙伴关系，通过双方的共同努力去改进产品质量、提高交货可靠性、降低成本并组织供应商尽早参与本公司的产品开发。

2. 集中采购品

集中采购品，是指那些价值比例较高，但很容易从不同的供应商处被采购的物品，也就是说，该象限中的产品和服务具有较低的影响、机遇与风险水平，主要包括化工、钢铁、包装等原材料或标准产品等。

对于集中采购品，其主要着眼点是想方设法降低采购成本，追求最低价格。通常可采取两种做法：一是将不同时期或不同单位的同类产品集中起来统一同供应商谈判，二是采用招标的方式找不同的供应商参与竞价。一般情况下，这类物品不宜签订长期合同，且采购时要密切关注供应市场的价格走向与趋势。

由于战略采购品与集中采购物品占据了采购价值的大部分，因此它们的采购成本控制与降低对公司的整体成本就显得十分重要。因此，把不同时期或不同单位的同类产品集中起来进行统一、大量采购将会取得显著的降价效果。

3. 瓶颈采购品

瓶颈采购品指的是价值比例虽不算高，但供应保障存在一定风险的物品。如油漆厂用的色粉、食品行业用的维生素等。

瓶颈采购品的策略主要是要确保产品供应，必要时甚至可提高一些价格或增加一些成本，通过风险分析制订应急计划，同时与相应的供应商改善关系，以确保供应。

4. 一般采购品

一般采购品，也称常规采购品，是那些价值低、又有大量供应商的商品。例如，办公用品，维护、维修和运行（maintenance repair & operations，MRO）用品，特别是一些标准件，往往产品类别众多，但多数用品的消耗率不高且没有规则。

一般采购品的采购策略是要提高运作效率，采用程序化、规格化、系统化的作业方式，提高物品的标准化、通用化程度以减少物品种类，采用计算机系统提高工作的准确性及效率，要寻找能够供应更多的采购品项的供应商。

知识拓展

采购的分类

1. 按采购价格分类

（1）招标采购

招标采购是指通过招标的方式，邀请所有供应商或一定范围的潜在的供应商参加投标，采购实体通过某事先确定并公布的标准从所有投标者中评选出中标供应商，并与之签订合同的一种采购方式。

（2）询价采购

询价采购是指由买卖双方直接讨价还价现实交易的一种采购方式。

（3）比价采购

比价采购是指在买卖市场条件下，选择两家以上供应商的基础上，由供应商公开报价，最后选出合适的供应商。

（4）议价采购

议价采购是指采购人员与厂家谈判，讨价还价，谈定价格后再决定购货。

（5）定价采购

定价采购是指厂家凭借市场经验对采购商品定好采购价格，根据事先定好的采购价格进行采购。

在实际采购中，很少是以一种方式单独进行的，通常是几种方式结合起来进行采购的。

2. 按采购主题分类

（1）私人采购

私人采购是指为满足家庭或个人需要而进行的采购。

（2）团体采购

团体采购通常是指某些团体通过大批量地向供应商订购，以低于市场价格获得产品或服务的采购行为。

（3）企业采购

企业采购是指企业供应部门通过各种渠道，从外部购买生产经营所需商品的有组织的活动。

（4）政府采购

政府采购又称统一采购或公共采购，是指各级政府及其所属实体为了开展日常的政务活动以及为公众提供社会公共产品和公共服务，在财政的监督下，以法定的方式、方法和程序（按国际规范，一般应以竞争性招标采购为主要方式），从国内外市场上为政府部门或所需公共部门购买所需货物、工程和服务的行为。

3. 按采购技术分类

（1）传统采购。

（2）现代采购。

现代采购包括定量订货法采购、定期订货法采购、物料需求计划采购、准时化采购、供应链采购、电子商务采购等多种方式。

二、国外采购退货与索赔

对于从国外采购的货品，若想退货或索赔，都应事先公证，取得公证报告后再办理。

（一）规格及品质不符的退货

（1）经公证后，要求供应商补运货品更换或将货品退回国外供应商修理。

（2）退货的出口手续委托报关行办理。

（3）更换品的进口应申请不结汇输入许可证。

（4）退货可暂存仓储部门，如国外供应商不想取回退货而愿意补运货品更换时，则不必办理出口手续。

（二）索赔

索赔又分破损短少、短卸和短装三种情况。在国外采购过程中，货品出现破损或短少的情况是常见的问题。短卸货品为国外供应商已将该批货品交航运公司装船承运，但当货轮抵达输入口岸时，并未将该批货品卸入码头。短装货品为机器零件在装船口岸并未经国外供应商交航运公司装船，而到货装箱却完好，经海关验货证明为短装。这三种情况的索赔事务办理要点如表 2–1 所示。

表 2-1　索赔事务办理

要点	破损短少	短卸	短装
索赔对象	向保险公司索赔	向航运公司及保险公司索赔	向国际原供货商索赔补运
索赔所需证件	保险单正本； 国外发票副本； 提货单副本； 公证报告正本； 索赔函； 索赔计算单； 破损证明； 航运公司的复函	保险单正本； 国外发票副本； 提货单副本； 公证报告正本； 索赔函； 索赔计算单； 短卸证明； 航运公司的复函	海关核发的进口证明书
索赔金额计算	保险金额 ÷ 保险数量 × 损失数量 = 索赔金额（向保险公司索赔） 国外发票金额 ÷ 国外发票数额 × 损失数量 = 索赔金额（向船方索赔） 公证费（通常由保险公司负责）	保险金额 ÷ 保险数量 × 损失数量 = 索赔金额（向保险公司索赔） 国外发票金额 ÷ 国外发票数额 × 损失数量 = 索赔金额（向船方索赔） 公证费（通常由保险公司负责）	—

任务二　采购货物的质量管理与检验

任务描述

某跨境电子商务公司（以下简称“公司”）面临货物质量管理上的挑战，包括质量不稳定、退货率高等问题。

任务分析

为了确保产品质量，提升消费者满意度，公司决定加强跨境电子商务采购货物的质量管理与检验。通过科学的质量管理与检验策略，公司能够有效提升跨境电子商务采购货物的质量，降低退货率，提高消费者满意度，增强市场竞争力。

知识积累

在采购货物的过程中，质量是至关重要的因素。为了保证所采购的货物符合要求，检验环节必不可少。质量与检验是相辅相成的，通过检验可以确定货物的质量，而高质量的货物又需要严格的检验标准来保证。

一、采购质量管理

采购质量管理，是指对采购质量的计划、组织、协调和控制，通过对供应商质量的评估和认证，从而建立采购管理质量保证体系，保证企业的物资供应活动。

采购质量管理

（一）采购质量管理的内容

1. 采购部门的质量管理

（1）物料采购的质量管理。

（2）物料采购的组织工作。

（3）物料采购供应的协调工作。

（4）物料采购供应的控制工作。

2. 产品检验

（1）严把进货质量关，确保最终产品质量。

（2）进行质量验证，对供应商实施事后质量监督。

（3）发现问题，分清责任。

（4）摸清进货质量状况，有利于保管保养。

（二）采购质量管理的作用

采购质量管理的作用有以下几点。

（1）有利于提高企业产品质量。

（2）有利于保证企业生产有节奏、持续进行。

（3）有利于保证企业产品生产和使用环节的安全。

（三）采购质量管理的基本原则

采购质量管理的基本原则有以下几点。

（1）适当的供应商。

（2）适当的质量。

（3）适当的时间。

（4）适当的价格。

（5）适当的数量。

（四）加强采购质量管理的措施

采购质量管理应采取以下综合措施。

（1）强化采购职能机构，明确职责和权限，实行物资归口管理，集中统一采购。

（2）建立一支精干、得力、高素质的采购员队伍，做好采购员的选拔、聘用、培训、考核等各项工作。

（3）制订科学的采购计划并认真执行，必要时可进行调整。

（4）对供货厂商进行合格评定，保证全部向合格供方采购产品，并建立合格供方档案。

（5）准备齐全、翔实的采购资料，经主管人员审批后送达供货厂商。

（6）按照《中华人民共和国经济合同法》的要求与供方签订采购合同，并切实履行。

（7）安排好采购品的验证和进货检验。

（8）对大批量、重要物资的采购可采用招标采购等。

二、国际采购中的商品检验检疫

商品出入境检验检疫制度是指国家出入境检验检疫部门依据我国有关法律和行政法规及我国所缔结或参加的国际条约、协定，对出入境的货物、物品及其包装物、交通运输工具、运输设备和出入境人员实施检验检疫监督管理的法律依据和行政手段的总和。

（一）商品检验检疫概述

我国商品出入境检验检疫主管部门是国家质量监督检验检疫总局（简称“国家质检总局”）。出入境检验检疫的职责范围主要分成以下三部分。

1. 法检商品

国家质检总局根据需要，公布《法检目录》，目录所列为法检商品，即实行《目录管理》。

2. 法检以外进出境商品

法检以外进出境商品由当事人决定是否检验，检验检疫机构可以以抽查方式予以监管。

3. 特殊及重要商品

特殊及重要商品按合同约定，出口国装运前进行预检验、监造或监装，以及保留货到后最终检验和索赔的条款。

（二）商品检验检疫的内容

我国商品检验检疫的内容主要包含以下几个方面。

1. 进口商品检验

凡列入《商检机构实施检验的进出口商品种类表》的进出口商品和其他法律、法规规定须经检验的进出口商品，必须经过出入境检验检疫部门或其指定的检验机构检验。法律法规规定须经检验检疫机构检验的进口商品的收货人，必须向卸货口岸或到达站的检验检疫机构办理进口商品登记；须经检验检疫机构检验的出口商品的发货人，应在规定地点和期限向检验检疫机构报验；进口商品应检验未检验的，不准销售、使用；出口商品未经检验合格的，不准出口。进出口商品检验包括品质检验、安全卫生、数量鉴定、重量鉴定等。

2. 进口商品安全质量许可

国家对涉及安全、卫生和环保要求的重要进口商品实施进口商品安全质量许可制度并公布《实施进口商品安全质量许可制度目录》。列入目录的商品须获得国家出入境检验检疫局签发的进口商品安全质量许可证书并被批准在商品上使用《安全标志》后，方能进入中国。检验检疫部门现已实施安全质量许可制度的进口商品共 47 类 191 种。

3. 进口废物原料装运前检验

对国家允许作为原料进口的废物，实施装运前检验制度，防止境外有害废物向我国转运。收货人与发货人签订的废物原料进口贸易合同中，必须证明所进口的废物原料须符合中国环境保护控制标准的要求，并约定由出入境检验检疫机构或国家局认可的检验机构实施装运前检验，检验合格后方可装运。列入此制度目录内的商品有废纸、废金属、废塑料、废木制品、废纺织品五类。

4. 出口商品质量许可

国家对重要出口商品实行质量许可制度。出入境检验检疫部门单独或会同有关主管部门共同负责发放出口商品质量许可证的工作，未获得质量许可证书的商品不准出口。检验检疫部门已对机械、电子、轻工、机电、玩具、医疗器械、煤炭等 76 类商品实施出口产品质量许可制度。国内生产企业或其代理人均可向当地出入境检验检疫机构申请质量许可证书。

5. 动植物检疫

检验检疫部门依法实施动植物检疫包括：进境、出境、过境的动植物、动植物产品和其他检疫物；装载动植物、动植物产品和其他检疫物的容器、包装物、铺垫材料；来自疫区的运输工具；进境拆解的废旧船舶；有关法律、行政法规、国际条约规定或者贸易合同约定应当实施检疫的其他货物、物品。国家禁止下列各物进境：动植物病原体（包括菌种、毒种等）、害虫及其他有害生物；动植物疫情流行的国家和地区的有关动植物、动植物产品和其他检疫物；动物尸体；土壤。

对进境动物、动物产品、植物种子、种苗及其他繁殖材料实行进境检疫许可制度，必须事先提出申请，并在对外签订贸易合同或者协议之前办妥检疫审批手续。货物到达口岸后，应立即向当地检验检疫机构报检。经检疫合格的，予以放行，检疫不合格或需进一步检疫监管的货物，依据有关规定做出相应的检疫和监管处理。

对出境动植物、动植物产品或其他检疫物，检验检疫机构对其生产、加工、存放过程实施检疫监管。出境前，申请人向口岸检验检疫机构报检。经检疫合格的，出证放行；检疫不合格的，不准出境。运输动植物、动植物产品和其他检疫物过境（含转运的），应向检验检疫机构报检；要求运输动物过境的，必须事先申办《动物过境许可证》。携带、邮寄动植物、动植物产品和其他检疫物进境时，属于国家公布的《禁止携带邮寄进境的动植物、动植物产品和其他检疫物名录》（以下简称《名录》）的，作退回或销毁处理；属于《名录》之外的，由口岸检验检疫机构实施检疫。

对来自疫区的运输工具，口岸检验检疫机构实施现场检疫。装载动物出境的运输工具，装载前应在口岸检验检疫机构监督下消毒处理。装载动植物、动植物产品和其他检疫物的，应符合国家有关动植物防疫和检疫的规定。对装运供应香港、澳门地区的动物的回空车辆，实施整车防疫消毒。

6. 食品卫生监督检验

进口食品（包括饮料、酒类、糖类）、食品添加剂、食品容器、包装材料、食品用工具及设备必须符合我国有关法律法规规定。申请人须向检验检疫机构申报并接受卫生监督检验。检验检疫机构对进口食品按食品危险性等级分类进行管理。依照国家卫生标准进行监督检验，检验合格的，方准进口。

一切出口食品（包括各种供人食用、饮用的成品和原料以及按照传统习惯加入药物的食品）必须经过检验，未经检验或检验不合格的不准出口。凡在中国境内从事出口食品加工、禽畜屠宰及贮存的企业都必须首先取得所在地卫生行政部门颁发的卫生许可证，然后向检验检疫机构申请注册、登记。经检验检疫机构审查合格的，分别核发注册证书或登记证。未取得注册证书或登记证的，一律不得加工、生产或贮存出口食品；对需要向国外申请注册、认可的，须取得有关进口国批准或认可，未取得有关进口国批准或认可的，也不得向该国出口食品。

7. 出口商品运输包装检验

对列入《商检机构实施检验的进出口商品种类表》和其他法律、法规规定必须经检验检疫机构检验的出口商品的运输包装，必须申请检验检疫机构或检验检疫机构指定的检验机构进行性能检验，未经检验或检验不合格的，不准用于盛装出口商品。危险货物包装容器须经检验检疫机构进行性能鉴定和使用鉴定后，方能生产和使用。

8. 货物装载和残损鉴定

用船舶或集装箱装运粮油食品、冷冻品等易腐食品出口的，应向口岸检验检疫机构申请检验船舶和集装箱，经检验符合装运技术条件并发给证书后，方准装运。对外贸易关系人及仲裁、司法等机构，对海运进口商品可向检验检疫机构申请办理检视、载损鉴定、监视卸载、海损鉴定、验残等残损鉴定工作。

（三）商品检验检疫的流程

进出境商品检验检疫流程如图 2-2 和图 2-3 所示。

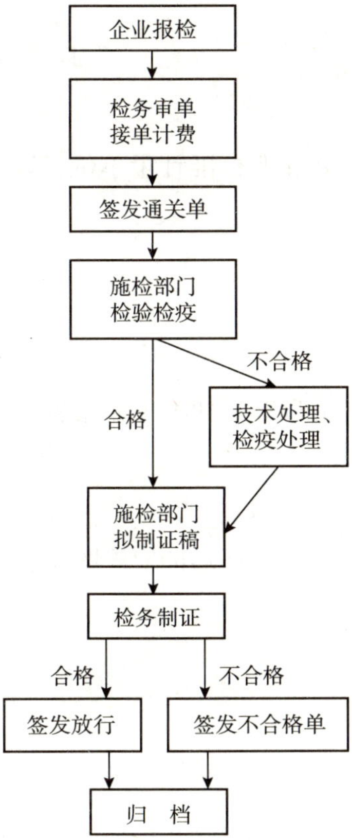

图 2-2　出境货物检验检疫流程

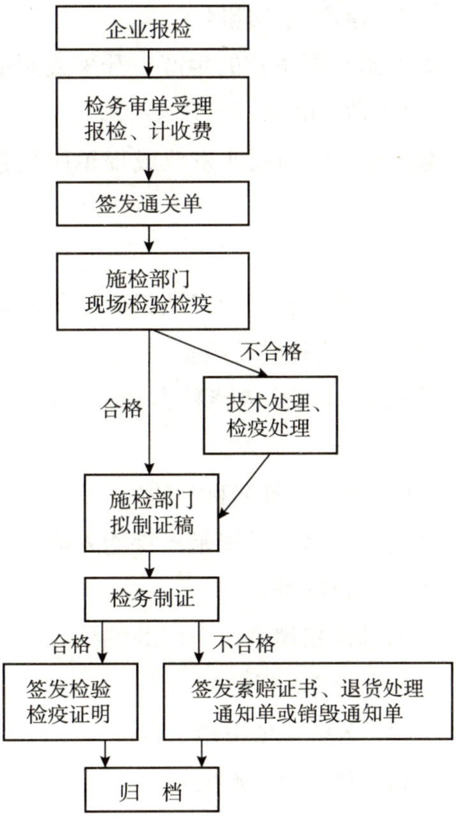

图 2-3　入境货物检验检疫流程

（四）报检单的填制

报检单填制应每份报检单只限填报一批商品，不同的合同分开填报；同一合同不同的品名分开填报（即要求同一品名，同一运输工具，运往同一地点，同一收、发货人等相关内容）；同一合同各种货物混装在一个包装箱内的，需提供报检商品清单（清单内容要求包括：海关编码、商品名称、数 / 重量、计量单位、单价以及商品总值）。

1. 入境货物报检单的填制

（1）收货人

收货人是指合同或商业发票上的买方。企业性质属“三资”企业的在对应的栏目内画“√”，其他性质的企业该栏不填。

（2）发货人

发货人是指合同或商业发票上的卖方。

（3）货物名称

货物名称应与合同、商业发票、装箱单、提单等单据所列品名、规格一致。

（4）H.S. 编码

填写报关货物的商品编码，应与最新《海关统计商品目录》所列编码相符。

（5）原产国（地区）

原产国是指货物的生产、开采或制造国（地区）。

（6）数/重量

数/重量应与商业发票或提单所列数/重量相符，并注明标准计量单位，以重量计价的注明毛/净重和皮重。

（7）货物总值

货物总值是指商业发票或合同所列货值。

（8）包装种类及数量

填写货物的外包装种类和包装件数，木质包装应注明木质种类（如松木、杉木、杂木等）。

（9）运输工具名称号码

运输工具名称号码是指货物入境前的运输工具及其号码，海运的应注明船名。

（10）合同号

合同号是指填进口合同的编号。

（11）提单/运单号

提单/运单号填报检货物提单/运单据编号。

（12）许可证/审批号

属安全质量许可、卫生注册管理范围内的进口商品，填写其生产、制造厂商经国家检验检疫局登记考核取得的进口商品安全质量许可证、卫生注册证书编号；其他须经审批方可入境的货物填写其审批号。

（13）贸易方式

贸易方式是指“一般贸易”“三来一补”“易货贸易”“边境贸易”“无偿援助”“外商投资”“其他贸易”，填写时应与进口货物报关单上的贸易方式相一致。

（14）贸易国别（地区）

贸易国别是指入境货物的购自国（地区）；启运国家（地区）：入境货物启运时出关国（地区）。

（15）启运口岸

启运口岸是指提单上的发货港（站）；经停口岸：提单上的中转港（站）。

（16）入境口岸

入境口岸是指提单上的目的港（站）；目的地：填货物的最终使用地。

（17）到货日期

到货日期应与进口货物到货通知书所列到港（站）日期一致；卸毕日期：进口货物到货通知书所列卸货完毕日期（它是判断索赔有效期是否已过的重要依据）。

（18）索赔有效期

索赔有效期一般从卸毕日期开始起算（也有的按到港日期或提单签发日期起算），索赔有效期的长短以合同中订明的为准。

（19）集装箱规格、数量及号码

集装箱装运的入境货物，需填写装运货物的集装箱规格、集装箱数量和集装箱号码（报检入境运输工具、集装箱时该栏必须填写）。

（20）合同订立的特殊条款以及其他要求

合同对检验检疫有特殊要求的应在该栏详细注明。

（21）货物存放地点

货物存放地点是指报检时货物的堆存或仓储地点。

（22）标记及号码

标记及号码应与合同、商业发票、提（运）单上列明的标记及号码（唛头）完全一致，若到货标记与单据不一致时，应注明。

2. 出境货物报检单的填制

（1）发货人

发货人是指填外销合同的卖方或信用证上的受益人；提供购销合同申请预先报检的填购销合同的买方。

（2）收货人

收货人填外销合同中的买方或信用证上的开证申请人。

（3）货物名称

填写商品的名称、规格、牌号、货号应与合同、信用证一致，合同与信用证不一致时，以信用证为准；此栏加填生产批号。

（4）H.S. 编码

H.S. 编码是指出境货物的商品编码，应与最新《海关统计商品目录》所列编码相符。

（5）产地

产地是指货物的实际产地（例如，产地是南昌的货物不能直接填写南昌而应填江西南昌市）；该栏是检验检疫机构受理报检时坚持产地检验检疫的重要依据之一。

（6）数 / 重量

数 / 重量是指实际报检数 / 重量，所填数 / 重量应符合合同或信用证要求，并在其规定的溢短量幅度之内；注明货物的标准计量单位，按重量计价的还应填写毛 / 净重和皮重。

（7）货物总值

货物总值是指按出口合同 / 商业发票所列货物总值、出口经营单位收购时的人民币总值填写；进料加工、来料加工、来件装配产品，应按“成本价 + 加工费”计算货物总值（即商品实际总价值），而不能只填写加工费。

（8）包装种类及数量

包装种类及数量是指填货物的外包装种类和包装件数，木质包装应注明木质种类（如松木、杉木、杂木等），所填外包装种类应与合同或信用证中包装条款要求一致；“裸装”或“散装”货物应注明“裸装”或“散装”；此栏加填包装性能合格单号或包装容器编号。

（9）运输工具名称号码

运输工具名称号码是指填报关后的运输工具及号码。

（10）贸易方式

贸易方式是指“一般贸易”“三来一补”“易货贸易”“边境贸易”“无偿援助”“其他贸易”。

（11）货物存放地点

货物存放地点是指报检时货物具体的堆存或仓储地点，便于安排检验检疫。

（12）合同号

合同号是指填所报货物的合同号码。信用证号：信用证结汇的填写信用证号码，非信用证结汇的应在该栏注明结汇方式。

（13）发货日期

发货日期填货物的启运日期；发货日期应在合同或信用证所列最迟装运、结汇有效期之前，受理报检日期之后。

（14）启运地

启运地填货物的报关地；该栏是报检人要求出具“出境货物换证凭单”或“出境货物通关单”的重要依据之一。

（15）输往国家（地区）

输往国家是指货物的最终销售或“买断”国家（地区）。到达口岸：货物到达国家（地区）口岸。

（16）许可证 / 审批号

属质量许可证管理范围内的出口商品，填写其生产企业或商品经检验检疫机构考核取得的出口商品质量许可证号；需经审批的出境货物填写审批号。生产单位注册号：属卫生注册登记管理范围内的出口食品和动植物及其产品，填写其生产厂、冷库、仓库经检验检疫机构考核取得的检疫卫生注册证书、检疫卫生登记证书或检疫注册登记证书编号。

（17）集装箱规格、数量及号码

集装箱装运的出境货物，需填写装运货物的集装箱规格、集装箱数量和集装箱号码（报检出境运输工具、集装箱时该项必须填写）。

（18）合同、信用证订立的检验检疫条款或特殊要求

《检验检疫商品目录》内商品，合同、信用证或货物输往国无要求出证的，只需申请出具“出境货物换证凭单”或“出境货物通关单”。合同或信用证有要求的，应与合同或信用证一致，并且注明是单独出证还是合并出证，是分批还是并批；若对检验检疫、签证有特殊要求的，必须详细列明，并注明证书英文名称。货物输往国对检验检疫、签证有特殊要求的，在此栏详细列明。

（19）标记及号码

标记及号码即实际货物运输包装上的标记，要求在内容和形式上应与合同或信用证、出厂检验合格单等单据中所列完全一致，此项不能空缺，无唛或散装（裸装）货物填“N/M”。

（20）随附单据

提供何种单据在方框内画“√”，未列明的，在空白处填写，并画“√”。

知识拓展

中国海运飞速发展

2018年，“中远海运天秤座”集装箱货轮（简称“天秤座”轮）从国内出发，开启了其远东至西北欧航线的处女航。这艘当今世界最大的集装箱货轮汇集了先进的设计理念和优良的建造工艺，是中国航运业对“绿色航运、智慧航运”这一发展理念的最新诠释，当之无愧地成为“海上丝绸之路”的新使者和新名片。该船总长约400 m，船宽58.6 m，最大吃水16 m，设计服务航速22.5海里/h，最大载重量约200 000 t，最大载箱量20 119个标准集装箱。这是中远海运集运独立运营的远东至西北欧航线AEU3航线上最新、也是目前世界上最大的集装箱货轮。在“天秤座”轮上，国产技术频频“亮相”，很多都具有国际先进水平，同时国产化率达90%，这从一个侧面展现出中国船舶建造的能力和水平。

海运业是国际贸易的桥梁和纽带，目前全球商品贸易货运量90%以上是通过海运完成的。2016年，原中远集团与中海集团合并重组，成立中国远洋海运集团有限公司，实现了综合运力、干散货船队、油轮船队、杂货特种船队、集装箱码头吞吐量和船员管理等六个方面的世界第一。近年来，以中远海运为代表的中国海运业，加强与海内外企业的合作，促进“一带一路”沿线国家和地区间互联互通，提供全方位的综合物流供应链服务，在互利共赢的道路上行稳致远。美国战略之页网站2023年8月28日发表题为《海上运输：中国第一》的报道。报道称，多年来，希腊一直是世界上最大的商船船东国，全球约23%的商船由希腊运营。而到了2023年，我国已经成为世界第一大船东国，这并不令人意外。

项目评价

课堂表现评价

评价内容：采购品的 ABC 分类、国外采购退货 / 索赔的操作及报检单的填制。

评价规则：将全班同学分成若干小组来组织教学，每个小组需要设计队名，每次课在黑板上画出表 2–2。每次课都有评价，只要本组同学回答正确，就给全组加分，每组同一个人不能连续回答问题，必须换人回答才能给本组加分，如果回答错误，其他小组可以回答；小组讨论表现最好的（一组）和较好的（两组）加分；当堂课小组全勤的加分；每项分值由教师指定，每次课堂结束后由学习委员在分数记录册上进行记录，最终形成该小组分数，如表 2–2 所示。

表 2-2　课堂表现评价表

小组	回答或解决问题	小组讨论表现	小组全勤	合计
小组一				
小组二				
小组三				
小组四				
小组五				
小组六				
小组七				
小组八				
小组九				
小组十				

项目学习成果评价

评价规则：项目学习成果评价汇总表分数将作为学生项目学习成果得分，如表 2–3 所示，每个小组完成项目学习的可视化学习成果将会存档。

表 2-3　项目学习成果评价汇总表

小组	任务一	任务二	课堂表现	总评
小组一				
小组二				
小组三				
小组四				
小组五				
小组六				

续表

小组	任务一	任务二	课堂表现	总评
小组七				
小组八				
小组九				
小组十				

项目小结

本项目首先介绍了跨境电子商务采购货源的分类与管理，其次介绍了跨境电子商务采购货物的质量管理与检验。通过本项目的学习，读者不仅提升了对采购货源管理和质量检验的掌握能力，还培养了注重细节、注重质量的意识和执行力。读者能够在日后的工作中将所学知识运用到实际操作中，确保采购货源组织和货品检验工作的高效、准确进行，为企业的采购活动提供可靠支持。

巩固与训练

思考练习

1．简述国外采购退货与索赔的一般流程。

2．加强采购质量管理的措施有哪些?

3．简述商品检验检疫的基本内容。

拓展训练

1．假如你是某电子商务公司的品质经理，现需要在接收货物前进行质量检验。请列举你需要考虑的几个方面问题，并举例说明你会如何检查货物的质量。

2．假如你是某电子商务公司的采购经理，发现一批货物存在质量问题，需要向供应商提出索赔。请描述你需要采取的具体措施，并说明在采购过程中可以如何预防类似问题的再次出现。

项目三

跨境电子商务采购订单管理与存货分析

项目导读

企业在将采购订单下达给供应厂商之后，不能只等交货期收货，而是应该积极地跟进，要跟进生产的进度以确保能在交货期收到货。本项目主要介绍跨境电子商务采购订单管理及存货管理方面的知识。

学习目标

◎知识目标

◆了解采购订单的准备工作。

◆熟悉验收工作的具体内容。

◎能力目标

◆掌握订单跟催管理工作流程。

◆掌握库存管理策略。

◎素质目标

◆建立高效的采购订单管理机制，保证订单的及时性和准确性。

◆能够对存货数据进行精密分析，保持合理的资金流和资金占比。

思政目标

◆培养学生从全球视角理解跨境电子商务中的采购订单管理，提升对国际市场的认知和适应能力。

◆鼓励学生在采购订单管理和存货分析中运用创新思维，探索新的管理方法和技术工具，提升业务管理的效率和效果。

案例导入

采购订单管理的重要性与关键方面分析

采购订单管理包括采购下单、订单跟催、采购进货、采购收货、应对交货期延误以及采购结算与付款等多个方面。由于这些方面在采购管理中发挥着重要作用，所以采购经理要对它们给予高度重视。

李先生：经理，近来有一些复杂的采购订单，我不知道该怎样处理，您能给我一些建议吗？

经理：采购订单管理包括采购下单、订单跟催、采购进货、采购收货、应对交货期延误以及采购结算与付款等方面的内容。每个方面都很重要，你要找对管理方法，熟练应对。

李先生：上个月我们向境外 ×× 供应商提交了一份采购订单，我担心他们不能按时交货。

经理：你要先做好供应商的订单跟催工作。订单跟催包括下订单阶段的跟催、执行期的跟催、交货阶段的跟催等，每个步骤都要切实做好，这样才能防止供应商不按时交货。

李先生：明白了，谢谢。

任务一　采购订单的日常处理

任务描述

某跨境电子商务公司（以下简称“公司”）每天处理的采购订单数量急剧增加，订单处理效率成为公司运营的重要课题。

任务分析

为了提高订单处理效率，确保订单及时准确地交付，公司决定优化跨境电子商务采购订单的日常处理流程。通过科学的订单处理策略，公司能够有效提高跨境电子商务采购订单的日常处理效率，减少错误率，确保订单及时交付。

知识积累

在跨境电子商务的环境中，采购订单的日常处理是一项至关重要的任务。随着全球化的加速和电子商务的迅猛发展，跨境采购订单的处理已经成为许多企业的核心竞争力之一。

一、采购下单管理

（一）企业请购需求说明

需求说明是指在确认需求之后，对需求的细节如品质、包装、售后服务、运输及检验方式等进行明确的说明和描述。在将请购物品的具体规格要求交给供应商之前，采购部需要填写请购单。

请购单应该包括以下内容。

（1）日期。

（2）编号（以便于区分）。

（3）申请发出的部门。

（4）涉及的金额。

（5）对于所需物料的具体描述及所需数量。

（6）物料需要的日期。

（7）任何特殊的发送说明。

（8）授权申请人的签字。

填写请购单，如表 3-1 所示。

表 3-1　请购单

编号：　　　　　　　　　　请购单位：　　　　　　　　　　日期：　　　年　　月　　日

产品名称			生产数量			开工日期		
序号	品名	规格	单位	单位用量	库存量	请购数量	核准数量	备注
领导批示								

制表人：　　　　　　　　　　　　　　审核人：

（二）采购订单准备工作

采购人员在接到经审核确认的请购单之后，不要立即向供应商下达订单，而应先做好采购订单准备工作，相关工作内容具体如下。

1. 熟悉物料项目

国际采购人员应先熟悉订单计划，订单上采购的物料种类繁多，有些可能是从未采购过的物料，需要采购员多花时间去了解熟悉物料相关的技术资料。

2. 确认价格

采购人员应对采购最终的价格负责。订单人员有权向采购环节中价格最低的供应商下达订单合同，以维护采购环节的最大利益。

3. 确认质量标准

由于国际供应商的实力可能会发生变化，对于前一订单的质量标准是否需要调整，采购人员应及时与供应商沟通。

4. 确认物料需求量

订单计划的需求量应等于或小于采购环境订单容量，反之则提醒相关人员扩展采购环境容量。此外，对计划人员的错误操作，采购人员应及时指出，以保证订单计划的需求量与采购环境订单容量相匹配。

5. 制定订单说明书

订单说明书的主要内容包括项目名称、确认的价格、确认的质量标准、确认的需求量、是否需要扩展采购环境容量等方面，另附必要的图纸、技术规范、检验标准等内容。

（三）采购订单制作

拥有采购信息管理系统的企业，采购人员可直接在信息系统中生成订单；反之，则需要订单制作者自选编排打印。

企业通常都有固定的标准订单格式，而且这种格式是供应商认可的，采购人员只需在标准合同中填写相关参数（物料名称代码、单位、数量、单价、总价、交货期等）及一些特殊说明即可。订单应特别体现交易条件、交货期、运输方式、单价、付款方式等方面的内容。

（四）采购订单审批

订单审批是订单操作的重要环节，一般由专职人员负责。订单审批主要审查以下内容。

（1）合同与采购环境的物料描述是否相符。

（2）合同与订单计划是否相符。

（3）采购人员是否根据订单计划进行采购。

（4）所选供应商是否为采购环境中的合格供应商。

（5）订单中的物料价格是否在允许范围内，到货期是否符合订单计划中的规定等。

（五）与供应商签订订单

经过审批的订单如表 3–2 所示，即可传至供应商，由其确定并盖章签字。签订订单的方式有以下四种。

（1）与供应商面对面签订订单。

（2）采购人员使用传真机将打印好的订单传至供应商处，供应商签字后以同样方式传回。

（3）通过 E-mail 进行合同的签订。买方通过 E-mail 向供应商发订单即表示接受订单并完成签字。

（4）建立专用的订单信息管理系统，完成订单信息在买卖双方之间的传递。

表 3-2　采购订单

订单编号：　　　　　　　　　　　　　　　　　　　　　　　　　日期：　　　年　　月　　日

<table>
<tr><td colspan="2">厂商名称</td><td colspan="3"></td><td>厂商编号</td><td colspan="2"></td></tr>
<tr><td colspan="2">厂商地址</td><td colspan="3"></td><td>电话 / 传真</td><td colspan="2"></td></tr>
<tr><td>序号</td><td>料号</td><td>品名及规格</td><td>单位</td><td>数量</td><td>单件</td><td>金额</td><td>交货数量及日期</td></tr>
<tr><td></td><td></td><td></td><td></td><td></td><td></td><td></td><td></td></tr>
<tr><td></td><td></td><td></td><td></td><td></td><td></td><td></td><td></td></tr>
<tr><td></td><td></td><td></td><td></td><td></td><td></td><td></td><td></td></tr>
<tr><td></td><td></td><td></td><td></td><td></td><td></td><td></td><td></td></tr>
<tr><td></td><td></td><td></td><td></td><td></td><td></td><td></td><td></td></tr>
<tr><td>合计</td><td colspan="3"></td><td colspan="2">人民币（大写）</td><td colspan="2"></td></tr>
<tr><td>交货方式</td><td colspan="3"></td><td colspan="2">交货地点</td><td colspan="2"></td></tr>
<tr><td colspan="8">交易条款：
交货期：国际供应商必须遵循本订购的交货期或本公司的采购部电话及书面通知调整的交货期，若有延误，每逾 1 日扣除该批货款________%。
1．质量
1.1　检验方法：按照相关抽样检验。
1.2　遵循工程图纸要求。
1.3　质量保证期限为 3 个月。
2．不良品处理
经检验后如发现质量不良或部分损坏时，供应商应采取措施尽快补回。逾期产生的损失公司概不负责。
3．其他
交货时请标明订购单号，并附上开立金额统一的发票，同时标明物料编号，附产品图纸及其产品检验标准单证等</td></tr>
</table>

（六）订购更改通知

如果企业原生产计划发生改变，那么对采购物料的需求量也会随之发生改变，这时采购经理就要根据企业的实际情况，向供应商发出“订购更改通知单”，以便供应商及时更改生产计划。

（七）安排跟单人员

跟单是指检查供应商的交付计划并识别可能出现问题的过程。采购经理可以根据本部门的结构来安排相应的跟单人员。

1．采购人员负责跟单

一般来说，采购人员对采购业务的进展情况比较熟悉，因此采购经理可以指定采购人员对采购业务进行跟单。

2. 专人负责跟单

采购经理可以在部门内部指派专门的跟单人员，对所有的采购进行跟单控制。

3. 联合其他部门进行跟单

由于采购的物料与生产、设计、品质等部门密切相关，因此采购经理可以上报分管副总经理，联合其他部门人员进行跟单。

（八）完善企业跟单催货系统

采购经理应制定一套完善的催货系统和催货机制，以保证催货工作有条不紊地进行。并非所有的订单都需要催货，因此为了便于催货，企业可以将订单进行分类，分类情况如表 3–3 所示。

表 3-3　订单跟催分类

序号	类别	跟催要求
1	A 类订单	非常重要的、值得供应商访问的订单，以保证订单履行
2	B 类订单	需要通过电话或电子邮件提醒供应商的订单
3	C 类订单	只有当供应商不能按合同要求及时发运时才进行催促的订单
4	D 类订单	当有特殊要求时才进行跟踪的订单

（九）小额订单处理

解决小额订单问题有许多办法。通常情况下，这些办法涉及采购过程的简化、自动化，或是合并采购，以便减少采购周期（从发现需求到支付货款之间的这段时间）、削减管理费用、节省采购人员时间，从而用于金额更高的或更重要的采购事项。小额订单问题的具体解决办法如下。

（1）如果过失在于使用部门，采购部应该建议其增加采购申请中标准件的数量。

（2）采购部收到小额订单申请后，应将其积累起来直到总金额达到一定的数额，再开展采购工作。

（3）编制“采购申请一览表”。

（4）使用“无库存采购”或“系统合同”的概念。

（5）向内部顾客发放采购信用卡，用以直接向供应商采购。

（6）采购部建立空白订单制度，可使内部顾客通过它发出订单。

（7）建立和主要供应商之间的网络联系，这样订购和再订购工作就可以快速开展。

（8）处理小额订单的权限和报价过程应该重新调整，可使用电话和传真进行订购。

（9）对于各种不同的物料和服务需求应尽量从某个或某些合适的供应商处进行订购。

（10）价值较低的订单可交给第三方去处理。

（11）采用无票据支付方式（自己主动计算需支付的金额），在发订单时就附上空白支票。

（12）使用者可直接下订单。

（十）紧急订单处理

对于紧急订单的处理，应先了解出现的原因。

1. 紧急订单出现的原因

通常，采购部门会收到一些标注着“紧急”字样的订单。紧急订单的出现不可避免，其存在有一定的原因，多表现为以下几点。

（1）存货管制失误

由于企业的实际库存数量与账面数量不符，领用时才发现缺料；另外，有时库存数量充足，但品质有缺陷，导致无法使用，企业必须紧急请购以补充库存。

（2）生产计划不当

预测的准确与否会影响生产计划的顺利进行。若销售预测发生偏差，生产计划就必须加以修改。当追加销售数量或插入紧急订单时，该项产品的原物料若没有足够的库存，必将发生紧急请购；此外，企业在制订生产计划时，只依据外售数量安排原物料需求量而忽视企业自身用量时，也会发生紧急请购。

（3）错失采购时机

由于企业采购人员未能正确掌握原材料的供应来源与时机，不能与国际供应商及时沟通，由此发生紧急请购。有时因为采购人员与供应商议价耗费时日太久，导致购运时间不足，也会发生紧急请购。

（4）请购的延误

由于物料控制系统或人员的失误，未能及时开出请购单，致使库存已消耗殆尽才发觉，因此必须紧急请购；有时因请购的规格无法确认或预算不足，一再磋商或拖延，也会发生紧急请购。

2. 紧急订单的处理

紧急请购将会导致产品品质降低、价格偏高，因此企业应做好存货管制，安排好生产计划，并正确掌握请购及采购时机，以避免负担产销上的额外成本。但对于那些并不是出于紧急需要的所谓“紧急”订单而言，采购经理可以通过采取正确的采购流程方面的教育加以解决。例如，在一家企业，如果某一个部门发出了紧急订单，这个部门必须向总经理做出解释并获得批准。即使这一申请得到批准，紧急采购所增加的成本在确定之后也要由发出订单的部门来承担，如此一来必然会导致紧急订单的大量减少。

（十一）采购订单的传递路径

每个企业采购订单的样式以及副本的使用要求各不相同。一般情况下，采购订单的传递路径如图 3-1 所示。

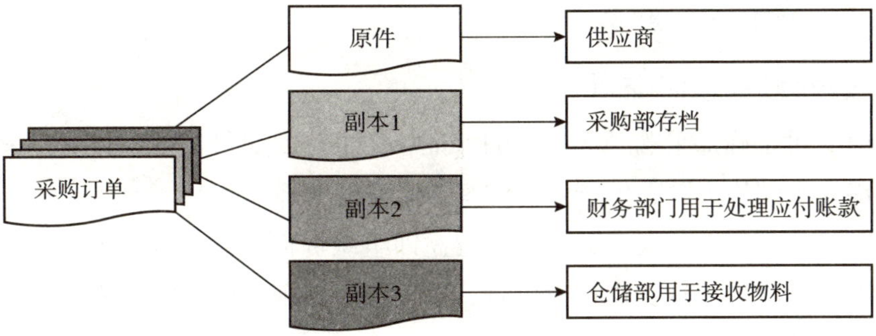

图 3-1　采购订单的传递路径

采购订单的传递路径有以下几种。

（1）原件由供应商保管，有时随单附一份副本以便供应商作为其接受合同的证明。

（2）一份副本归入按顺序编号的采购订单卷宗中由采购部门保管。有些公司的采购部门不保存采购订单的副本，而是将采购订单拍照后，用数字化方式进行保存。

（3）财务部门也会收到一份订单副本，以便据此处理应付账款。

（4）一份副本发往仓储部门，以便于其为接收物料做准备。

如果公司组织结构将收货和仓储两个部门分开，收货部门也会收到一份副本。这些副本将根据供应商名称的字母顺序进行归档，并用于记录货物到达后真正收到的数量。如果收到的物料要经过检验（如原材料和生产部件），那么还要送一份副本到检验部门。

尽管采购订单的所有副本在内容上都是相同的，并且是一次同时填写完毕的，但是这并不意味着它们在形式上也一模一样。例如，供应商的接收函上可能包含有其他副本不必列出的表明其接受意见的条款。填写收货方面的各项数据仅仅是收货部门对订单副本的要求。采购部门的订单副本则可能要求列出发货承诺、发票以及运输等方面的条款，由于价格的保密性，所以价格一般不会出现在收货部门的副本上。

（十二）采购订单的保存工作

不管采购订单以何种方式保存，都要确保在需要这些文件的时候可以很快查找到。具体可以将所有与一项特定采购订单有关的文书附在一张订单副本上，如果可能的话，还要将其归档并建立交叉索引，以便随时查找。

对于一式两份的采购订单的归档，可按以下两种方法来处理，具体如图 3-2 所示。

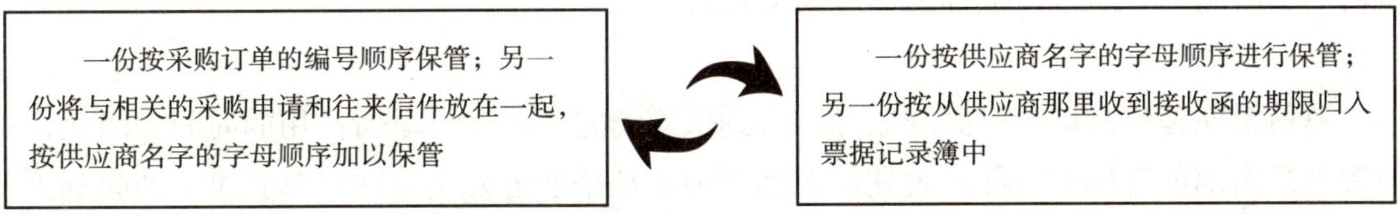

图 3-2　采购订单的归档方法

二、订单跟催管理

（一）确保订单按时交付

实现按时交付是确保采购顺利进行的保证。如果延误交付货物或材料，未能按期完成工作，有可能导致销售失败、生产停滞或客户满意度下降等。

另外，一旦收到订单，大多数企业就会立即组织货物进行交付，按支付方式产生应收账款或预收账款。如果无法实现按时供货，则可能导致现金循环减缓或索赔，从而降低企业的生产效率或利润率。

实现按时交付的第一步就是明确需要什么和什么时候需要。通常情况下，由与物料相关的部门（如库存控制部门或生产计划编制及控制部门）来确定需求时间。对于有别于常规的需求，通常由使用部门提出所需物料，这里要注意在规定需求日期时若不考虑供应商的交货周期和销售现实，有可能会造成延误交付。只有确保各需求部门通知采购部门的需求日期是可完成的，才有可能实现采购目标。

采购人员可以与供应商进行谈判，根据需求时间来达成交货协议，而供应商则按照所达成的协议进行交付。

（二）前置期的内容

当有需求、希望进行采购时，采购经理首先需要明确前置期的概念及所花费的时间。

“前置期”这一术语经常用于代替交付时间或者与交付时间并用。前置期通常会涉及内部前置期、外部前置期和总前置期三个方面的概念。

1. 内部前置期

内部前置期是指从确定产品或服务需求到发出完整的采购订单所占用的时间。内部前置期包括准备规格、识别合适供应商、询价／报价、最终选择供应商及签订合同的时间。其用公式表示如图 3–3 所示。

内部前置期 = 准备规格的时间 + 识别合适供应商的时间 + 询价/报价的时间 + 最终选择供应商的时间 + 签订合同的时间

图 3–3　内部前置期用公式表示

2. 外部前置期

外部前置期是指从供应商收到采购订单到完成采购订单（通常是指交付产品或服务）所占用的时间，它通常又被称为供应商交付时间。

3. 总前置期

总前置期是指从确定产品或服务需求到供应商完成采购订单所占用的时间。因此，总前置期是内部前置期和外部前置期的总和再加上从采购方发出采购订单到供应商收到采购订单之间的时滞，用公式表示如图 3–4 所示。

总前置期 = 内部前置期 + 外部前置期 + 采购方发出采购订单到供应商收到采购订单之间的时滞

图 3-4 总前置期

内部前置期常常是总前置期的一个重要组成部分，但是经常被忽视。当然，内部前置期的不确定性很大，所以缩短前置期既要重视外部（供应商）前置期又要重视内部前置期。

（三）确定前置期应考虑的因素

在设置前置期时，采购经理要考虑采购方和供应商方面的因素，具体因素如下。

1. 采购方的因素

（1）如果采购方没有向供应商提供充足的或者正确的信息，供应商的前置期可能会延长。

（2）采购方在供应商设施所在地实施检验可能会延长总前置期。

（3）漫长的进货程序可能会延长总前置期。

（4）在持续需求的情况下，采购方会协助供应商准备一份有关物料需求的预测，可以帮助供应商提前计划生产活动，从而相应缩短外部前置期。

2. 供应商的因素

（1）供应商处理订单的过程若比较烦琐、复杂会延长前置期。

（2）供应商处理订单的系统，如 ERP 系统会极大地提高订单处理速度，缩短前置期。

（3）货物的运输方式会影响到总前置期，不同的运输方式所用的时间差别很大，在计算总前置期时应考虑的相关因素。

（4）供应商的生产方式也会影响到总前置期。按照订单生产，供应商接到客户订单以后才开始生产，前置期较长。若按照库存生产，即供应商已经生产出产品，接到客户订单时只需将库存的产品交付客户，会相应缩短前置期。

（四）确认前置期的可信度

采购方将前置期规定为尽可能快，而供应商提出的前置期可能会有所不同。例如，提出前置期为“10 周至 14 周”，这在工作中很常见，采购经理应要求供应商具体说明交付日期，并在采购订单文件中清楚写明。

供应商可能会提出他们可能实现不了的交付日期，以赢取与采购方的合作。因此，采购经理要负责确定供应商提出的日期是否能实现。例如，采购经理可以确定以下问题，具体问题如下所示。

（1）供应商是否有足够的能力？

（2）供应商是否有可信的绩效统计？

（3）供应商对其前置期较长的部件的库存处理方式是什么？

（4）供应商是否有适当的供应战略？

（5）供应商是否完全采用订货型生产（make-to-order，MTO）生产方式？

（6）所报的前置期是否现实？

（五）采购跟催规划工作

采购跟催规划工作的具体内容如下。

1. 规划合理的购运时间

相关部门应将请购、采购、卖方准备、运输、检验等各项作业所需的时间进行合理的规划，以确保供应商能按时交货。

2. 销售部门、生产部门应加强与采购部门的联系

由于市场的状况变幻莫测，因此生产计划若有调整的必要，必须征询采购部的意见，以便对停止或减少送货的数量、应追加或新订的数量做出正确的判断，并尽快通知供应商，使其尽可能减少损失，提高其配合的意愿。

3. 准备替代来源

供应商不能如期交货的原因颇多，且有些属于不可抗力因素。因此，采购经理应未雨绸缪，多联系其他货源，工程人员也应多寻求替代品，以备不时之需。

4. 预定流程进度

采购经理可在采购订单或合同中明确要求供应商负责编制预定时间流程进度表，如表 3-4 所示。

表 3-4　预定时间流程进度表

编号：　　　　联系人：　　　　日期：　　年　　月　　日

序号	作业项目	预定进度	实际进度	备注
1	设计作业			
2	采购作业			
3	工具准备			
4	组建制造			
5	次装配作业			
6	总装配作业			
7	完工试验			
8	装箱交运			

制表人：　　　　审核人：

5. 订约时加重违约处罚

在签订买卖合约时，应严格规定违约罚款或解约责任，使供应商不敢心存侥幸。若需求急迫时，应对如期交货或提早交货的厂商给予奖励，或给予较优厚的付款条件。

（六）采购跟催常用方法

采购跟催常用的方法如下。

1. 常规订单跟催法

常规订单跟催法就是按订单预定的进料日期，提前一定时间进行跟催的方法，包括如下两种方法。

（1）联单法：将订购单按日期顺序排列好，提前一定时间进行跟催。

（2）统计法：将订购单形成报表，提前一定时间进行跟催。

2. 定期跟催法

定期跟催法是指于每周固定时间将要跟催的订单整理好，制作成订购单统计报表如表 3-5 所示，实施统一定期跟催的一种方法。

表 3-5　订购单统计报表样例

编号：　　　　日期：　　年　　月　　日

订购单号	供应商	下单日期	交货日期	跟催日	跟催情况

制表人：　　　　审核人：

3. 物料跟催表法

通过物料跟催表可据以掌握供料状况，明确跟催对象，确保及时进料。“物料跟催表”样例如表 3-6 所示。

表 3-6　物料跟催表样例

编号：　　　　日期：　　年　　月　　日

物料名称	规格	订购量	实际入场		供应商	备注
			数量	交货期		

制表人：　　　　审核人：

4. 物料跟催箱跟催法

运用物料跟催箱跟催，即在采购部的办公室内放置一个物料跟催箱，将这个物料跟催箱规划成 32 格，前面的 31 格，代表着一个月的 30 天或 31 天（第一格代表当月份的第一天；第二格代表当月份的第二天；第三格代表当月份的第三天，以此类推），而第 31 格或第 32 格，则是急件处理格。采购人员按照所发出的采购单的预定进料日期，将这张采购单放入适当的格内。假如某零件的预定进料日期是 9 日，则该零件的采购单放在第 9 格内，当该零件入库后，就把这张采购单抽出来归档。

因为物料跟催箱里的采购单会随物料的入库而被取走，这样采购人员就可以集中精力跟催那些还存放在物料跟催箱里的采购单了。

有时，采购人员已经尽了力，但某些物料还是没有送达，这时就可以将这项物料的采购单抽出来，放到第 31 格或第 32 格内，让企业内相关部门人员来协助跟催。

（七）下订单阶段跟催要点

下订单阶段是指一发出订单就要对由此产生的业务进行处理的阶段。为了使供应商能按照货期交货，采购方要对供应商进行必要的跟催。

采购方发出订单时，如果不将图纸或规格交给供应商，供应商就无法制订生产计划。另外，对于所交付的资料信息，供应商若有质疑应迅速查明原因。若只提出制品或零件的机能或设计构想，图纸或规格约定由供应商制定时，应确保供应商能在双方约好的时间确定，一经确定则应迅速交技术部门核认。

此外，有必要安排物料在预定日提供。至于有需要模具、治工具者要决定由买方制造还是由供应商制造，接洽日程以决定其性能或程度能否满足最适经济成本。

对于不易进货的材料，要妥善与供应商协调，如有货则予以提供。同时，还要调查供应商的负荷，查看其货期是否过分集中，能否如期交货。

（八）订单执行阶段跟催要点

订单执行阶段是指供应商按照订单进行生产的阶段。此时，采购经理有必要再度确认供应商能否顺利生产，如可以安排人员前往供应商处了解情况。

（九）生产阶段跟催要点

生产阶段是指供应商已经处于着手生产的阶段。此时，采购经理更有必要追查生产过程是否顺利进行，是否需要支援。

此阶段最大的问题是模具、治工具或设备、机器的故障及缺勤发生而使保有工数逐渐减少。发生此类情况时，采购企业若有余力，可援助修保或将制程上的瓶颈环节拿回来自己做或另找供应商做。例如，在发生自然灾害或供应商内部运转不正常时，则可当机立断另寻（换）其他供应商承接。除此之外，还存在由于采购企业的原因而延误货期、中止订货或取消订货等。针对这种情况，应采取相应措施，以避免出现合同纠纷等相关问题。

（十）交货阶段跟催要点

在这一阶段，所交货品可能会出现数量误差或质量不合格的情形，对此，采购经理一定要予以适当处理。

（十一）编制采购进度管理表

采购经理通过对供应商交货各阶段的跟催工作保证企业物料的及时供应。另外，采购经理还可以通过编制“采购进度管理表”控制进度。

知识拓展

请购单的处理原则

请购单的处理原则主要有以下几项原则。

1. 先到先服务原则

先到先服务原则按照请购单到来的先后次序安排采购。这种处理原则不考虑请求的重要程度和紧急程度。其优点是对所有的请购方来说符合公平的原则，缺点是有可能造成部分采购的延误。

2. 根据需求日期安排原则

根据需求日期安排原则按照请购物品需求日期的先后安排采购，一般不考虑供应商的提前期（也就是从下订单到供应商把客户所要的货物送达的时间间隔，这是供应商对订单的整体反应时间）问题。比如，物资 A 有 10 周的提前期，物资 B 有 3 周的提前期，物资 A 的需求日是未来 10 周，物资 B 的需求日是未来 5 周。如果对两种物资的请购同时到达，按照该原则，物资 B 将首先被订购；而物资 A 虽然只勉强满足提前期要求，却按需求日期被安排在后面进行订购。这样就有可能造成物资 A 的采购延误。

3. 紧急订单优先原则

紧急的请购在任何采购企业中都具有最高的优先权。紧急请购的出现有许多原因，每一个紧急请购都应该引起采购方的密切关注。另外，选择供应商进货时，也只能选择具有近似最低总成本的供应商，而不一定是最低总成本的供应商。

4. 重要订单优先原则

重要订单优先原则按照订单的重要程度安排采购的顺序。按订单的重要程度进行订购时，往往需要用多个标准确定请购的优先级。与此相关的标准有：需求日和估计的提前期之间的差异、金额和数量、产品和服务的主要性能，以及采购的复杂性等。

5. 季节性订单优先原则

用季节性订单优先原则确定采购需求的优先级时，应该首先考虑季节性物资的采购活动。

在实际的采购活动中，要根据采购品的特征和上述这些原则的优缺点灵活安排采购。

任务二　采购中的及时交货管理

任务描述

某跨境电子商务公司（以下简称“公司”）面临采购中的及时交货问题，包括交货延迟、库存积压、供应商管理等挑战。

任务分析

为了确保及时交货，提升客户体验，公司决定优化跨境电子商务采购中的及时交货与管理流程。通过科学的及时交货与管理策略，公司能够有效提高跨境电子商务采购中的交货及时性，减少库存积压，提升客户满意度。

知识积累

及时交货管理在跨境电子商务采购中具有举足轻重的地位。通过合理的供应商选择、有效的沟通、物流跟踪和风险管理以及完善的供应链管理系统，企业可以确保货物能够及时送达，提高客户满意度并增强竞争优势。

一、采购品的验收

对于采购的物料，在入库之前，应对该物料的价格、数量、品质、交期和其他交易条件与订购单载明的交易条件、采购规范进行核对，以确定该批物料应该允收还是拒收，这种工作手续就是验收。

采购品的验收

（一）验收工作的内容

验收工作的内容主要包括以下几个方面。

1. 确认物料的供应商

要认清物料的来源，对于同一种物料向多家供应商采购或者同时有多种物料等待验收时要更加注意识别。

2. 确认交货期

要判断供应商的交货期是否及时，有无延误，以按公司规定作相应的处理。比如可作为延期罚款的证据，同时也可以作为延期付款的起算日期。

3. 确认物料的名称是否正确，品质是否符合要求

要确认所验收的物料与订购物料相符合，并且品质符合约定的要求。

4. 确认数量是否正确

判断实际验收的物料数量与订购单、交货单上记载的数量是否相符。对短缺的数量，

需要时要求供应商予以补足，对超交的物料，在不缺料的情况下一般予以退回。

5. 通知验收结果

将验收合格、不合格拒收或特别采购特认的验收结果填入验收单并通知有关单位。物料管理部门据此决定物料入库数量，采购部门据此进一步洽办短缺或超交的物料，财会部门根据验收结果安排付款事宜。

6. 退回不良物料

供应商送交的物料品质不良时，应立即通知供应商，准备将不良物料退回，或促请供应商以合适物料来交换，并重新检验。

7. 入库

验收完备后，通知物料管理部门进行入库。

8. 记录

对验收的情况加以记录，以备核查并作为供应商管理的资料。

（二）验收工作的程序

验收工作处理程序有以下几点。

（1）检查供应商的相关交货单据是否齐全，交货数量与原始采购单据所载明的数量是否一致。

（2）物料进行验收时，先核对包装箱上收件人、发件人是否正确，物料名称、数量与交货证件所列是否相同，包装是否完整，货物的毛重、净重等重要属性是否与交货证件相同。

（3）拆开包装，核对物料是否是所需物料。注意是否混杂了其他物料，有无破损，有无短缺，并将实际情况填入验收单。

（4）按规定进行全检或抽样检查。检验物料的品质，并将结果填入验收单。按规定判断物料为拒收或允收。在紧急用料时采取补救措施，如加以全检并将良品进行允收。

（5）品质检验合格，数量无误，则办理登账入库。对于延期交货的供应商或品质不良的供应商应严加考核，必要时予以淘汰。

（6）会计部门对单据审核无误后，按规定进行付款工作。

二、采购品交货及时性控制

物料采购的交货控制非常重要。交货期太早，会增加仓储管理费用及损耗，积压资金负担利息；交货期迟误，则会造成停工待料，机器及工人闲置，影响企业信誉或受合约限制，导致逾期罚款或损失赔偿。总之，交货迟延一旦发生，后续的一连串计划，包括生产计划、出货、输送和销售计划等就会发生变化，进而影响到公司内外的各种事务，使生产成本增加，制造过程混乱，不断地丧失应得的利润。导致供应商不能及时交货的原因有很多，大体表现在以下几个方面。

（一）供应商方面的原因

1. 转包不善

供应商将部分制造工作转包承包商，但承包商未能按时完成任务，导致产品无法及时组装完成而延误了交货的时间。

2. 制造过程或品质产生问题

有些厂商制造过程设计不合理，导致产出率偏低，要花费许多时间对不合格的产品加以改造；另外，也可能因为对产品质量控制不严，以致最终产品的合格率偏低，无法满足交货的数量。

3. 材料欠缺

供应商因为物料管理不当或其他因素造成材料欠缺，以致停工待料，延误了交货日期。

4. 超过产能或制造能力不足

供应商为预防业务不足，接下的订单常会超过其生产设备的产能，以便部分订单取消时，仍能够足额生产，类似航空业常见的座位超售。有时供应商对顾客的需求状况及验收标准未详加分析就接受订单，接单后发觉力不从心，无法制造出合乎要求的产品。

5. 报价太低

供应商因报价太低，以致尚未生产即已预知面临亏损或利润太低，因此交货的意愿低落，将产能优先满足其他获利较高的订单，也会延迟交货时间。

6. 缺乏责任感

有些供应商争取订单时态度积极，可是一旦得到订单后就松懈下来，对如期交货缺乏责任感。

（二）采购方的原因

1. 购运时间不足

由于请购单位提出请购需求的时间太晚，让采购单位措手不及；或由于采购单位在询价、议价、订购的过程中，花费了太多时间，当供应商接到订单时，距离交货的日期已不足以让其有足够的购料、制造及装运的时间；以及由于人为或自然的因素，如库存数量计算错误或发生监守自盗情况，发生水灾或火灾等，使库存材料毁于一旦，因此必须紧急订购，但是供应商可能没有多余的生产能力来吸收临时追加的订单。

2. 低价订购

由于订购价格偏低，供应商缺乏交货意愿，可能以迟延交货来要挟买方追加价格，甚至取消订单。

3. 生产计划不正确

由于买方产品销售预测不正确，当发现市场情况与预测不符合时紧急变更生产计划，让供应商一时之间无法充分配合，产生供货迟延情形。

4. 规格临时变更

采购方突然变更规格，导致供应商需另行订制或更换新的材料，或将现有物品或工程重新安排，从而导致延期交货。

5. 未能及时供应材料或模具

对委托其他厂商加工的情况，买方若未能及时供应材料或模具，也会导致承包的厂商无法进行工作。

6. 催货不积极

由于供应商订单过多或产能不够，往往催货紧的客户会得到优先供应，从而导致其他客户被延迟交货，特别是在市场出现供不应求时，供应商“捉襟见肘”，更是如此。

7. 技术指导不周

外包的物品或工程，有时需要由采购方提供制作的技术，因为采购方指导不周全，使得供应商自己摸索，影响到交货或完工的期限。

（三）其他因素

1. 供需单位缺乏协调配合

企业有关部门如生产或需求单位的使用计划与采购单位的采购计划未尽配合，生产或使用单位的日程计算过于保守，未设定正常延误时间，采购计划未将供应源或市场可能变动影响延误的因素列入计算，造成实际交货时间与计划交货时间不符，这是形成交期延误的主要原因。

任何需求计划，不应该只要求个别计划的正确性，更需要重视各计划之间的配合性，各计划如未能有效配合，只要其中任何协力单位有误，就会造成整体计划的延误。因此，交期延误的防止，必须先看本身计划是否健全，各单位之间计划或业务执行的联系，都应有良好的制度设计。

2. 采购方法运用欠妥

招标方式采购虽较为公平及公正，但对供应商的能力及信用等难以事先进行彻底的了解。得标之后，也许无法进料生产，也许无法自行生产而予以转包。更为恶劣者，则以利润厚者或新近争取的顾客为先，故意延误。因此，要避免供应商交货的延误，就应重视供应商来源的评选，即凡有不良记录者，就应提高警觉，特别是在合约中应详加规定交货办法，逾期交货的惩罚。如要求承制厂商提出生产计划进度，履约督导或监督办法，使厂商签约后，必须依照承诺生产交货，否则除取消合约外，还要求补偿所发生的损失，而不致恶性延误交期。

3. 偶发因素

偶发因素多属事先无法预料或不可抗力因素，包括战争、罢工或停工、自然灾害、经济因素、政治或法律因素。供应商不能如期交货的原因很多，因此采购人员要想有效控制交货期，必须要做到以下几点。

（1）做好交货管理的事前规划、事中执行与事后考核。

（2）要做好交货管理，应有“预防重于治疗”的观念。要仔细选择交货意愿和责任感强的供应商，了解供应商的能力和生产设备利用率，并且做好生产计划，规划合理的购运时间，使供应商能够从容不迫。同时准备替代来源（另外的供货商）。

（3）采购方在订购或发包后，要主动监察供应商的备料和生产速度，加强催货，同时及时提供必要的材料、模具和技术资源。

（4）一旦发生交货延迟，如果不能在短期内解决，要立刻寻求支援或其他来源，对供应商的交货延迟原因进行分析，并执行相应的奖惩办法。对优秀供应商应该签订长期合约。

任务三　库存控制管理与分析

任务描述

某跨境电子商务公司（以下简称“公司”）库存管理面临诸多挑战，包括库存积压、缺货、库存成本高等问题。

任务分析

为了提高库存管理效率，降低库存成本，公司决定优化跨境电子商务库存控制管理与分析流程。通过科学的库存控制管理与分析策略，公司能够有效提高库存管理效率，降低库存成本，减少库存积压和缺货现象。

知识积累

跨境电子商务库存控制需要综合考虑多个因素，包括市场需求预测、物流和供应链管理以及数据分析等。通过科学合理的库存控制策略，卖家可以降低成本、提高运营效率并提升客户满意度。

一、库存管理策略

受跨境电子商务政策影响，在税务成本逐渐上升、价格竞争日趋激烈的趋势下，企业需要更进一步地优化库存策略来降低总体成本，维持盈利空间。

库存策略与订货策略直接相关。不同的订货策略对库存水平的盘查方式不同。对库存的盘查可以是实时盘查，一旦库存水平下降到预先设定的某个值，触发订货决策；另一种盘查方式是定时盘查，当盘查所得库存水平低于预先设定的某个值时，触发订货决策。可以借助 ERP 来设置库存低位提醒，例如，全球交易助手的库存管理模块中，可以根据库存策略和订货策略设置库存缺货预警，当库存水平下降到一定值，系统则自动发出提醒。并自动生成系统采购单，可将系统采购单作为参考并导出表格，根据订货策略修改采购数量。

按照对库存水平的不同盘查方式，库存策略可分为实时盘查型的库存策略和定时盘查型的库存策略。在每种库存策略下，都需要决策最优库存水平和最优订货策略。最优库存水平和最优订货策略能够权衡库存成本、缺货成本和订购成本，使得总体成本最低。

缺货成本指的是产品因缺货导致减少的利润。每销售一个产品，其利润为销售价格减去所产生的单位成本。

如果商品的单位利润高于库存成本，那么总体上可以保持较高的库存水平，以减少因为缺货而造成的利润损失。特别是当需求波动较为剧烈时，库存应该调整至更高的水平，因为较高的需求可能导致产品供不应求。而当需求波动并不是很强时，库存可以适当下调，以减少库存积压。

如果商品的单位利润低于库存成本，那么总体上应该保持较低的库存水平，以减少因为库存积压而提高总体成本。特别是当需求波动较为剧烈时，库存应该调整至更低的水平，因为较低的需求会导致库存积压。而当需求波动并不是很强时，库存可以适当上调，以减少缺货成本。此时并不需要担心需求波动造成的货物积压。

库存策略选择从以上两部分的分析可以发现，实时盘查型的库存策略适用于较为稳定的需求模式，所以库存变化也更稳定。稳定的库存变化能保证决策者准确地把握库存水平和订购点。在稳定需求模式下，由于实时盘查型的库存策略的精准控制，并不太会出现缺货的情况。实时盘查型的库存策略关注的是仓储成本与固定订货成本和固定物流成本之间的平衡。而在定时盘查型的库存策略下，要考虑需求波动对库存策略的影响。需求波动会导致货物发生缺货，对库存的把控会更难，定时盘查型的库存策略更多地关注缺货成本与库存成本之间的平衡。另外，实时盘查要求更多的人力投入，对库存系统的构建要求也较高，在库存的管理成本上要高于定时盘查。

库存策略的选择不应该与商品属性相孤立，应该把不同商品的不同属性进行区别管理。在选择库存策略之前，要事先对产品属性做好详细分析，包括需求均值、波动性、利润、订货量和固定成本等。

二、跨境电子商务库存控制的现状

库存控制的实质是对库存数量进行管理，过多的库存数量将会占用资金，使得跨境电子商务的流动资金较为紧张，投资回报率降低，如果库存过少则会威胁到生产连续性。因此对跨境电子商务来说，应当衡量资金占用成本以及生产保障的关系，合理地控制库存的数量，维持合理的库存数量水平。

（一）跨境电子商务库存控制模式

作为跨境电子商务物流管理中的核心环节，库存管理的最佳状态应当是能够保障生产所需的物品，又能够保证库存资金量实现最小。当前跨境电子商务库存管理的模式主要有四种。

1. 传统的库存控制模式

跨境电子商务各个单位在物流过程中只针对自己的库存制定管理策略，基于交易层次、由订单驱动的一种处于静态的库存管理模式。

2. 供应商库存管理模式

供应商库存管理模式是一种跨境电子商务基于战略合作贸易伙伴关系而形成的库存控制模式，供应商对跨境电子商务所需要的物资进行管理，这需要一定的协议来保障，而且库存的成本不高，许多跨境电子商务近年来都采用这种模式。

3. 联合库存管理模式

联合库存管理模式是一种基于协调中心统一调度的控制模式，与传统的各自为政的库存管理模式相对应，能够克服传统库存控制模式的缺陷，避免供应链中存在的风险，及时应对市场变化。

4. 协同式供应链库存管理

协同式供应链库存管理能够控制模式建立在供应链集成的集成商，降低供应商的存货量，提高供应商的销售量，促进跨境电子商务与供应商的深入合作，消除供应链过程的束缚。

（二）跨境电子商务库存控制的特征

当前跨境电子商务的物流库存一般采用第三方外包仓储，也就是海外供应商库存管理模式，以联邦转运为例，其在世界范围内各个货源地都建设有货仓，形成了覆盖全球的库存网络。因此能够进行库存标准化管理，形成科学的库存管理办法。虽然跨境电子商务与库存之间相隔万里，需要通过互联网等现代通信技术来对库存进行遥控，但是跨境电子商务的物流企业一般都配套智能简易的操作系统，各种非物流专业的使用者都能方便地进行库存管理，实现信息流、物流的无缝对接。跨境库存面向不同使用者也千差万别，因此也有着多种多样的要求。总体来说，针对个人与商户可以形成两种库存管理流程，并且能够逐渐提高用户体验，在未来发展中，跨境电子商务库存控制将呈现更多的个性化模块。也应当认识到，跨境电子商务在库存建设方面将投入更大比例的资金，整个物流解决中的基础地位将更加凸显。

由于跨境电子商务的品种逐渐增多和升级，许多大型货物，如家居产品很难通过航空运送，也难以采用传统海运（增加时间成本，运送时间不断拉长），跨境电子商务采用海外仓的形式使商品送达客户的时间大大缩短，能够吸引更多的卖家。

知识拓展

确保交货期的重要性

为何要确保交货期呢？因为延迟交货或提早交货都会增加成本。

1. 延迟交货会增加成本

交货期的延迟，毫无疑问会阻碍生产活动的顺利进行，对生产现场与其有关部门将产生有形、无形的不良影响。

（1）由于物料进库的延误发生空等或耽误而导致效率下降。

（2）为恢复原状（正常生产）有需加班或例假出勤，导致增加人工费用。

（3）由于制品的交货延迟，失去顾客的信用，导致订单的减少。

（4）成为修改或误制的原因。

（5）延误的频度高，需增员来督促。

（6）使作业员的工作意愿减退。

2. 提早交货也会增加成本

一般人总以为提早交货的不良影响不如延迟交货，实际上两者都会成为增加成本的原因，以下两点为其主要理由。

（1）容许提早交货则会发生交货期的延迟。供应厂商为资金调度的方便会优先生产高价格的物料以提早交货，所以假如容许其提早交货，就会造成低价格物料的延迟交货。

（2）不急于要用的物料的交货，必定增加存货，进而导致资金运用效率的低下。

因此确保交货日期，对企业经营有很大影响。供应商应从生产至运输等多个环节加强管理、监督，做到及时、准时交货。

项目评价

课堂表现评价

评价内容：验收工作的具体内容与订单跟催管理工作流程。

评价规则：将全班同学分成若干小组来组织教学，每个小组需要设计队名，每次课在黑板上画出表 3–7。每次课都有评价，只要本组同学回答正确，就给全组加分，每组同一个人不能连续回答问题，必须换人回答才能给本组加分，如果回答错误，其他小组可以回答；小组讨论表现最好的（一组）和较好的（两组）加分；当堂课小组全勤的加分；每项分值由教师指定，每次课堂结束后由学习委员在分数记录册上进行记录，最终形成该小组分数，如表 3–7 所示。

表 3-7 课堂表现评价表

小组	回答或解决问题	小组讨论表现	小组全勤	合计
小组一				
小组二				
小组三				
小组四				
小组五				
小组六				
小组七				
小组八				
小组九				
小组十				

项目学习成果评价

评价规则：项目学习成果评价汇总表分数将作为学生项目学习成果得分，如表 3-8 所示。每个小组完成项目学习的可视化学习成果将会存档。

表 3-8 项目学习成果评价汇总表

小组	任务一	任务二	任务三	课堂表现	总评
小组一					
小组二					
小组三					
小组四					
小组五					
小组六					
小组七					
小组八					
小组九					
小组十					

项目小结

本项目首先介绍了跨境电子商务采购订单的日常处理；其次介绍了跨境电子商务采购中的及时交货与管理；最后介绍了库存控制管理与分析。通过本项目的学习，读者不仅加深了对采购订单管理和存货分析的理解，还培养了细致的工作态度和有效的工作管理能力。读者能够在未来的工作中灵活运用所学知识，为企业的采购订单处理和存货管理工作贡献自己的专业能力，推动企业运营的顺利进行。

巩固与训练

思考练习

1. 采购订单的准备工作有哪些?

2. 简述签订订单的四种方式。

3. 跨境电子商务库存控制模式有哪几类?

拓展训练

1. 你是某电子商务公司的采购经理，负责处理跨境电子商务采购订单的日常工作。请描述你在处理采购订单时需要注意和执行的关键步骤，并举例说明你如何处理一个采购订单。

2. 你是某电子商务公司的供应链经理，需要确保采购商品能够及时交付给客户。请描述你在采购过程中如何进行及时交货管理，并阐述你对于供应商的监督和沟通策略。

项目四

跨境电子商务采购成本控制与结算

项目导读

在许多行业中，采购成本都占到了销售额的60%以上。如果能够有效解决采购成本带来的一系列问题的话，那么企业竞争力的加强必将得到实质性提高。面对全球性的经济衰退：美国次贷危机、欧洲经济持续不景气、人民币升值、原材料涨价、劳动力成本不断上升……成本竞争优势就显得更为重要。

在实际工作中，采购货款的结算是交易双方都最为关心的合同条款之一，直接关系到双方的切身经济利益和面临的风险。因此，采购商应在考察供应商信誉及经营作风、保证采购质量和资金安全的基础上，选择适当的支付工具和结算方式，以加速资金周转、降低采购成本。本项目主要介绍跨境电子商务采购成本控制与结算方面的知识。

学习目标

◎知识目标

◆了解影响采购价格的因素。

◆熟悉采购成本控制方法。

◆了解国际采购结算工具。

◆熟悉国际采购结算方式。

◎能力目标

◆掌握降低采购成本的方法。

◆掌握国际采购结算。

◎素质目标

◆培养学生能够建立有效的数据分析系统，并制定相应措施，优化采购策略和成本结构。

◆提高学生法律意识，确保采购活动符合相关法规和政策要求，规避潜在的合规风险。

思政目标

◆引导学生认识到有效控制采购成本对提升企业竞争力和经济效益的重要作用，培养服务社会和经济发展的意识。

◆引导学生在进行采购成本控制时关注社会责任，考虑环境保护和资源的合理利用，从而提升学生对社会发展的贡献意识。

案例导入

降低采购成本：方法与策略探讨

采购成本对企业的经营业绩有着重要的影响。降低采购成本不仅会减少企业现金流出，而且能降低产品成本、增加利润、增强企业竞争力。采购人员应从多方面入手，严格控制企业的采购成本。

李先生：经理，降低采购成本一直是我们采购部的核心工作，你有什么好的方法可以帮助我们降低采购成本吗?

经理：根据我的经验，降低采购成本的第一步是要了解采购成本的各项构成，如维持成本、订购成本等，这也是做好成本分析和成本控制的基础工作；第二步则可以采用ABC法进行分类采购，也可以采取按需订货、定量采购、定期采购和批量采购等方式降低采购成本。

李先生：有员工提议让供应商尽早参与，这对降低采购成本有没有帮助呢?

经理：我认为这是很好的提议。供应商尽早参与可以让供应商清楚地领会产品设计者的设计意图，从而更有利于物料的准确供应，这对降低企业采购成本非常有价值。

李先生：好的，谢谢。

任务一 采购成本分析

任务描述

某跨境电子商务公司（以下简称“公司”）面临的采购成本压力日益增加，包括物流成本、关税、汇率波动、供应商成本等。

任务分析

为了优化采购成本，提高盈利能力，公司决定进行跨境电子商务采购成本分析。通过科学的采购成本分析，公司能够有效识别影响采购成本的关键因素，并制定相应的优化策略。

知识积累

跨境电子商务的采购成本构成复杂多样，企业在采购过程中需要综合考虑各种因素，制订合理的采购计划和策略，以降低采购成本和提高利润水平。同时，企业还需要关注市场动态和政策变化，以便及时调整采购策略和应对市场变化。

一、国际采购价格分析

在国际采购业务中，采购价格是指采购物料本身的价格，构成企业采购成本的主要组成部分。采购价格的高低直接决定企业最终产品或服务价格的高低。因此，在确保达到采购目标和质量要求的情况下争取最低的采购价格是采购人员的工作重点和任务。

（一）影响采购价格的因素

采购人员为了分析和降低采购价格，首先要对影响采购价格的因素进行了解和研究。

1. 供应商成本的高低

供应商成本的高低是影响采购价格的最直接、最主要的因素。供应商进行生产的目的就是获得一定的预期利润，供应商成本是采购定价的底线。采购人员首先要计算采购商品的基本成本，包括材料费、加工费、管理费、运输费以及合理的利润等。该成本将成为采购商与供应商进行采购价格谈判的基础，从而在此成本基础上最终确定交易价格。

2. 采购商品质量和规格

采购物料的品质和规格也是决定采购价格高低的重要因素。品质优良的物料采购价格很难下调，规格不同也会影响价格。采购人员在分析采购价格之前，必须要对拟采购物料的真实品质和具体规格进行认真了解和研究，以此作为谈判价格的基础之一。

3. 采购数量与产品生命周期

采购数量也是影响采购价格的因素之一。供应商为了扩大销售，提高市场占有率，经常在销售商品时根据采购商的采购数量给予价格上的优惠。因此，集中性、大批量采购是降低采购价格的有效途径。此外，采购量还与产品所处生命周期的阶段有直接关系，产品在由导入期、成长期到成熟期的过程中，采购量逐渐放大，直到衰退期时会逐渐减小。

4. 采购商品的市场供求关系

在确定采购价格时，该种商品的市场供求关系状况也是影响因素之一。当供应商产品生产不足、供应紧缺时，供应商处于优势的主动地位，价格会较高，对采购商不利；当采购商品生产过剩、供过于求时，采购企业处于优势的主动地位，其可以获得价格谈判的优势，价格相对较低，对采购商有利。

5. 交货与付款条件

采购物资的交货条件也是影响采购价格的重要因素之一。采用的运输方式、运输工具和交货期等条件不同，采购商与供应商各自承担的交货成本也会有不同，自然采购价格也有差异。在付款方面，支付货币、支付期限、支付方式的不同也会影响双方的成本和风险，自然采购价格也有高低。例如，采购商若提前付款或在规定期限内付款，供应商将给予现金优惠或价格折扣。

6. 采购商与供应商之间的关系

采购商与供应商之间的关系对采购价格也有着影响作用。从卖方、传统的供应商、认可的供应商，再到建立伙伴关系的供应商，进而结为战略联盟，采购商对供应商成本的了解程度不同。通常情况下，双方关系越紧密，达成的采购价格越优惠。

7. 生产季节和采购时机

当采购企业处于生产旺季时，对各种原材料需求旺盛和紧迫，因此不得不接受供应商较高的价格。解决这种不利情况的最佳途径是提前合理安排生产计划，并根据生产计划制订合理的物料采购计划，为物料需求的满足提前做好准备。

（二）供应商的定价方法

对采购商而言，掌握供应商对商品的定价方法有利于正确分析供应商所报价格的构成，以便采取适当的价格谈判策略和降低采购价格的方法。目前常用的定价方法有三大类型，即成本导向定价法、市场需求导向定价法和竞争导向定价法。成本导向定价法是指以供应商成本为依据确定价格的方法；市场需求导向定价法是指以市场实际需求状况为依据确定价格的方法；竞争导向竞价法兼顾了前两种定价方法的特点，即在分析供应商成本的基础上，同时考虑市场需求的情况确定价格的方法。

1. 成本导向定价法

成本导向定价法的核心是谋求对成本的补偿和最大盈利的获得。以成本作为定价的底线，价格必须在成本之上，将各种定价因素通过成本类型和盈利率的选择反映出来。

（1）成本加成定价法

成本加成定价法是指供应商以成本为依据在产品的单位成本的基础上加上一定比例的利润。该种方法适用于下列情况：市场上缺乏竞争对手，产品销路好，或正处于卖方市场。缺点在于忽视当前采购方需求特点、市场供求关系和竞争状况。

（2）目标利润定价法（或称投资报酬率法）

目标利润定价法是指以利润为依据制定销售价格的方法。按目标利润测算预期销售价格及销售数量。该定价方法以企业期望达到的利润目标为制定价格的基础。

2. 市场需求导向定价法

在定价过程中，顾客或消费者对价格的接受能力和反应情况也是一个要考虑的重要因素，着重使价格能够为市场接受并且能产生良好的反应。

（1）理解价值定价法

理解价值定价法是指以市场的承受力及采购者对产品价值的理解程度作为定价的依据。通常适用于大多数消费品市场。定价的关键是购买者的接受性，而不是企业的成本，购买者的接受性表现为对产品价值的主观判断。

（2）差别定价法

差别定价法即将同种产品以不同的价格销售给同一市场上的不同客户，供应商根据采购商的需求特征实行差别定价。通常定价的基础有：客户本身特征、产品用途、购买或消费地点和购买或消费时间。

3. 竞争导向定价法

（1）市价法

市价法是指价格主要根据市场的供求关系而定。通常适用于市场竞争比较充分的产品，所有供应商和采购商无法影响市场价格，只能是市场价格的被动接受者。

（2）投标定价法

投标定价法是指供应商根据竞争对手可能提出的价格以及自身所期望的利润而定，通常中标者是报价最低的供应商。投标定价法适用于采用招投标方式进行采购的产品或服务项目。

二、国际采购成本分析

当前，企业面临日趋激烈的市场竞争，而有效地降低经营成本是增强企业竞争力和提高利润的重要手段。采购成本在企业经营总成本中占有很大比重，其高低对企业经营总成本的管理和控制有着举足轻重的作用，因此加强对企业采购成本的分析和管理，找到控制与降低采购成本的有效途径，对提高企业整体经营效率和盈利能力有着非常重要的意义。

成本分析是一个比较的过程，是对实际或者预期的成本进行回顾或估算，此过程要运用经验、知识和对数据进行研究，以期估算出一个合理的成本，并在此基础上使采购双方达成一个公平合理的价格。根据对采购成本含义的分析，采购成本通常由四部分构成：材料成本、采购管理成本、存储成本和品质成本。采购成本的计算公式为

$$采购成本=材料成本+采购管理成本+存储成本+品质成本$$

（一）材料成本

材料成本是指企业拟采购的材料的价格成本。计算公式为

$$材料的价格成本=单价\times数量+运输费+相关手续费及税金$$

在材料的价格成本中，最主要的是材料的购入价格。因此，物资采购控制的核心之一是采购价格的控制，降低采购成本的关键之一也是控制采购价格。控制采购价格、降低采购成本，可采取以下几个方面措施。

1. 采取综合、开放的供应商选择策略

在市场经济条件下，大多数物资产品都有多家供应商经营，由于各供应商实际情况各不相同，以同一标准衡量和选择供应商在实践当中是很困难的，而供应商选择的正确与否对采购商的成本控制具有重要作用。因此，采购商只能从本企业情况出发，经过定性、定量分析，综合比较，选择对本企业最有利的供应商。以下介绍几种选择评价供应商的方法。

（1）直观判断法

直观判断法是指通过市场调查征询意见，根据掌握的情况，综合分析判断选择供应商的方法。这种方法一般适用于信息资料完整的企业和比较熟悉的供应商。

（2）综合测评法

综合测评法是指按一定标准对供应商进行评分，然后进行综合评价、优选的方法。测评的方法有很多种，企业可根据自身需要，有侧重地制定方案。这种方法适用于同类物资有多家供应商的情况。

（3）成本费用比较法

成本费用比较法是指通过比较分析各家供应商的供货价格、采购成本以及费用支出，选择综合采购成本最低的供应商的方法。这种方法适用于物资质量、交货时间均能满足采购商要求的供应商。

（4）招标法

招标法是指采用招投标的方法选择供应商。这种方法竞争性强，能够广泛地选择供应商，可以在众多供应商中选择条件最优、采购成本最低的供应商，但此方法手续较多，程序复杂、耗时长，除大宗重要物资或成套设备的采购外，不宜频繁使用。

2. 采取新的降低采购价格的措施

面对愈来愈激烈的市场竞争，采购企业不仅要求确保供应质量、交货时间和数量、售后服务以及技术支持，更加要求供应商保持具有市场竞争力的价格，以保持低的采购成本。在实际采购工作中，以下几种方法可以有效地降低采购价格。

（1）比价采购

比价采购是指选择两三家供应商进行报价，通过比较，在保证供应质量、数量、时间和售后服务的前提下，选择综合报价最低的供应商作为采购订货对象。采用比价采购时，一般使用密封报价，减少了报价的泄密可能性，加剧了供应商之间的竞争压力，使采购商获得主动优势地位，取得竞争的经济利益。值得强调的是，为了保障采购材料的质量，比价采购应与定点供应相结合。对消耗使用有规律性、用量达到一定数量规模的材料进行定点供应，建立固定的供应渠道，以保证稳定的供需关系，可以大大节约采购企业的采购成本和费用。

（2）压价采购

压价采购是指利用买方市场的优势，在供货标准不变的条件下，迫使原供应商降低价

格，以降低采购成本。需要特别注意的是，采购商要求供应商降低价格必须要在供应商确保供货质量等非价格方面不降低的前提下才能进行，否则不仅不能达到降低成本的目的，还有可能给采购商造成更大损失。因此，采购商与供应商必须相互充分沟通，建立信任及互惠互利的合作关系，只有双方利益都得到保障，才能争取合理的利益。

（3）招标采购

采用招标方式进行采购是降低采购成本的一种有效方法，采用公开招标的方式可以利用市场竞争和竞标人的竞争心理，促使投标人报出最具竞争优势的价格，使采购企业能够选择报价条件最优惠的供应商。它也是比价采购的一种，只不过程序更为透明和规范。按照我国《招标投标法》及相关部门的规定，组织物资采购的招投标，应通过多次报价，公开开标，评标专家综合评价后选择价格、条件最优的投标方中标。

3. 采取合理措施降低运输成本

国际采购活动中，物资必须通过运输及物流环节由供应商所在地运送到采购商所在地，是完成采购业务必不可少的步骤。除物资采购价格外，随着国际分工的日益深入、人力及能源价格的上涨，运输及物流成本在企业采购成本中所占的比例越来越大，是企业总成本中的重要组成部分之一。因此，采取有效方法降低运输成本，也可以降低采购成本。采购双方可以通过以下方法降低运输成本。

（1）减少不必要的运输环节

在运输规划中，应尽可能安排直达运输，避免中间转运环节，减少一切不必要的程序，减少运输操作环节，从而减少运输费用。

（2）提高运输工具装载效率

合理高效地利用运输工具及装载空间、加大装载量、组织合理运输、提高运输效率是降低运输成本的重要手段。

（3）安排合理的运输方式

不同的运输方式会使得运输价格和费用有很大差别。运输方式及工具的经济性和迅速性、安全性和便利性之间存在相互制约的关系。通常情况下，海洋运输的费用最低，但速度最慢；航空运输最迅速，但费用最昂贵。因此，在采购时应根据不同物资的形状、数量、价值、运输批量、交货时间以及到达地点等特性，选择合理适当的运输方式和工具，以降低运输成本。

（二）采购管理成本

组织采购过程中发生的费用称为采购管理费用。其构成为

采购管理成本 = 人力资本 + 办公费用 + 差旅费用 + 信息通信费用

人力资本是指采购部门人员的工资、辅助性工资、奖金和补贴等支出；采购人员的招聘、培训、轮岗等发生的费用均计入人力资本，这些费用支出以固定成本的形式分摊计入采购成本。此外，采购管理成本中的办公费、差旅费、搜集信息及通信费用都是必要组成部分。

有效降低采购管理成本的途径之一就是要加强对采购业务人员的管理。有经验的优秀采购人员可以有效地降低采购管理成本，进而降低采购成本。采购企业可以从以下两方面提高采购人员的素质。

1. 提高采购人员的业务能力

首先，应该培养和提高采购人员的业务分析能力，精打细算的财务分析能力和成本效益观念；比较投入与产出效益、正确分析供应商报价单内容等能力。其次，使采购人员具备对市场的预测能力，由于物资采购价格与供应数量随着市场周期而变动，采购人员应具备能够根据市场供给关系、供应商信息以及原材料价格的涨跌趋势，正确判断采购成本的变动幅度。再次，采购人员与供应商沟通时，必须具备准确、清晰地表达计划采购物资各种条件的能力和随机应变的技巧。此外，要与供应商建立长期稳定的友好合作关系，采购人员就需要与供应商相关人员保持良好的人际关系，确立相互信任、忠诚的伙伴关系。最后，采购人员必须具备全面扎实的专业技术知识，才能充分了解供应商各方面情况以及物资规格和性能，主动参与开发物资采购的新来源，从而降低采购成本。

2. 增强采购人员的职业道德

采购人员首先必须在采购工作中以企业利益为重，恪守职业道德，决不见利忘义，图私利而损害整个企业的利益。其次，采购人员要尽心尽力地做好本职工作，不怕采购工作的烦琐和辛苦，特别是要时刻注意不能出现短缺物料的情况，负责按时采购所需的物资，确保企业生产经营的正常进行。最后，采购人员在与供应商谈判和议价的过程中，不能利用其主动的优势地位而趾高气扬、高高在上，面对复杂和艰难的谈判应该虚心和耐心，才能取得最后的优惠价格。

（三）储存成本

储存成本是指存货在仓库保管过程中的各种费用和有形或无形的损耗，如仓库保管人员的工资、仓库折旧费用、存货正常损耗、存货占用资金的机会成本等。储存成本按其与存货平均储存量之间的关系，可以划分为固定储存成本和变动储存成本。固定储存成本是指那些与存货平均储存量无关的成本，如仓管人员的基本工资、仓库的折旧费等。变动储存成本是指那些与存货平均储存量成正相关关系的费用，如存货占用资金的机会成本，即利息、存货的损耗和保险费用等。储存成本的构成为

储存成本 = 货款利息 + 仓库保管费用 + 存货损坏费用 + 其他费用

仓库保管费用包括仓管人员工资、仓库折旧费等；存货损害费用包括存货正常损耗、贬值或削价损失等。

当采购商为获得批量采购的折扣或价格优惠时，不可避免地要增加企业的库存，而变动储存成本必然随库存量的增加而增加，引起的采购成本的增加将在一定程度上抵消了批量采购的价格优惠。因此，采购人员应准确核算和比较因批量采购而获得的价格优惠与库存增加而增加的储存成本，从而达到降低采购成本的目的。

（四）品质成本

采购商为了保证并鉴定采购物资达到合同规定的品质要求所支付的费用，以及采购物资未达到品质要求而给企业造成的损失，称为品质成本。品质成本是构成企业采购成本必不可少的组成部分。首先包括采购预防成本，是指采购商为评价供应商的品质保证能力，提出对物资的品质要求，并协助供应商改进产品品质和完善品质体系等活动所支出的费用。其次是采购鉴定成本，是指对采购物资进行检验鉴定和验收所支付的费用。最后是采购品质损失，是指因采购物料未达到合同规定的品质要求给采购商所造成的而供应商又未给予补偿的损失，如导致的成品质量问题的损失、停产损失等。

知识拓展

产品生命周期成本分析

产品需要经历诞生、成长、成熟和衰退的过程，就像生物的生命历程一样，所以称之为产品生命周期。产品生命周期就是产品从进入市场到退出市场所经历的市场生命循环过程，进入和退出市场标志着周期的开始和结束。

1. 产品生命周期

产品生命周期一般可以分成四个阶段：引入期、成长期、成熟期和衰退期，对于采购产品而言，必须把握住产品的最佳时期，才能降低采购成本，如图 4–1 所示。

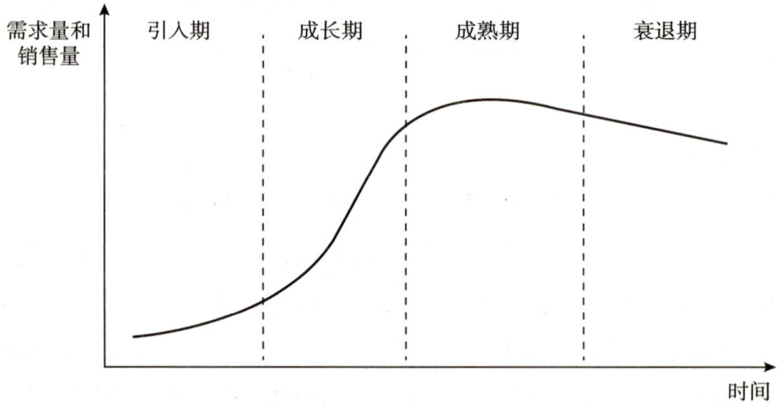

图 4–1　产品生命周期

（1）引入期

新产品投入市场，在此阶段产品生产批量小、制造成本高、广告费用大、销售价格偏高、销量有限，对于国际采购员来说，需把握机会。

（2）成长期

当产品进入成长期，这是需求增长阶段，需求量和销售额迅速上升，生产成本下降，价格也会相应降低，对于采购员来说，可以在一定程度上降低采购成本。

（3）成熟期

随着购买产品的人数增多，市场需求趋于饱和，产品进入成熟期阶段，销售额增长速度缓慢甚至转为下降。由于竞争加剧，导致广告费用再度提高，利润下降，价格可能上升，采购员的采购计划需视情况而定。

（4）衰退期

随着科技的发展，新产品和替代品的出现，产品进入衰退期，产品的需求量和销售量迅速下降，此时成本较高的企业因无利可图而陆续停止生产，该类产品的生命周期也陆续结束。对于采购员来说，在此阶段需谨慎采购。

2. 产品生命周期对采购成本的影响

由于产品所处的周期不同，产品的固有成本也就不同。这里的固有成本一般指市场买价，由于产品所处的阶段不同，因此市场价格也不同。除了市场价格成本的影响外，采购员还必须考虑到产品售后的维护成本，如果采购品的维护成本过高，则必须选择产品生命周期成本最小者。

例如，工厂的采购员在为本企业采购机器设备时，应该在价格最低的时候去买，此时最经济；如果零售企业的采购员在选择零售产品时，也在价格最低的时候去买，此时可能会使你的采购品成为商场的呆滞品。

因此，产品生命周期决定产品的价格，而产品的价格决定产品采购成本周期，如图 4–2 所示。

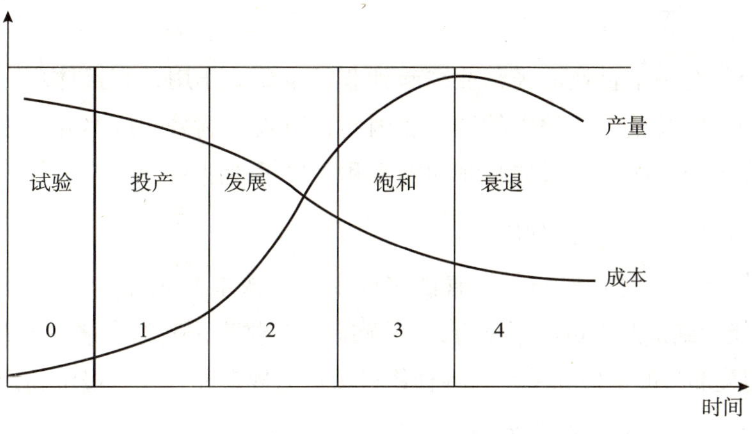

图 4–2　产品采购成本周期曲线

任务二　采购成本控制方法

任务描述

某跨境电子商务公司（以下简称“公司”）主要通过电子商务平台销售进口商品，产品涵盖多个品类。随着业务规模的扩大，公司面临的采购成本压力日益增加，包括物流成本、关税、汇率波动、供应商成本等。

任务分析

为了优化采购成本，提高盈利能力，公司决定探索并实施有效的跨境电子商务采购成本控制方法。通过科学的采购成本控制方法，公司能够有效识别影响采购成本的关键因素，并制定相应的优化策略。

知识积累

跨境电子商务采购成本控制需要从多个方面入手，包括供应商谈判、集中采购、长期合作、优化采购流程、制定预算、质量保证和电子化采购等。通过这些方法，企业可以有效地降低采购成本，提高盈利能力。

一、采购成本控制

采购成本控制对一个企业的经营业绩起到非常重要的作用，直接体现在产品成本的下降、利润的增加，以及企业竞争力的增强。因此，有效控制采购成本并使之不断下降，是一个企业不断降低经营成本、增加利润的重要和直接手段之一。

（一）建立严格的采购制度

企业根据自身情况建立严格、完善的采购制度，既能规范企业的采购活动和提高采购工作效率，还能杜绝采购人员的不良行为。采购制度应规定采购的申请、授权人的批准权限、采购的流程、相关部门的责任和关系、各种物料采购的规定和方式、报价和价格审批等。

（二）建立供应商档案和准入制度

企业应对其所有正式的供应商建立档案资料数据库，不仅对供应商进行编号归档、详细记录联系方式和地址，还应包括付款条件、交货条款、交货期限、品质评级、银行账号等，每家供应商档案应经过严格的审核才能归档。同时要建立供应商评价和分级管理制度，定期或不定期地对供应商的表现进行考核，确定供应商准入和淘汰制度，确保采购质量并降低采购成本。

（三）建立价格档案和价格评价体系

采购企业特别要对所有采购物料建立详细和完善的价格档案，对每一批采购物资的报价，首先与以往归档的物资价格进行比较，分析价格差异的原因。对于重点采购物资的价格，要建立价格评价体系，由企业相关部门组成价格评审组，定期收集供应价格信息，分析和评价现有的价格水平，并对归档的价格档案进行评价和更新。

（四）建立物料的标准采购价格，对采购人员进行业绩评价

财务部门对企业采购的重点物料应根据市场的变化和产品标准成本定期确定标准采购价格，促进采购人员依据该标准采购价格积极寻找和比较不同供应商，从而降低采购价格。企业同样可将标准采购价格与采购价格评价体系结合起来，对采购人员的工作绩效进行考核并依据奖惩措施，对完成企业采购成本降低目标的采购人员进行奖励。

二、采购成本控制的方法

采购成本控制的方法包括传统采购成本控制方法和现代采购成本控制方法两种，具体说明如下。

（一）传统采购成本控制方法

1. 设计优化法

设计优化法是指在产品设计开发时就注意物料、部件的选用，以先进适用的物料用于新产品中，使产品性能在满足市场需求的前提下达到成本最低。产品在设计开发定型之后，其所使用的物料就已基本确定。因此，在产品设计开发阶段降低成本是控制采购成本的有效方法之一。采用这种方法要求设计开发人员有成本意识，在产品设计开发阶段就对所用物料和部件进行研究选择，使物料和产品的市场定位相匹配，做到合理成本，使产品具有最佳的性价比。

2. 重点物料分类管理法

重点物料分类管理法又可简称为 ABC 管理法，是指将库存货物根据其消耗的品种数和金额按一定的标准进行分类，对不同类别的货物采用不同的管理方法。对生产重要性强、价值较高的物料，企业需要投入较多的人力物力进行采购管理；对仓储保管要求不高、价值较低的物料，则不需要投入较大的管理成本。这种方法的实质就是要区别采购的物料种类，采取不同的采购和仓储策略，以有效地节约企业经营管理成本。

3. 作业成本核算法

作业成本核算法又称为作业量基准成本计算法，是指以作业为核心，确认和计量耗用企业资源的所有作业，将耗用的资源成本准确地记入作业，然后选择成本动因，将所有作业成本分配给成本计算对象（即产品或服务）的一种成本计算方法。

4. 类比降价法

类比降价法是指通过结构、性能相似的物料进行比较，从而要求供应商降低价格的方法。该方法的关键是比较参照物的选择，比较的物料必须具有一定的可比性，价格上也要有竞争力。在确保采购物料部件品质、售后服务的前提下，选择价格最具竞争力的供应商，从而实现采购成本的降低，提高本企业产品的市场竞争力。

5. 招标竞价法

招标竞价法是指通过组织供应商进行招投标，公开竞价，实现采购物料的成本降低。招标竞价法现在是广泛应用的采购方式，而随着网络技术的发展，网上招投标也越来越多地应用于企业的采购。采用该种方法的前提是采购商要掌握采购物料的市场状况、价格水平和走势；其次，参加招标的供应商至少要有三家，同时也可适时引进新的供应商，加强供应商之间的竞争。

6. 规模效应法

规模效应法是指企业将原先分散在各部门的通用物料的采购集中起来，从而形成采购规模优势，以便在集中采购中通过获得供应商价格折扣或让利等方式降低采购成本的方法。随着采购批量的增加，采购价格会逐步降低。该方法就是利用集中大批量采购，获得最优惠的价格。

除此之外，传统采购成本控制方法还有标准成本法、物料标准化技术法、产品生命周期成本分析法以及采购物料规划与控制方法。上述传统方法在采购成本的局部或部分控制上得到了很好地应用，但其已经不适应全球经济一体化和信息化的要求，需要研究和应用新的采购成本控制方法。

（二）现代采购成本控制方法

1. 战略采购成本控制法

战略采购成本控制法是指通过运用战略性采购的方式来加强企业营运能力及市场定位，从而有效地控制和降低物料采购成本、简化供应链环节并改进市场反应的系统方法。战略采购的重点是开发一个战略性供应基地，从而加强企业的竞争力，降低成本、提高利润。为达到这个目标，战略采购运用一种由系统和数据分析为基础的方法，帮助企业更好地了解外部供应市场状况及内部需求。通过这种分析，采购企业能对其采购成本、内部需求控制、采购战略的制订和实施做出战略性决策。

战略采购要求采购商对供应商的生产能力、生产量、战略发展方向、发展潜力及在竞争性市场上的定位做出系统评估。企业采用战略采购对降低生产成本和提高竞争能力有重要作用，平均能为企业降低采购物料成本的 10% ～ 20%。对某些种类物料，采购价格降幅更高达 50%。

2. 供应链采购成本管理法

供应链管理技术是一种新兴的企业成本管理技术，是指在满足服务水平需要的同时，为了使系统成本最小而采用的将供应商、制造商、仓库和商店有效地结合成一体来生产商品，并将正确数量的商品在正确的时间配送到正确的地点的一整套方法。供应链管理的作用在于通过系统地设计与管理各个供应环节，使企业在提高服务水平满足客户需要的前提下，使采购供应系统的总成本最低。供应链管理的实现主要通过利用信息技术和供求信息在企业间的整合。根据国外的经验，供应链的建设成本较高，但实施的效益也非常大，能够有效降低企业采购成本。

三、降低采购成本的模式

降低采购成本的模式包括：联合采购、第三方采购、全球采购。

（一）联合采购

在采购价格及成本控制上，中小企业处于被动的不利地位，但并非意味着这些企业无计可施。联合采购是中小企业可以采用的降低成本的有效方法。联合采购对中小企业可以增加防范风险的能力。这种方式可以集小订单成大订单，增强集体谈判实力，获得采购规模优势；同时可以减少中间环节，降低采购流通成本和业务费用。

（二）第三方采购

第三方采购是企业将产品或采购外包给第三方企业。经验表明，与企业自己进行采购相比，第三方采购可以提供更多的价值和采购经验，让企业更专注于核心竞争力的培育。目前，美国各行业都有专业采购联盟。如美国地方政府采购联盟就是一个第三方采购组织，有 7 000 多家政府机构成员，降低采购成本达 15% 以上。

（三）全球采购

全球采购是指企业可以将其所需物料的采购在全球范围内进行科学合理的分配，充分利用和发挥不同国家和地区、生产厂商在不同物资上的比较优势，向世界范围内合适的供应商采购，做到资源在全球范围内的合理调配，从而降低企业的整体经营成本，提高价格竞争力。

四、降低采购成本的十大方法

根据统计数据分析，美国财富杂志排名前 200 名的企业所使用的降低采购成本的方法中，最有效的前十种方法如下。由于这十种方法在实践中的效果因不同企业而异，故以下十种方法无先后顺序之分。

（一）价值分析

产品满足用户要求的功能与寿命周期费用之间的比值被称为价值。价值的公式为

价值 = 功能 / 费用（V=F/C）

价值分析是指通过各相关领域的协作，对所研究的对象的功能与费用进行系统分析，不断创新，旨在提高对象价值的思想方法或管理技术。

（二）价值工程

针对产品或服务的功能加以研究，以最低的生命周期成本，透过剔除、简化、变更、替代等方法，来达成降低成本的目的。价值分析（value analysis，VA）是指使用于新产品工程设计阶段。而价值工程（value engineering，VE）则是针对现有产品的功能 / 成本，做系统化的研究与分析，但现今价值分析与价值工程已被视为同一概念使用。

（三）谈判

谈判是指买卖双方为了各自目标，达成彼此认同的协议过程，这也是采购人员应具备的最基本能力。谈判并不只限于价格方面，也适用于某些特定需求时，使用谈判的方式，通常所能期望达到价格降低的幅度为 3% ～ 5%。如果希望达成更大的降幅，则需运用价格 / 成本分析，价值分析与价值工程等手法。

（四）目标成本法

管理学大师彼得·德鲁克（Peter F・Drucker）在《企业的五大致命过失》一文中提到，企业的第三个致命过失是定价受成本的驱动（cost-driven pricing）。大多数美国公司，以及几乎所有的欧洲公司，都是以成本加上利润率来制定产品的价格。然而，他们刚把产品推向市场，便不得不开始削减价格，重新设计那些花费很大的产品，并承担损失。而且，常常因为价格不正确，而不得不放弃一种很好的产品。因此，产品的研发应以市场乐意支付的价格为前提，因此必须假设竞争者产品的上市价，然后再来制定公司产品的价格。如一汽丰田和东风日产把德国的豪华型轿车挤出了美国市场，便是采用价格引导成本（price-driven costing）的结果。

（五）早期供应商参与

早期供应商参与是在产品设计初期，选择让具有伙伴关系的供应商参与新产品开发小组。经由早期供应商参与的方式，新产品开发小组对供应商提出性能规格（performance specification）的要求，借助供应商的专业知识来达到降低成本的目的。

（六）杠杆采购

杠杆采购是指统合各事业单位，或不同部门的需求量，以集中扩大采购量，而增加议价空间的方式为之。避免各自采购，造成组织内不同事业单位向同一个供应商采购相同零件，价格却不同，但彼此并不知的情形，平白丧失节省采购成本的机会。

（七）联合采购

联合采购主要发生于非营利事业的采购，如医院、学校等，经由统合不同采购组织的需求量，以获得较好的数量折扣价格。这也被应用于一般商业活动之中，应运而生的新兴行业有第三者采购（third-party purchasing），专门替 MRO 需求量不大的企业单位服务。

（八）为便利采购而设计

自制或外购（make or buy）的策略，在产品的设计阶段，利用协力厂的标准制程与技术，以及使用工业标准零件，方便原物料取得的便利性，如此一来，不仅大大减少了自制所需的技术支援，同时也降低了生产所需的成本。

（九）价格与成本分析

价格与成本分析是专业采购的基本工具，了解成本结构的基本要素，对采购者是非常重要的，如果采购者不了解所买物品的成本结构，就不能算是了解所买的物品是否为公平合理的价格，同时也会失去许多降低采购成本的机会。

（十）标准化

企业按照规格，实施标准化，为不同的产品项目或零件使用共通的设计 / 规格，或降低订制项目的数目，以规模经济量达到降低制造成本的目的。但这只是标准化的其中一环，组织应扩大标准化的范围以获得更大的效益。

知识拓展

降低商品采购价格的方法

1. 对采购市场信息进行充分调查

采购企业应该充分注意对采购市场和供应商进行调查和信息的收集、整理，以便能够充分了解市场的状况和价格走势，使自己在采购价格谈判中处于有利地位。

2. 制造供应商之间的竞争

为了有效地降低采购价格，采购商可以通过制造供应商之间的竞争来实现，例如，对于成套设备或大宗商品的采购，可通过竞争性招标的方式，使供应商之间相互竞争，最终得到最优惠的价格。对于一般采购商品，应尽可能多找几个供应商，通过对不同供应商的选择和比较使其互相牵制，从而使采购商在价格谈判中处于有利地位。

3. 选择信誉好的供应商签订长期合同

采购商与有实力、讲信誉的供应商建立长期合作关系和签订长期采购合同，不仅能够保证供应商品的质量、数量和交货时间，还可以得到其在付款以及价格方面的优惠。

4. 选择付款方式以降低采购价格

不同的支付方式对采购商和供应商各有利弊。采购商在自身资金充裕或融资便利的情况下，可以采用对供应商有利的现金交易或预付款的方式，可以获得供应商相应的价格折扣。选择对供应商有利的支付货币也可以获得价格优惠。

5. 把握市场价格变动的时机

很多商品的市场价格经常随着季节、市场供求或经济周期变化而变动。因此，采购商可以在充分把握价格变动规律的基础上，抓住最好的采购时机。采购商若能把握好采购时机和采购数量，在恰当的时间采购正确的数量，会给本企业节省客观的采购成本。

6. 向制造商直接采购或组成联合采购同盟

绕过中间商或其他采购中间环节，直接向制造企业采购所需物料，可以有效降低采购价格，同时也会得到更好的技术和售后服务。另外，有共同需求的采购商可以联合起来共同采购，可以减少采购次数并增加采购规模，从而可以提高谈判的实力并迫使供应商降低采购价格或得到更多价格优惠。

任务三　国际采购结算

任务描述

某跨境电子商务公司（以下简称“公司”）面临的国际采购结算问题日益复杂，包括汇率波动、支付方式选择、支付风险管理等。

任务分析

为了优化国际采购结算，降低结算成本，提高资金使用效率，公司决定探索并实施有效的跨境电子商务国际采购结算方法。通过科学的国际采购结算方法，公司能够有效识别影响结算的关键因素，并制定相应的优化策略。

知识积累

跨境电子商务国际采购结算是一个复杂的过程，涉及到多个方面的问题。为了确保交易的顺利完成，选择合适的货币兑换方式、支付方式和货款清算方式是至关重要的。同时，还需要注意交易的安全性和合法性，以确保交易的顺利进行。

一、国际采购结算工具

国际采购业务中广泛使用的支付结算和信用工具是票据。票据是以支付金钱为目的的证券，是由出票人签名于票据上，约定由自己或另一人无条件地支付确定金额的可流通转让的证券。票据可分为汇票（bill of exchange，简称 Draft 或 Bill）、本票（promissory note）和支票（check 或 cheque）三种。国际货款结算中，主要使用的是汇票，有时也使用本票和支票。

国际采购结算工具

（一）汇票

1. 汇票的定义

我国《中华人民共和国票据法》（以下简称《票据法》）第十九条对汇票下了如下定

义：汇票是出票人签发的，委托付款人（payer）在见票时或者在指定日期无条件支付确定的金额给收款人（payee）或者持票人的票据。

按照各国广泛引用或参照的英国《票据法》所下的定义，汇票是由一人签发给另一人的无条件书面命令，要求受票人见票时或于未来某一规定的或可以确定的时间，将一定金额的款项支付给某一特定的人或其指定人，或持票人。

2. 汇票的内容

我国《票据法》明确规定汇票必须记载下列事项。

（1）表明“汇票”的字样。

（2）无条件支付的委托。

（3）确定的金额。

（4）付款人名称。

（5）收款人名称。

（6）出票日期。

（7）出票人签章。

汇票必须记载上述全部内容，否则将视为无效。

在实际业务中，汇票通常还需列明付款日期、付款地点和出票日期等内容。按照我国《票据法》规定，汇票上记载付款日期、付款地点、出票地点等事项的，应当清楚、明确。汇票上未记载付款日期的，为见票即付。汇票上未记载付款地点的，付款人的营业场所、住所或者经常居住地为付款地点。汇票上未记载出票地点的，出票人的营业场所、住所或者经常居住地为出票地点。

除了上述必备项目，汇票还可以有一些《票据法》允许的其他内容的记载，例如，利息和利率，付一不付二，禁止转让，汇票编号，出票条款等。

3. 汇票的种类

汇票可从不同角度进行分类。

（1）按照出票人分类

按照出票人分类，汇票可分为银行汇票（banker’s draft）和商业汇票（commercial draft）。

银行汇票的出票人和付款人都是银行。在国际结算中，银行汇票签发后，一般交汇款人，由汇款人寄交国外收款人，向指定的银行取款。出票行签发汇票后，必须将付款通知书寄给国外付款行，以便付款行在收款人持票取款时进行核对。银行汇票一般为光票，不随附货运单据。

商业汇票的出票人是工商企业或个人，付款人可以是工商企业或个人，也可以是银行。在国际贸易结算中，使用商业汇票居多。商业汇票通常是由出口人开立，向国外进口人或银行收取货款时使用。商业汇票的出票人不必向付款人寄送付款通知书。商业汇票大多附有货运单据。

（2）按照付款时间分类

按照付款时间分类，汇票可分为即期汇票（sight draft 或 demand draft）和远期汇票（time draft）。

按我国《票据法》第二十五条规定，付款日期可以按下列形式记载。

① 见票即付。

② 定日付款。

③ 出票后定期付款。

④ 见票后定期付款。

在涉外票据中还有一种运输单据出单日期后定期付款的记载方法。汇票的付款日期即为汇票的到期日。汇票上未记载付款日期的，为见票即付。上述四种记载付款日期的形式中，凡采用“见票即付”的汇票，称为即期汇票。当即期汇票的持票人向付款人提示，付款人见票时应立即付款。

凡采用后三种形式记载付款日期和运输单据出单日期后定期付款的，均为远期汇票。在实际业务中，远期汇票的付款日期的记载方法，主要有以下几种。

① 定日付款。即规定某一个特定日期。

② 付款人见票后若干天付款（At…days after sight），如见票后 30 天、45 天、60 天等。

③ 出票日后若干天（At…days after date of draft）。

④ 运输单据日后若干天（At…days after date of transport document）。其中，较多用“提单日期后若干天”（At…days after date of bill of lading）。

在上述四种记载远期付款日期的方法中，以付款人见票后若干天付款使用最多。运输单据日后若干天次之，采用定日付款和出票日后若干天付款的比较少见。

（3）按照承兑人分类

按照承兑人分类，汇票又可分为商业承兑汇票（commercial acceptance draft）和银行承兑汇票（banker’s acceptance draft）。这两种都属于远期商业汇票。商业承兑汇票是由工商企业或个人承兑，是建立在商业信用的基础之上的。银行承兑汇票是由银行承兑，是建立在银行信用的基础之上。

（4）按照是否附有货运单据分类

按照是否附有货运单据分类，汇票可分为光票（clean draft）和跟单汇票（documentary draft）。光票又称净票或白票，是指不附带货运单据的汇票。在国际结算中，除少量用于货款结算外，一般仅限于贸易从属费用等的结算。跟单汇票是指附有运输单据的汇票，一般附带提单，保险单等单据。在国际货款结算中，大多采用跟单汇票作为结算工具。

4. 汇票的使用

即期汇票的使用只需经过出票、提示和付款的程序。而远期汇票还需经过承兑手续。

无论何种汇票，如需流通转让，通常要经过背书。汇票遭到拒付时，还要涉及做成拒绝证明、依法行使追索权等法律问题。

（1）出票

出票指出票人签发票据并将其交付给收款人的票据行为。出票由两个动作组成，一是由出票人写成汇票并在汇票上签字；二是由出票人将汇票交付给（deliver to）收款人。出票只有经过交付汇票才开始生效。汇票的抬头可分为以下三种。

① 限制性抬头。如“仅付 × × 公司”（Pay…Co. only）。这种抬头的汇票不能流通转让，只有指名的公司才有权收取票款。

② 指示性抬头。如“付 × × 公司或其指定人”（Pay…Co. or order），做成这种抬头的汇票可以经过持票人背书后转让给第三者。

③ 持票人或来人抬头。如“付给来人”，做成这种抬头的汇票无须背书即可转让。

（2）提示

收款人或持票人将汇票提交付款人要求付款或承兑的行为，叫作提示（Preseneation）。付款人见到汇票叫作见票（sight）。提示可以分为以下几种。

① 付款提示。持票人向付款人提交汇票，要求付款。

② 承兑提示。如系远期汇票，持票人向付款人提交汇票，付款人见票后办理承兑手续，到期时付款。

（3）承兑

承兑指付款人对远期汇票表示承担到期付款责任的行为。由付款人在汇票正面写上“承兑”字样，注明承兑的日期，并由付款人签名，交还持票人。付款人对汇票做出承兑，即承兑人，承兑人有在远期汇票到期时付款的责任。

（4）付款

付款人向持票人支付汇票金额的行为称为付款（payment）。即期汇票在付款人见票即付；远期汇票于到期日在持票人做提示付款时由付款人付款。付款后，汇票上的一切债务即告结束。

（5）背书

汇票作为一种流通工具，可以流通转让。背书就是一种以转让票据权利为目的的票据行为，是票据转让的一种重要方式。就是由持票人在汇票的背面签上自己的名字，或者再加上受让人即被背书人的名字，并把汇票交给受让人。经背书后，汇票的收款权利便转移给了受让人。汇票可以经过不断背书转让下去。对于受让人来说，所有在他之前的背书人以及原出票人都是他的前手；而对于出让人来说，所有在他让与以后的受让人都是他的后手，前手对后手负有担保汇票必然会被承兑或付款的责任。受让人在受让汇票时，要按照汇票的票面金额口述从转让日起到汇票付款日止的利息后将票款付给出让人，这种行为通常称“贴现”（discount）。

（6）拒付和追索

拒付（dishonor）包括拒绝付款和拒绝承兑。另外付款人拒不见票、死亡或宣告破产，以致付款事实上已不可能时，也称拒付。汇票被拒付，持票人除可向承兑人追索外，还有权向其前手，包括所有的背书人和出票人行使追索权。追索的金额包括被拒付的汇票金额，自到期日或提示付款日起到清偿日止的利息以及持票人取得拒绝证明和向前手发出被拒绝通知的费用。

（二）本票

按照我国《票据法》规定，本票是出票人签发的，承诺自己在见票时无条件支付确定的金额给收款人或者持票人的票据。

本票必须记载下列事项。

（1）“本票”字样。

（2）无条件支付的承诺。

（3）确定的金额。

（4）收款人名称。

（5）出票日期。

（6）出票人签章。

本票上未记载规定事项之一的，本票无效。

本票上未记载付款地点的，出票人的营业场所为付款地点；未记载出票地点的，出票人的营业场所为出票地点。

本票可分为商业本票和银行本票。商业本票又称一般本票，其出票人是工商企业或个人。银行本票的出票人是银行。商业本票又可分为即期和远期本票，而银行本票都是即期的。因本票具有信用的性质，我国《票据法》只承认银行本票。

（三）支票

我国《票据法》规定，支票是出票人签发，委托办理支票存款业务的银行或者其他金融机构在见票时无条件支付确定的金额给收款人或者持票人的票据。

支票必须记载下列事项。

（1）“支票”字样。

（2）无条件支付的委托。

（3）确定的金额。

（4）付款人名称。

（5）出票日期。

（6）出票人签章。

未记载上述规定事项之一的，支票无效。

支票都是即期的。我国《票据法》规定，支票限于见票即付，不得另行记载付款日期。关于支票的种类，按照我国《票据法》，支票可以分为：普通支票、现金支票和转账支票三种。普通支票既可以支取现金，也可以转账，用于转账时，应当在支票正面注明。现金支票只能用于支取现金，不得转账。转账支票只能用于转账，不得支取现金。

支票也可以用于国际采购的支付，一般既可以支取现金，也可以通过银行转账，由持票人或收款人自主选择收款方式。划线支票一经划线就只能通过银行转账，不能支取现金。另外，支票按国际惯例可由付款银行加“保付”字样并签字而成为保付支票。付款银行保付后就必须付款，属银行信用，有利于支票的流通。

知识拓展

国际采购融资

国际融资是解决供应商及采购商资金短缺、促进国际采购业务迅速发展的重要方式之一。

根据融资对象的不同，国际采购融资可分为对供应商的融资和对采购商的融资。

根据融资时间的不同，对采购商的融资分为进口前采购商的融资和进口后采购商的融资。前者主要为采购商提供进口货物所需资金。这种融资主要从采购商银行以开证额度方式获得，有了开证行核定的开证额度，采购商在申请开证时就可以少交或免交保证金，从而解决了采购商的资金周转问题。

后者主要是为采购商提供自货物进口到货物出售收回货款期间所需资金。这种融资可以从供应商以供应商赊账、票据信贷或承兑方式取得，也可从采购商银行以信托收据、进口代收押金、进口信用证押汇和担保提货等方式获得。

根据融资期限的不同，国际采购融资可分为短期融资和中长期融资。

根据向采购商提供融资的主体不同，采购融资可分为供应商提供的融资、银行提供的融资，以及在采购业务中常用的保付代理、福费廷和买方信贷等贸易融资方式。

二、国际采购结算方式

（一）汇付

汇付（remittance）又称汇款，是指付款人主动通过银行或其他途径将款项汇交收款人，是最简单的国际货款结算方式。国际采购中采用汇付方式结算货款时，供应商直接发运货物给采购商后，随即将有关货运单据自行寄送给采购商，而采购商则主动通过银行将货款汇交给供应商。由于汇付业务中，资金流向和支付工具的流向相同，汇付方式又称顺汇。

1. 汇付方式的当事人

汇付方式通常存在以下四个当事人。

（1）汇款人。汇款人（remitter）即付款人。在国际采购结算中付款人通常是采购商。

（2）汇出行。汇出行（remitting bank）即受汇款人的委托，汇出款项的银行通常是采购商所在地的银行。

（3）汇入行。汇入行（receiving bank）即接受汇出行的委托，解付汇款的银行通常是供应商所在地的银行。

（4）收款人。收款人即收取款项的人，在国际采购结算中通常是供应商。

2. 汇付方式的种类

根据不同的汇款方法，汇付方式有电汇、信汇和票汇三种。

（1）电汇

电汇（telegraphic transfer，T/T）是汇出行应汇款人的委托，用电报、电传等电讯手段发出付款委托书给收款人所在地的汇入行，委托它将款项解付给指定的收款人。电汇的优点是交款迅速，但费用相对较高。

（2）信汇

信汇（mail transfer，M/T）是汇出行使用信汇委托书通过邮政方式寄发给汇入行，授权解付款项给收款人的汇付方式。信汇的费用较为低廉，但收款人收到的时间较晚。随着电讯业务的迅猛发展，目前信汇方式已经很少使用。

（3）票汇

票汇（remittance by banker's demand draft，D/D）是汇出行应汇款人的申请，开立以其分行或其他代理行为解付行的银行即期汇票，支付一定金额给收款人。

3. 汇付方式在国际采购中的使用

在国际采购中使用汇付方式结算货款，银行只提供服务，因此，使用汇付方式完全取决于供需双方的信任，并在此基础上向对方提供商业信用和资金融通。因此，汇付方式属于商业信用。商业信用可靠性不及银行信用，提供信用和资金融通的一方将承担较大的商业风险。因此，在国际采购业务中使用汇付方式，双方资金的负担是不平衡的。按照汇款和交货时间的先后次序，可将其分为预付货款和后付货款。

在国际采购中，按惯例采购商有时在供应商的要求下预付一定比例的货款作为订金、保证金或备货用款。预付款实质是采购商对供应商提供的一种资金融通，但要面临供应商不发货或延迟发货等不履行合同的商业信用风险。后付货款是指供应商先行向采购商发运货物，发货后或采购商收到货后采购商再行向供应商付款的方式。其实质是供应商对采购商提供的商业信用和资金融通，减少了采购商资金占用的压力。

（二）托收

1. 托收的定义

托收（collection）是国际结算中常用的一种方式，在国际采购中是指供应商在货物发运后，出具汇票委托银行向采购商收取货款的一种支付方式。

根据国际商会第 522 号出版物《托收统一规则》的定义：托收是指由接到委托指示的银行处理金融单据和 / 或商业单据以便取得承兑或付款，或凭承兑或付款交出商业单据或凭其他条件交出单据。

根据是否随附货运单据，托收分为光票托收和跟单托收，其中采购业务中常用的是通过银行进行的跟单托收。跟单托收的基本做法是：供应商根据国际采购合同先行发运货物，然后开立汇票（或不开汇票），连同有关货运单据委托供应商所在地银行（托收行）通过其在采购商所在地的代理行（代收行）向采购商收取货款。

2. 托收方式的当事人

托收方式的基本当事人有四个，即委托人、托收行、代收行和付款人。

（1）委托人。委托人（principal）指委托银行办理托收业务的出票人，通常是供应商。

（2）托收行。托收行（remitting bank）指接受委托人的委托，请国外银行向国外付款人代为收款的银行，通常为供应商所在地银行。

（3）代收行。代收行（collecting bank）是接受托收行的委托向付款人收款的银行，通常为采购商所在地银行。

（4）付款人。付款人通常是国际采购合同的买方，即采购商。

托收业务中，还可能有提示行，即向付款人提示汇票和 / 或单据并收取款项的银行。另外还可以由委托人指定代理人，在付款地代为料理货物存仓、转售、运回或改变交单条件等事宜，这个代理人被称为“需要时的代理”（principle’s representative in case of need）。

3. 跟单托收的种类

进行托收业务时，委托人通常须向银行提交托收委托书，在委托书中明确做出各种指示，银行接受委托后，按照委托书的指示内容办理托收。由于供应商一般要向采购商交付单据，根据交单条件的不同，跟单托收可分为付款交单和承兑交单。

（1）付款交单

付款交单（documents against payment，D/P）指供应商的交单须以采购商的付款为条件，即供应商发运货物后，将汇票连同货运单据交银行托收，指示银行只有在采购商付清货款时才能交出货运单据。按照支付时间的不同，付款交单又可分为即期付款交单和远期付款交单。

① 即期付款交单（D/P at sight），是由供应商通过银行向采购商提示汇票和货运单据，采购商于见票时立即付款，在付清货款后，领取货运单据。

② 远期付款交单（D/P after sight），是由供应商通过银行向采购商提示汇票和货运单

据，采购商即在汇票上承兑，并于汇票到期日后付清货款再领取单据。

在远期付款交单条件下，采购商如想得到资金融通的便利，或希望提前提取货物，可凭信托收据提前借单。信托收据（trust receipt，T/R）是采购商借单时提供的一种书面形式的信用担保文件，用来表示愿意以代收行的受托人身份代为提货、报关、存仓、保险、出售并承认货物所有权仍属银行。货物售出后所得的货款在汇票到期日偿还代收银行，收回信托收据。这是代收行向采购商提供的便利，与供应商和托收银行无关。所以对代收行来说，有一定风险。但如果这种做法是由供应商主动通过托收银行授权办理的，通常称之为“付款交单凭信托收据借单”（D/P · T/R）方式。这种做法则由供应商自行承担到期不能收款的风险，在使用中必须谨慎使用。

（2）承兑交单

承兑交单（documents against acceptance）指供应商的交单以采购商的承兑为条件。采购商承兑汇票后，即可向银行取得货运单据，待汇票到期日才付款。承兑交单只适用于远期汇票的托收。由于采购商只要在远期汇票上承兑就可取得货运单据，供应商就可能会遭遇到期不能收回货款的风险，因此，供应商对接受这种方式也须谨慎。

4. 托收方式在国际采购中的使用

银行在托收业务中，只提供服务，不提供信用。银行只负责单据的传递，不负责对单据的审查。因此，托收方式和汇付一样，都属商业信用。供应商委托银行收取货款，能否顺利收到货款，完全取决于采购商的信用。

在国际采购中，采用托收作为结算方式对进口方比较有利。采购商在使用托收业务时，可以免去开立信用证的手续，不需要预付资金，减少费用支出。如果采用承兑交单条件，采购商还有进一步运用供应商资金的机会。除供应商通过托收方式可以向采购商提供资金融通之外，采购商所在地银行也可向采购商提供资金融通。

此外，在托收业务中，由于银行不负责审核单据和检查货物，采购商应根据我国有关进口贸易的管理制度以及自身的实际需要，认真审核供应商提交的各种单据，防止因单据质量问题而无法办理进口手续的风险。同时，还要防止供应商利用伪造或含有欺诈性内容的单据诈骗货款，或者交付不符合合同标准的货物从而给采购商带来经济损失的商业信用风险。

托收作为另一种以商业信用为基础的结算方式，费用通常略高于汇付，但托收对采购商是较为有利的。因此，采购商应维护自身的良好商业信誉，争取供应商的信任，在保证货物安全和货物质量的情况下降低采购成本，获得资金融通。

（三）信用证

信用证（letter of credit，L/C）是目前国际贸易中被广泛使用的最为重要的一种结算方式，是在银行与金融机构参与国际贸易结算中逐步发展产生的。由于银行出面以自己的信用作为担保，在一定程度上解决了买卖双方互不信任的矛盾，也为进出口双方提供了资金融通的便利，促进了国际贸易的发展。

1. 信用证的定义

信用证是一种银行开立的有条件的承诺付款的书面文件，指开证行应申请人的要求并按其指示，向第三者开具的载有一定金额，在一定期限内凭符合规定的单据付款的书面保证。

《跟单信用证统一惯例》（国际商会第 600 号出版物）（以下简称 UCP600）对信用证做出了如下定义：信用证指一项不可撤销的安排，无论其名称或描述如何，该项安排构成开证行对相符交单予以承付的确定承诺。

在国际采购业务中，信用证通常是开证银行根据采购商的请求和指示，授权供应商凭所提交的符合信用证规定的单据，和开立以该行或其指定的银行为付款人的不超过规定金额的汇票，向其或其指定的银行收款，并保证向供应商或其指定人进行付款，或承兑并支付供应商开立的汇票。

2. 信用证的当事人

信用证可能涉及的关系人很多，其中开证申请人、开证行和受益人是最基本的三个当事人。除基本当事人以外，信用证通常还需要通知行、议付行、付款行、保兑行、偿付行等当事人的配合和协作，以顺利完成一笔信用证业务。信用证中的主要当事人包括以下几类。

（1）开证申请人

开证申请人（applicant）又称开证人（opener），指向银行提出申请开立信用证的人。在国际采购结算中，一般为采购商，也就是采购合同的买方。开证申请人为信用证业务的发起人。

（2）开证行

开证行（opening bank 或 issuing bank）指接受开证申请人的要求和指示或根据其自身需要开立信用证的银行，通常是采购商所在地的银行。信用证一经开出，开证行负有承担付款的责任，该责任是首要并独立的。通常采购商选择其开户行为开证行。

（3）受益人

受益人（beneficiary）指信用证上所指定的有权使用该证的人，一般为供应商，也就是采购合同的卖方。受益人只要履行了信用证所规定的条款，就有按信用证规定向所指定银行所取价款的权利。

（4）通知行

通知行（advising bank 或 notifying bank）指受开证行的委托，将信用证通知（或转递）给受益人的银行。通知行一般是设在供应商所在地的开证行的代理行。通知行只负责合理谨慎地检验所通知的信用证及其有关修改的表面真实性并及时、准确地将信用证及其修改通知受益人，除此以外，无须承担其他义务。

（5）议付行

议付行（negotiating bank）指根据开证行的授权买人或贴现受益人开立和提交的符合信用证条款的汇票及/或单据的银行。在信用证业务中，议付行通常又是以受益人的指定人和汇票的善意持票人的身份出现的。

（6）付款行

付款行（paying bank）指开证行指定的担任信用证项下付款或充当汇票付款人的银行。信用证规定由开证行自己付款时，开证行就兼为付款行。付款行可以是出口地或第三国的其他银行。

3. 信用证的特点

根据《跟单信用证统一惯例》（UCP600 出版物）的规定，信用证有以下三个主要特点。

（1）开证银行负首要的、第一性付款责任

信用证是一种银行信用，有开证行以自己的信用做出付款的保证。开证银行对信用证负首要的付款责任。按照 UCP600 的规定，在规定的单据符合信用证条款的情况下，开证银行自己或授权另外银行向受益人或其指定人付款、承兑或议付。因此，信用证开证银行的付款责任，不仅是首要的而且是独立的，即使采购商在开证后失去偿付能力，只要供应商提交的单据符合信用证条款，开证银行也要负责付款。

（2）信用证是一项自足文件

信用证虽然是根据买卖合同开立的，但信用证一经开立，就称为独立于买卖合同以外的约定，不再受买卖合同的约束。按照 UCP600 规定，信用证与其可能依据的买卖合同或其他合同，是相互独立的交易。即使信用证中提及该合同，银行也与该合同无关，且不受其约束。所以信用证的各当事人的权利和责任完全以信用证中所列条款为依据，供应商提交的单据即使符合买卖合同的要求，但若与信用证条款不一致，仍会遭银行拒付。

（3）信用证方式是纯单据业务

银行在处理信用证业务时，只凭单据，不问货物，它只审查受益人所提交的单据是否与信用证条款相符，以决定其何时履行付款责任。UCP600 明确规定：在信用证业务中，有关各方所处理的是单据，而不是与单据有关的货物、服务及/或其他履约行为。所以信用证处理的是一种纯单据业务。银行虽有义务“合理小心地审核一切单据”，但这种审核只是用以确定单据表面上是否符合信用证条款，开证银行只根据表面上符合信用证条款的单据付款。UCP600 特别强调指出：银行对任何单据的格式、完整性、准确性、真实性、伪造或法律效力，或单据上规定的或附加的一般及或特殊条件，一概不负责。虽然银行只根据表面上符合信用证条款的单据承担付款责任，但这种符合的要求却十分严格，实行“严格相符的原则”，不仅要求“单证一致”，而且还要求“单单一致”。即受益人提交的单据要在表面上和信用证规定的条款一致，同时各种单据之间在表面上也须一致。

4. 信用证的分类

信用证从不同角度有以下分类。

（1）跟单信用证和光票信用证

根据付款凭证的不同，信用证可分为跟单信用证和光票信用证两种。

① 跟单信用证（documentary credit）指凭跟单汇票或仅凭单据付款、承兑或议付的信用证。单据是指代表所有权或证明货物已装运的货运单据，主要是运输单据、商业发票、保险单据等。跟单信用证是目前广泛使用的信用证。

② 光票信用证（clean credit）指开证行仅凭受益人开具的汇票或简单收据而无须附带货运单据付款的信用证，一般只用于总分公司间货款清偿和贸易从属费用的结算。

（2）可撤销信用证和不可撤销信用证

根据是否可以单方面撤销划分，信用证可分为可撤销信用证和不可撤销信用证。

① 可撤销信用证（revocable L/C）指开证行在付款、承兑或被议付以前，可以不经过受益人同意也不必事先通知受益人而可随时修改或取消的信用证。由于可撤销信用证的开证行可以片面地随时取消或修改，使受益人缺乏足够保障，因而在国际贸易中很少使用。

② 不可撤销信用证（irrevocable L/C）指信用证一经通知受益人，在有效期内未经受益人及有关当事人同意，既不能修改也不能取消的信用证。只要受益人提交的单据符合信用证规定，开证行必须履行付款义务。在国际贸易中大多采用这种信用证。UCP600 规定，除非信用证另有规定，信用证都是不可撤销的。

（3）保兑信用证和不保兑信用证

按银行加以保证兑付，信用证可分为保兑的和不保兑的信用证。

① 保兑信用证（confirmed L/C）指另一家银行，即保兑行（confirming bank）应开证行请求，对其所开信用证加以保证兑付的信用证。保兑行对受益人负首要付款的责任，受益人不必先向开证行要求付款，而可径向保兑行交单索偿。因此，在首先付款的责任方面，保兑行与开证行相同，都负第一性的付款责任。保兑行在付款或议付后对受益人无追索权。在实践中，保兑行通常由通知行担任，也可以是出口地的其他银行或第三国银行。

② 不保兑信用证（unconfirmed L/C）指未经除开证行以外的其他银行保兑的信用证，即一般的不可撤销信用证。

（4）即期付款信用证、延期付款信用证、承兑信用证和议付信用证

按兑付方式的不同，信用证又可分为即期付款信用证、延期付款信用证、承兑信用证和议付信用证四种。UCP600 明确规定：所有信用证必须清楚地表明该证适合于即期付款、延期付款、承兑和议付。

① 即期付款信用证（sight payment L/C）指规定受益人开立即期汇票随附单据，或不需要汇票仅凭单据向指定银行提示，请求付款的信用证。对这种信用证，开证行或指定付

款行承担即期付款的责任。

② 延期付款信用证（deferred payment L/C）指仅凭受益人提交的单据，经审核单证相符确定银行承担延期付款责任起，延长一段时间及至付款到期日付款的信用证。由于这种信用证不使用汇票，不作承兑，因此也不能贴现。在实践中大多使用于金额较大的资本货物的交易。

③ 承兑信用证（acceptance L/C）指付款行在收到符合信用证规定的远期汇票和单据时，先在汇票上履行承兑手续，待汇票到期日再行付款的信用证，一般使用于远期付款的交易。

④ 议付信用证（negotiation L/C）指开证行在信用证中，邀请其他银行买入汇票或单据的信用证。即允许受益人向某一银行或任何银行交单议付的信用证。

（5）即期信用证和远期信用证

按付款时间的不同，信用证可分为即期信用证和远期信用证。

① 即期信用证（sight L/C）指开证银行或付款行在收到符合信用证条款的汇票或单据即予付款的信用证。使用即期信用证对出口方及时收回有安全保障，有利于资金周转。

② 远期信用证（time L/C）指开证银行或付款行在收到符合信用证条款的汇票或单据后，在规定的期限内保证付款的信用证。其主要作用是便利进口方资金融通。另外还有一种"假远期信用证"或称"买方远期信用证"，它规定远期汇票可按即期议付。这通常是由于进口方为了融资方便，或利用银行承兑汇票取得优惠贴现率，在与出口方订立即期付款的合同后，要求开立银行承兑信用证，证中规定受益人应开立远期汇票，而"这种远期汇票可即期付款，所有贴现和承兑费用由买方负担"。

（6）可转让信用证和不可转让信用证

按受益人是否有权转让给其他人使用，信用证可分为可转让信用证和不可转让信用证两种。

① 可转让信用证（transferable L/C）指受益人（第一受益人）有权将信用证的全部或部分金额转让给第三者（即第二受益人）使用的信用证。按 UCP600 规定，只有明确注明"可转让"的信用证方能转让。可转让信用证只能转让一次，但允许第二受益人将信用证重新转让给第一受益人。如信用证允许分批装运 / 支款，在累计不超过信用证金额的前提下，可以分成几个部分分别转让，该项转让的总和，将被认为只构成信用证的一次转让。

② 不可转让信用证（untransferable L/C）指受益人无权转让给其他人使用的信用证。凡在信用证上没有注明"可转让"字样的信用证，均为不可转让信用证。不可转让信用证只限于受益人本人使用。

另外，信用证还有循环信用证、对开信用证、对背信用证、预支信用证等。

5. 信用证在国际采购中的使用

在国际采购结算中采用信用证方式，只要供应商按信用证的要求提交单据，银行即保证付款，因此信用证的性质属银行信用。由于银行信用一般优于商业信用，故较易被供应商接受，可以缓解供需双方互不信任的矛盾，有利于采购交易的达成。

对采购商来说，申请开证时只需缴纳少量押金，银行对信誉良好的开证人还可免收押金；大部分或全部货款可以在单据到达后支付，这就减少了采购商资金的占用。采购商还可以通过信用证所列条款，在一定程度上控制供应商的交货时间、所交货物的质量和数量，并使其按规定方式交付货物和所需的单据与证件。这就在一定程度上保证了采购货物的安全。

同时，采购商在信用证业务中也面临着风险。信用证是凭单付款的业务，受益人如果变造单据使之与信用证条款相符，甚至制作假单据，也可从银行取得款项，从而使采购商成为欺诈行为的受害者。对于采购商来说，要谨防供应商利用信用证要求的单据进行欺诈。如供应商伪造提单，以假货充真货，以次货充好货，或伪造提单骗取货款等。此外，还要防范国外不法供应商与船东共谋欺诈，例如，用保函换取清洁提单，以隐瞒货物装船前的瑕疵等。信用证方式结算手续较之汇付和托收更为烦琐，业务费用和成本较高，采购商还需要提高自身业务水平并与银行密切配合。

（四）银行保函和备用信用证

在国际采购业务中，当一方担心对方不履行合同义务，需要银行出具保证文件而又不便使用信用证方式时，往往可以要求对方通过出具银行保证书和备用信用证的形式提供担保。银行保证书和备用信用证都是银行开立的保证文件，因此也属银行信用。

1. 银行保证书

银行保证书（banker's letter of guarantee，L/G）又称银行保函，是银行向受益人开立的保证文件。由银行作为担保人，以第三者的身份保证委托人如未对受益人履行某项义务时，由担保银行承担保证书中所规定的付款责任。

在国际采购业务中使用到的银行保函通常就是履约保证书，是指银行应申请人的请求，向受益人开立的保证申请人履行某项合同义务的书面保证文件。在保证书有效期内，如发生申请人违反合同的情况，银行将根据受益人的要求向受益人赔偿保证书所规定的金额。

按照交易的方向不同，国际采购中使用的履约保证书分为进口保证书和出口保证书。进口保证书是指银行应采购商的申请，开给供应商的信用文件，保证在供应商按采购合同交货后采购商一定如期付款，否则由保证银行负责偿付一定金额的款项。出口保证书是指银行应供应商的申请开给采购商的保证文件，如供应商未能交货，银行负责赔偿采购商一定金额的款项。此外，在货物先于提单到达的情况下，采购商为了便于办理进口报关手续，以便及时提货，采购商可向当地银行提出申请，要求开出以船公司为受益人的提货保证书，凭此保证书先行提货，待提单到达后再换回保证书，又称为提货保函。

2. 备用信用证

备用信用证（standby L/C）又称担保信用证或保证信用证（guarantee L/C）。备用信用证在性质上是一种用于代申请人向受益人承担一定条件下付款、退款或赔款责任的银行保证书。但国际商会将它确定为一种信用证，并明确规定可适用于《跟单信用证统一惯例》。

备用信用证是开证行对受益人承担一项独立的、第一性的义务的凭证。在此凭证中，开证行承诺在一定条件下偿付或偿还开证人的应付款、预收款，或开证人未履约时，保证为其支付。如果开证申请人违约，受益人即可在备用信用证的有效期和规定金额内，根据备用信用证的规定开具汇票，连同说明开证申请人不能履约的证明，提交开证行要求付款以取得补偿。因此，如果开证申请人按期履行合同义务，受益人就无须要求开证行在备用信用证项下支付任何货款或赔款。

知识拓展

珠海深化对外开发：跨境电子商务3年内翻两番

放眼珠江西岸，港珠澳大桥跨海而立，搭建起内地与港澳的陆路联系。与澳门陆地相连、与香港隔海相望的地理位置决定了珠海“湾区枢纽”的地缘角色，也明晰了珠海“面向港澳要发展”的思路。

2023年，经粤港陆路口岸出入境预约通关安排正式取消，通关人员将不再设置限额，内地与港澳人员往来全面恢复。恢复当日，港珠澳大桥即迎来客流、车流“双增长”。

珠海2023年政府工作报告提出，要全面建设港珠澳大桥经贸新通道，全力支持服务横琴粤澳深度合作区建设，提升与港澳深度合作质量和水平，支持香港、澳门更好融入国家发展大局，为粤港澳大湾区澳珠极点发展拓展新空间。

在全省“制造业当家”的背景下，珠海贸易呈现出鲜明的产业导向。聚焦大宗商品、电子元器件、飞机、汽车等重点产品，依托高栏港神华码头谋划打造华南煤炭贸易集散中心，依托中海油珠海LNG项目建设华南绿能港；推动广东自贸区珠海联动发展区、珠澳跨境工业区等跨越发展，更好发挥澳珠极点辐射引领作用。

2023年，珠海外贸聚焦“提质”而非“增量”，跨境电子商务、市场采购、保税贸易、转口贸易等业态均成为珠海外贸的高质量增长点；同时，珠海利用毗邻港澳的优势，发展现代服务业，汇集国际人才、资金，服务全省“制造业当家”的规划。2022年，珠海市实现外贸出口1 928.7亿元，增长2.3%。2023年，珠海继续促进跨境电子商务等外贸新业态提质扩量增效，已基本实现跨境电子商务3年内翻两番。

项目评价

课堂表现评价

评价内容：采购成本的控制与国际采购的结算。

评价规则：将全班同学分成若干小组来组织教学，每个小组需要设计队名，每次课在黑板上画出表 4–1。每次课都有评价，只要本组同学回答正确，就给全组加分，每组同一个人不能连续回答问题，必须换人回答才能给本组加分，如果回答错误，其他小组可以回答；小组讨论表现最好的（一组）和较好的（两组）加分；当堂课小组全勤的加分；每项分值由教师指定，每次课堂结束后由学习委员在分数记录册上进行记录，最终形成该小组分数，如表 4–1 所示。

表 4-1　课堂表现评价表

小组	回答或解决问题	小组讨论表现	小组全勤	合计
小组一				
小组二				
小组三				
小组四				
小组五				
小组六				
小组七				
小组八				
小组九				
小组十				

项目学习成果评价

评价规则：项目学习成果评价汇总表分数将作为学生项目学习成果得分，如表 4–2 所示。每个小组完成项目学习的可视化学习成果将会存档。

表 4-2　项目学习成果评价汇总表

小组	任务一	任务二	任务三	课堂表现	总评
小组一					
小组二					
小组三					
小组四					
小组五					
小组六					
小组七					

续表

小组	任务一	任务二	任务三	课堂表现	总评
小组八					
小组九					
小组十					

项目小结

本项目首先介绍了跨境电子商务采购的成本分析；其次介绍了跨境电子商务采购成本的控制方法；最后介绍了跨境电子商务国际采购结算的知识。通过本项目的学习，读者不仅提升了对采购成本管理和结算的实际操作能力，还培养了敏锐的成本意识和全局观念。读者能够在未来的工作中灵活运用所学知识，精准控制采购成本，确保跨境电子商务采购活动的经济效益和风险控制，为企业的可持续发展贡献力量。

巩固与训练

思考练习

1．简述影响采购价格的因素。

2．采购成本控制的方法有哪些？

3．简述信用证的特点及其分类。

拓展训练

1．选择一个采购项目，比较不同采购渠道的成本优势，如直接与海外厂商合作、经销商采购、跨境电子商务平台采购等。分析不同渠道的优势和劣势，提出具体的成本控制建议。

2．选取一个跨境电子商务采购项目，分析涉及的结算方式，如信用证、托收、远期付款等。比较不同结算方式的利弊，然后提出最适合该项目的结算方案，并说明原因。

项目五

跨境电子商务仓储管理

项目导读

跨境电子商务的竞争归根到底比拼的是供应链效率，而信息化能力是其基础和支撑。跨境电子商务公司的软件架构应该具备开放性、灵活性和易管理性，能够实现与上游供应商和下游服务商的信息互通与协同、商品在跨境流通各个环节的实时跟踪与追溯，以及整个仓储物流流程的透明化、可视化和简单化，最终实现提升效率和节省投入的目标。本项目主要介绍跨境电子商务仓储管理方面的知识。

学习目标

◎知识目标

◆了解跨境电子商务仓储管理的概念与目标。

◆了解跨境电子商务仓储管理的流程和方法。

◆熟悉跨境电子商务物流包装的要点。

◎能力目标

◆掌握跨境电子商务物流仓储管理的流程。

◆熟练运用跨境电子商务物流包装技巧。

◎素质目标

◆提高学生分类管理能力，能够通过科学合理的货物储存方式，提高仓库的利用率，减少仓储成本。

◆培养学生能够通过不断优化仓库管理流程、自动化和智能化技术应用，提高企业市场竞争力。

思政目标

◆引导学生在团队中互相学习、互相帮助，共同解决问题，培养学生的团队合作精神和协作能力。

◆加强对跨境电子商务仓储管理中涉及的法律法规的学习，使学生明确合法合规操作的重要性，提升法律意识。

案例导入

全球购上海外高桥跨境仓库

全球购上海外高桥跨境仓库位于上海外高桥保税区日樱北路，是保税区唯一一个拥有信息安全管理体系认证（ISO 27001）的跨境保税仓，距洋山深水港 60 min 车程，浦东机场 30 min 车程，外高桥港 15 min 车程。仓库设有常温、恒温库两大库区，满足不同温度需求的货物存储。跨境电子商务仓储管理系统成熟，日订单处理能力在 5 000 单以上。

作为电子商务云集的重要平台之一，淘宝全球购推出新型供销平台“淘分销”并给予大力扶持，这是跨境品牌商的机遇。对于那些虽然在国外有着良好的口碑与销量，但苦于在国内缺乏知名度的中小品牌来说，“淘分销”平台能够助力其迅速开拓国内市场，完成从 0 到 1 的蜕变。

营运中心着力提升跨境业务中心仓功能，为跨境商家和企业提供从海外运输、进境申报、货物储存、一件代发、快递配送、分销运营等全供应链服务，为保税区域跨境电子商务增添强劲内生动力。

任务一　跨境电子商务仓储管理的目标

任务描述

某跨境电子商务公司（以下简称“公司”）随着业务规模的扩大，公司面临的仓储管理问题日益复杂，包括库存管理、物流配送、仓储成本控制等。

任务分析

为了提升仓储管理效率，降低仓储成本，确保商品及时交付，公司决定明确跨境电子商务仓储管理的目标，并制定相应的优化策略。通过明确的仓储管理目标和科学的优化策略，公司能够有效识别影响仓储管理的关键因素，并制定相应的优化措施。

知识积累

对跨境电子商务来说，商品怎样以最快的速度完成订单的接收及处理，实现快速出库，直接影响消费者的购物体验，也是跨境电子商务物流效率的重要衡量标准。因此，跨境电子商务仓储管理在跨境电子商务运营中具有非常重要的地位和作用。

一、跨境电子商务仓储管理

仓储管理也叫作仓库管理（warehouse management，WM），是指对仓储设施布局和设计以及仓储作业所进行的计划、组织、协调与控制。

仓储管理的目的是保证仓储商品的完好无损，确保生产经营活动的正常进行，并在此基础上对各类商品的活动状况进行分类记录，以明确的图表方式表达仓储商品在数量、品质方面的状况，以及所在的地理位置、部门、订单归属和仓储分散程度等情况。

跨境电子商务仓储管理则是在跨境电子商务过程中考虑对仓储商品的收发、结存等活动的有效控制，以期达到仓储管理的目的。

知识拓展

全国首个跨境电子商务智能机器人仓库

北京经济技术开发区依托北京亦庄保税物流中心，采用国内自主知识产权的最先进机器人技术路线，建成全国首个跨境电子商务智能机器人仓库——北京跨境电子商务智能一号机器人（智能一号）。

智能一号是在北京亦庄保税物流中心 10 000 m^2 独立保税库的基础上，按照构建跨境电子商务网购保税进口海关监管公共库的标准进行了全方位的改造，对库内各功能区进行了综合设计规划，安装了无死角、全覆盖、高清晰的视频监控设备，以及 X 光查验设备和相关的分拣设备。同时委托专业公司开发了基于跨境电子商务网购保税业务模式的仓储管理系统、订单管理系统和报关辅助平台系统，实现从收货、上架，到存储、分拣，再到查验、派送全流程的信息化、智能化管理和操作。

智能一号最大的亮点是采用国内自主知识产权的最新技术机器人进行操作管理，可以实现自动仓储管理、自动拣货、自动分拣、自动查验等。与传统库房相比，机器人的拣货效率是人工拣货的 1.8～2.5 倍；机器人预计每天工作 8 h，可处理包裹 10 000 单 / 天，是人工处理的 4 倍；较传统库房可多存 27% 的货物。库内使用的机器人由开发区内企业水岩科技和 ET 保税合作，采取分布式非线性控制，可以实现集群控制、独立运行、主动避让、编队作业等功能，是国内最先进的物流机器人技术。

智能一号下一步将继续针对人工智能在跨境电子商务场景应用的创新型实验，采用机械臂、自动出货等最新技术，用机器人代替人工操作，实现全流程智能操作，同时持续保持设备技术、运营管理的领先水平，努力打造中国领先、世界先进的跨境电子商务机器人库，帮助解决困扰物流企业的劳动力成本逐年提高、北京劳动力逐渐转移等问题，为北京市疏解整治促提升、强化首都功能做出积极贡献，助推《中国制造2025》目标的实现。

二、跨境电子商务仓储管理的目标

（一）以时间抢空间

时间代表速度，速度越快，用的时间越少；速度越慢，用的时间越多。空间指的是仓库的空间，仓储入库、出库的速度快，所需要的仓库空间小，则说明商品没有乱堆放，及时处理了呆料、旧料、废料、边角料，仓库管理得越好。“以时间抢空间”就是指仓储的作业速度越快，需要的空间就越小，周转越慢，仓库所需的空间会变得越来越大。

仓储管理就是对仓储产品的收发、保管、包装、流通加工和信息反馈的有效控制及对其数量和质量的保证，做到整洁有序。仓储管理的最高境界是实现零仓库。

（二）多快好省

“多快好省”的仓储作业目标，主要包括以下四个方面。

1. 多储存

仓储管理要实现的目标是提升单位面积的储存量。物资整齐可以提高空间的利用率。

2. 快进货、快出货

快进货要求接运、验收以及入库的速度快，确认放货的地点、空间，安排好卸货人员，检查要使用的工具，商品一到立即卸货。快出货要求备货、出库、托运的速度快，单证交接齐全，签字须慎重、仔细、认真核实；如果物资的价值特别高，则最好投保险。

3. 保管好

在保管期内，不仅要保证物资质量完好，还要保证数量准确。

4. 省费用

在确保物资数量和质量的同时，要注意节省费用。

（三）堆码的“12字方针”

仓库中的商品堆放要讲究“12字方针”，进行科学堆码。“12字方针”为合理、牢固、定量、整齐、节约、方便。

1. 合理——分区堆码、大不压小、重不压轻

（1）分区堆码的内涵。分区堆码首先要看仓库里地上有没有画线，画完线以后有

没有编号，例如，1 区、2 区、3 区，1 区再分 1–1 区、1–2 区、1–3 区，一目了然。不能今天 1–1 区放一种物品，明天 1–1 区换一个物品，应该固定放一种物品，这样找起来就很方便了。

（2）合理分区堆码的要求。分区堆码有个要求，即大不压小、重不压轻，也就是重的东西放下面，轻的东西放上面，大的东西放下面，小的东西放上面。如果有货架，就不太可能有问题。但是国内很多企业没有货架，所以要注意。

2. 牢固——堆码稳固、不偏不倚、不歪不倒

牢固就是堆码稳固、不偏不倚、不歪不倒。

3. 定量——每层同量、数标清楚，便于盘点、发货

定量要求每一层的量应该是一样的。每一层的量不一样的叫散货，专门放一个地方，叫散货区。散货不要和整货放在一块。因为整货每一层都放相同的量，所以盘点的时候就很方便。

另外，要标识清楚，里面要有吊牌，标明货物的名称、数量。这样，盘点、发货速度就很快了。

4. 整齐——仓容整洁、纵看成列、横看成行

（1）仓容要整洁，整就是要整齐，洁就是要干净。

（2）要求纵看成列，横看成行，即便有货架也一样。这样发货入库的时候，搬运方便，不会磕磕碰碰，地上画了线以后，铲车很容易就过去，工作效率也提高了。

5. 节约——一次堆码成形，节省人力消耗

节约的要求是一次堆码成形，不要重复劳动。拿下来放在托盘里，然后到目的地拿出去，最好一个托盘一次到位，一步到位，节约劳动力。

6. 方便——装卸、搬运、验货、盘点要方便

装卸、搬运、验货、盘点，都要方便，考虑现在的布局、操作方法是否合适，仓储不光是费体力的，也要动脑子去想。

例如，入库的重货要放在门边，不要放在角落，要把轻的货放在角落，以便出货方便。

任务二　跨境电子商务仓储管理操作

任务描述

某跨境电子商务公司（以下简称“公司”）公司面临的仓储管理操作问题日益复杂，包括入库操作、库存管理、出库操作、物流配送等。

任务分析

为了提升仓储管理操作效率，降低操作成本，确保商品及时交付，公司决定优化跨境电子商务仓储管理操作流程。通过优化仓储管理操作流程和科学的优化措施，公司能够有效识别影响仓储管理操作的关键因素，并制定相应的优化措施。

知识积累

仓储管理就是对仓库及仓库内的物品所进行的管理，是仓储机构为了充分利用其所具有的仓储资源为存货人或客户提供高效的仓储服务而对仓储资源进行的计划、组织、控制和协调。

一、跨境电子商务仓储管理流程

仓储管理按照流程分为入库管理、库中管理和出库管理，如图 5-1 所示。

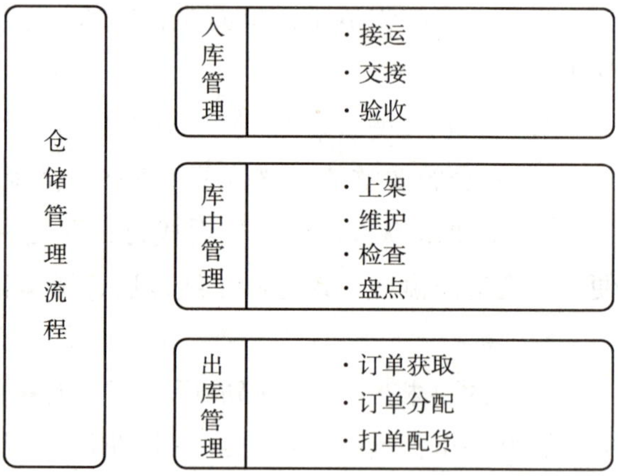

图 5-1　仓储管理流程

（一）入库管理

入库管理流程分为接运、交接和验收。

1. 接运

供应商有义务进行入库前的通知，以便仓库收货人员事先做好准备，避免迂回和二次重复劳动。

2. 交接

交接时要求单单相符，单货相符。单单相符要求单证和单证之间要完全吻合。采购入库之前，采购人员给仓库收货人员一份单据；供应商将货运过来时，随车有单据；仓库收货人员需要将两份单据进行核对，确认准确无误后才能收货。单货相符要求单证与商品之间完全吻合。

3. 验收

验收包括对商品的规格、数量、质量和包装等方面进行检查。规格的验收主要是对商品品名、代号、花色和色样等方面进行验收；数量的验收主要是对散装商品进行称量，对整件商品进行数目清点，对贵重商品进行仔细查验等；质量的验收主要检查商品是否符合仓库质量管理的要求，商品的质量是否达到规定的标准等；包装的验收主要核对商品的包装是否完好无损，包装标志是否达到规定的要求等。

（二）库中管理

库中管理流程分为上架、维护、检查和盘点。

1. 上架

跨境电子商务库存中的存货数量繁多、种类多样，在上架过程中极易出错、混淆和重复。

2. 维护

商品在仓库里存放，要注意商品的保养，明确商品的储存条件，特殊的商品要保证通风、防潮等。

3. 检查

对库中的商品实时检查，保证能够准确查询库存。

4. 盘点

盘点是对商品实有库存数量及其金额进行全部或部分清点，以确实掌握期间内商品状况，并因此加以改善，加强管理。

（三）出库管理

出库管理流程分为订单获取、订单分配和打单配货。

1. 订单获取

通过跨境电子商务平台的官方应用程序接口（application programming interface，API）自动将平台订单导入库存信息管理系统，获取订单信息。

2. 订单分配

接入主流的国际物流渠道，所有订单将自动根据用户自定义的分配规则，选择相应的仓库和物流进行配货。

3. 打单配货

订单根据规则自动获取物流信息并生成面单、跟踪号，捡货信息也与面单同步打印；对于简单包裹（一个订单仅包含一件商品的包裹）可以扫货打出面单。

二、跨境电子商务仓储管理原则

1. 货架位信息规范化

货架位信息是指对库存商品存放场所按照位置的排列，采用统一标识标上顺序号码，并做出明显标志。货架位信息编写，应确保一个仓库的货架位采用同一种方式规则进行编号，以便于查找处理。货架位信息编写通常采用区段式编号、品项群式编号和地址式编号三种。

2. 商品信息规范化

商品信息的规范主要是指商品的最小存货单位（stock keeping unit，SKU）信息、规格尺寸和中英文报关信息的条理化、明晰化。商品信息的规范也有利于进行库存商品精细化管理，有利于及时准确地拣货，提高效率，避免拣货失误。

3. 先进先出原则

先进先出原则（first in first out，FIFO）是指在仓储管理中，将商品入库的时间顺序整理好，在出库时按照先入库的商品先出库的原则进行操作。

三、跨境电子商务仓储管理方法

跨境电子商务仓储管理方法分为摘果法和播种法。

1. 摘果法

摘果法是指针对每一份订单要求，进行单独拣选，拣货人员或设备巡回于各个商品储位，将所需的商品取出，形似摘果。

2. 播种法

播种法是指把多个订单需求集合成一批，先把其中每种商品的数量分别汇总，再逐个品种对所有订单进行分货，形似播种。

知识拓展

摘果法和播种法的异同点

摘果法和播种法的共同点：集中搬运到配单场所，然后将每一客户所需的产品取出，与出库单对应放置，直至单物匹配完毕。

摘果法和播种法的区别如下。

1. 处理订单数量不同

摘果法是针对每一份订单进行拣选，拣货人员或设备巡回于各个货物储位，将所需的货物取出，形似摘果，每人每次只处理一份订单或一个客户。播种法是把多份订单集合成一批，先把其中每种商品的数量分别汇总，再逐个品种对所有客户进行分货，形似播种，每次处理多份订单或多个客户。

2. 适用情况不同

摘果法简单易操作，适用于品种少、订单量大的情况。播种法操作复杂，难度系数大，适用于订单品种和数量都比较多的拣选。

3. 差错率不同

对于同样的分拣量，摘果法行走距离较长、动作多、耗时长、差错率高。因此播种法优于摘果法。尽管摘果法对单个订单的响应速度较快，但是播种法可以高效处理成批订单，完成一份订单的平均时间要少于摘果法。

四、跨境电子商务仓储量化指标

对仓储管理进行量化的考评，是有效的管理手段。没有量化就没有标准，仓储管理也一样，需要量化的指标。最关键的是五个指标：仓库吞吐量、平均库存量、库存周转率、收发正确率和商品完好率。

（一）仓库吞吐量

仓库吞吐量也叫作库存量，是指一定时期内仓库出库、入库、直拨物资的总量。通常以实物指标“吨”为计算单位，对难以用吨位计量的物资，则按货单上的重量统计，有的则以价格折算吨位来计算。它反映一定时期内仓库的工作量和收发能力。

知识拓展

仓库吞吐量

例如，顺达仓库 3 月到库商品共 2 000 件，出库 1 500 件，月初库存 500 件，本月中有 500 件商品因特殊原因直发海外仓。全月错收错发商品共 30 件，损坏变质商品 10 件。请计算顺达仓库的吞吐量。

仓库吞吐量 = 入库量 + 出库量 + 直拨量

直拨量是指没有经过仓库就直接发货的商品数量，或者直接从配送中心或供应商发货的商品数量。

仓库吞吐量 =2 000 件 +1 500 件 +500 件 =4 000 件

（二）平均库存量

平均库存量是指计划期内平均的库存量。它反映了仓库的平均储存水平。年平均库存量是在每个月平均库存量的基础上算出来的，月平均库存量之和除以 12 为年平均库存量。

（三）库存周转率

库存周转率是在某一时间段内库存商品周转的次数。它是反映库存周转快慢程度的指标。周转率越大表明销售情况越好。

（四）收发正确率

收发正确率是指仓库在收货、发货时的正确程度。其中，收发差错总量是收货的差错量和发货的差错量之和。收发正确率越高，盘点的精确度就越高。

（五）商品完好率

商品完好率反映的是物资经过保管后的完好情况。

任务三　跨境电子商务物流包装

任务描述

某跨境电子商务公司（以下简称“公司”）随着业务规模的扩大，公司面临的物流包装问题日益复杂，包括包装材料选择、包装设计、包装操作、包装成本等。

任务分析

为了提升物流包装效率，降低包装成本，确保商品在运输过程中的安全性，公司决定优化跨境电子商务物流包装流程。通过优化物流包装流程，公司能够有效识别影响物流包装的关键因素，并制定相应的优化措施。

知识积累

包装（packaging）是各种容器、材料和辅助物的总称，用于在跨境物流过程中保护产品，便于统计、储存和运输，是跨境电子商务末端环节的工作。由于跨境电子商务产品的运输时间长、运输环境复杂甚至需要经常变换运输工具，因此对产品的包装必须严格要求。跨境电子商务物流包装的水平直接影响客户体验。

跨境电子商务物流包装

一、包装

一件商品从生产线到消费者手中，一般都需要用到包装。包装除了通常意义上的操作技术，如物品包裹、捆扎等操作过程，还指能够容纳物品、抵抗外来侵蚀的容器，用作宣传工具的图像和文字。例如，电脑包装除了正常的泡沫纸箱外，外包装箱的图文还能起到宣传、诱导消费者的作用。

在电子商务运营的整个过程中，包装是生产和销售的终点，也是物流的起点。物流系统受到包装的制约，对于不同的包装，物流的要求也不同；同时，物流模式也影响着包装模式，例如，在海运集装箱运输中，要求货物配备标准托盘，方便装卸。包装与物流是相互制约、相互影响的关系。

1. 包装与运输

运输是物流过程中，将货物从一地转移到另一地的过程，保证货物在空间上实现安全、快速、便捷地转移。运输中的首要要求就是安全，包装的好坏直接关系到运输成功的概率。不同的运输方式，对包装也有不同的要求。包装设计必须和运输方式、运输环境及运输距离等相适应，这样才能提高效率、避免损失。

2. 包装与装卸

装卸是物流运输的起始和终点，和物流过程中的运输和储存紧密相连，主要包括起始端的装上和终端的卸下。由于装卸环境一般在工厂或仓库，对便利性的要求很高，如果包装材料和包装方式选择不当，会造成包装破损，进而增加物流成本，也容易对货物造成损伤。因此，必须适应货物装卸的环境和要求，选择合适的包装材料和包装方式，便于装卸和储存。

3. 包装与储存

储存是货物生产以及运输完成后必不可少的流程。在储存过程中，包装保护的功能受储存环境的影响很大。例如，仓库的温湿度对瓦楞纸箱的强度、性能有较大影响。一般情况下，随着相对湿度的增加，纸箱含水量增加，纸箱的各项物理性能均有下降，须采用防潮包装技术。同时考虑到储存空间的大小，包装也必须有足够的承压能力。

二、包装的分类

（一）按是否需要包装分类

按跨境电子商务中的货物是否需要包装分类，货物可以分为散装货物、裸装货物和包装货物三类。

（1）散装货物是指不加包装，基本上以其自然形态装上车、船、飞机等运输工具运送的进出境货物，如煤炭、矿砂、食盐和粮食等大宗商品。

（2）裸装货物又称“无包装货物”，是指在运输和储存过程中，能抵抗外界影响，不需要包装的货物，如铲车、捆好的钢管、机器设备等。

（3）包装货物是指用各种容器、材料盛装、包扎的货物。

（二）按包装功能分类

包装按包装功能分类，可以分为运输包装和销售包装。

1. 运输包装

运输包装又称大包装或外包装，是指为最大限度地降低产品在运输和流通过程中的损坏风险，保证产品安全，便于储存、运输、装卸和加快交接点验而采用的包装。运输包装的方式主要有两种：单件运输包装和集合运输包装。单件运输包装是指根据商品的特点和表现形态，将一件或数件商品装入一个容器内的包装方式，在运输过程中作为一个计件单位，通常体积较小。常用的包装器具有箱、桶、袋、包、篓及罐等；集合运输包装是指将一定数量的产品或包装件组合在一起，形成一个合适的运输单位，以便于装卸、储存和运输，又称组合包装或集装单元。集合运输包装主要有集装箱、集装袋、托盘等。

2. 销售包装

销售包装又称小包装或内包装，是指直接和最终与消费者见面的包装，通常添加生产商的商标以及精美的图画，除了保证商品质量外，还有着促销的作用。

（三）按有无特殊要求分类

贸易中的特殊要求一般是指因客户自用或者转售而对货物包装提出的要求，可以分为一般包装、中性包装和定牌包装。

（1）一般包装就是普通包装，用于货主对包装没有任何特殊要求的情况。在这种情况下，卖家一般出于促销考虑，使用自己的包装，产品多用于客户自用。

（2）中性包装是指商品和内外均不标明生产国别、地名和厂商的名称，也不标明商标或牌号的包装。主要是为了适应国外市场的特殊要求，如转口销售。中性包装包括无牌中性包装和定牌中性包装。

（3）定牌包装是指卖方根据买方要求，在商品和包装上采用指定的商标或者牌号的包装，需要注明生产地。一般对于境外大品牌或者长期稳定的订货，可以接受买方指定的商标。

三、包装原则

（一）适应商品和运输特性

由于运输时间长，涉及的运输环境和各国的要求不同，包装必须适应商品和运输的特性，必须考虑到不同国家对包装材料的要求。例如，阿拉伯国家规定进口商品的包装禁用六角星图案；德国进口商品的包装禁用类似纳粹和军团符号标志；利比亚进口商品的包装禁止使用猪的图案和女性人体图案。若海关发现货物使用了本国禁止的包装图案或包装材料，轻则禁止货物入境，重则当场销毁，由此产生的一切费用由卖家承担。

（二）运输包装的标志要标准、清晰

运输包装的标志按用途可分为以下三种。

1. 运输标志

运输标志又叫唛头，通常是为了在集散地区别不同客户的货物而贴的标志，由一个简单的几何图形及一些字母、数字和简单的文字组成，如图 5-2 所示。一般包括收货人代号，目的港（地）名称，参考号（信用证号、合同号），件数，批号。此外，有的运输标志还包括原产地、合同号、许可证号、体积与重量等内容。运输标志的内容繁简不一，由买卖双方根据商品特点和具体要求商定。

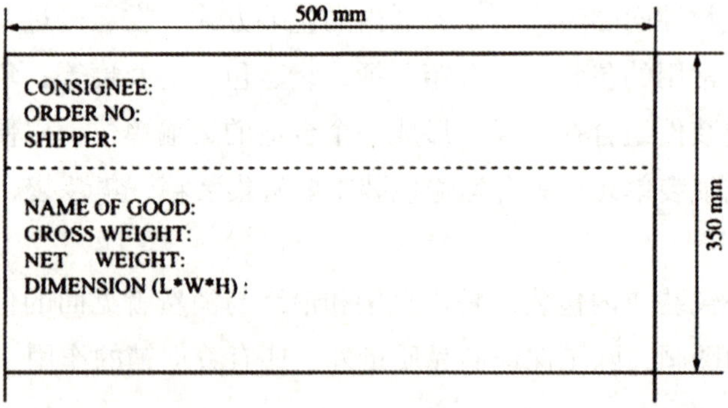

图 5-2 唛头示例

2. 指示性标志

指示性标志又称安全标志，如图 5-3 所示，是指根据商品的特性，对一些容易破碎、残损、变质的商品，用图形或文字表示的，在运装卸工作和存放保管条件方面所提出的要求和注意事项。例如，“防热”“由此开启”等。一些国际组织，如国际标准化组织（International Organization for Standardization，ISO）制定了包装储运指示性标志，并建议各会员国予以采纳。

图 5-3 指示性标志示例

3. 警告性标志

警告性标志又称危险品标志，是指在装有爆炸品、易燃物品、腐蚀物品、氧化物和放射物质等危险货物的运输包装上，用图形或文字表示各种危险品的标志，如图 5-4 所示。警告性标志的作用是警告装卸、运输和保管有关人员按货物特性采取相应的措施，以保证人身和货物的安全。联合国、国际海事组织、国际铁路合作组织和国际民航组织分别制定了国际海上、铁路、航空危险货物运输规则，以降低危险品运输的风险。

图 5-4 警示性标志示例

知识拓展

运输标志包含的元素

鉴于运输标志的内容差异较大，有的过于繁杂，不适应货运量增加、运输方式变革和电子计算机在运输与单据流转方面应用的需要，因此，联合国欧洲经济委员会简化国际贸易程序工作组，在国际标准化组织和国际货物装卸协调协会的支持下，制定了一项运输标志向各国推荐使用。该标准化运输标志包括以下几个方面。

（1）收货人或买方名称的英文缩写字母或简称。

（2）参考号，如运单号、订单号或发票号。

（3）目的地。

（4）包装件号。

根据某种需要在运输包装上刷写的其他内容，如许可证号等，则不作为运输标志必要的组成部分。

（三）根据运输环境确定最优包装

跨境物流相对于国内物流，一个重要的区别就是运输过程中经历的环境不同，装卸条件、运输条件、储存条件、气候条件、机械条件、化学和生物条件等都对包装提出了要求。包装合理，不仅仅指单独一个产品的包装合理，而是指这个包装与整个物流体系相符，最终形成合理化的物流。

不同的装卸方法决定了不同的包装。例如，在一些狭窄地区，需要人工进行装卸，所以包装一定要便于搬运。企业在确定包装时，应根据不同的储存条件和方法采用不同的包装强度。例如，潮湿环境下，必须使用防潮的包装材料。运输工具的类型、输送距离、线路情况等对包装都有影响。国际运输形式多样，如远洋运输、国际铁路运输、国际航空运输、国际多式联运等，不同的运输方式对包装有着不同的要求和影响。

（四）推崇绿色包装

绿色包装是指不会伤害生态环境和人体健康，能够循环使用和再生利用，且能够促进可持续发展的一种商品包装。一些发达国家对包装作出了一些规定，坚持低消耗、开发新绿色材料、再利用、再循环和可降解的“4R+1D”原则。

随着全球经济的快速发展，人类生产了大量的产品，消耗了自然资源，也加剧了生态环境的恶化。而绿色包装是以环境和资源为核心概念的包装，符合可持续发展的基本战略，必定会引领世界包装发展的趋势，成为对传统包装的一次革命。如今，各国的包装设计师都将绿色包装、生态包装作为共同追求的目标。

知识拓展

农夫山泉包装获得国际顶尖设计大奖

2015 年 5 月，第 17 届国际食品与饮料杰出创意奖（FAB Awards）在伦敦举行颁奖典礼，从全球 5 000 多个参赛作品中入围的 138 件作品在此进行最终角逐。唯一入围的中国作品——农夫山泉玻璃瓶天然矿泉水包装设计战胜了可口可乐、百加得等诸多国际大牌，斩获包装设计类最高奖——FAB 最佳作品奖，以及无酒精饮料包装设计金奖。这是包装设计类中唯一同时获得两项殊荣的作品，也是中国产品第一次问鼎该奖项。

农夫山泉玻璃瓶新品高端矿泉水取自长白山莫涯泉，是举世罕见的“低钠淡矿泉”，属于世界上最珍惜的一类矿泉水。

为了追求完美的包装设计，农夫山泉以英国、意大利、俄罗斯三个国家的五个设计工作室的作品为基础，反复讨论、推翻、修改，前后整整用了三年时间，直到 2014 年年底才最终确认设计，一共经历了 58 稿。

在创意过程中，农夫山泉提出设计必须体现长白山的自然生态文明，并需要用多种具象的元素去表现独有的生态和文明。

农夫山泉玻璃瓶新品高端矿泉水一共有 8 个包装形态，其中全透明的四个包装选取了长白山的典型天气和植物，分别是雪花、山楂海棠、蕨类植物和红松果实。这四个包装用来盛装非充气天然矿泉水。泛绿色的四款设计用于含气天然矿泉水，选取了长白山四种典型的动物，分别为东北虎、中华秋沙鸭、马鹿和鹗。每种图案边上都有相关的文字性描述，比如“长白山已知国家重点保护动物 58 种，东北虎是国家重点保护动物”，透露出浓浓的生态和人文关怀气息。

四、跨境电子商务物流包装技巧

（一）包装原则

（1）保护商品：包装的目的在于防止和避免在运输中由于冲击或震动所产生的破损，兼顾防潮和防盗功能。

（2）便于装卸：对物流商品特别是大件商品进行包装时，需要考虑商品装卸的便利性，有效地提高商品装卸效率，同时避免由于野蛮装卸给商品带来的损害。

（3）适度包装：对商品进行包装时，要根据商品尺寸、重量和运输特性选用大小合适的包装箱及包装填充物。

（4）注意方向：对于有放置方向要求的商品，在包装、储存和运输过程中必须保证按照外包装上的箭头标识正确放置商品，杜绝侧放和倒放。

（二）包装箱的类型

常用的商品包装材料有纸箱、泡沫箱、牛皮纸、文件袋、编织袋、自封袋、无纺布袋等。常用的包装辅材有封箱带、警示不干胶、气泡膜、珍珠棉等。其中以纸箱包装最为常用，下面重点介绍如何选择纸箱。

（1）按纸板层数分：可以分为三、五、七层纸箱。

（2）按纸箱的形状分：可以分为普箱（或双翼箱）、全盖箱、天地盒、火柴盒、异形箱（啤盒）等。

（三）注意事项

（1）对于使用带子、绳索或胶带进行缠绕的商品包装，应拆除带子、绳索、胶带，附加气泡膜，包装箱等。

（2）对于重复使用的盒子或箱子，必须去除包装外侧的所有标签、号码、地址信息及一切有可能影响操作人员识别的粘贴物品和信息。

（3）对于易破损的材料，如保丽龙、塑料、编织袋等，要注意更换。

（4）不接受公文包、行李袋作为外包装的商品。

（5）不接受客户使用有压垮痕迹、破洞、油渍、水渍的使用过的箱子对商品进行包装，不使用受潮或强度不够的瓦楞纸箱对商品进行包装。

（6）商品包装不能直接作为运输包装。

（7）如果使用不带铁箍的打包带，入库时需拆箱去除，非重货无须附加打包带。

（8）对于木质包装的商品，如有异常，拆箱后无法还原，需确认去除此木质包装。

（9）任何报刊、宣传海报等不能作为外包装。

项目评价

课堂表现评价

评价内容：跨境电子商务仓储管理的流程、方法及物流包装的要点。

评价规则：将全班同学分成若干小组来组织教学，每个小组需要设计队名，每次课在黑板上画出表5–1。每次课都有评价，只要本组同学回答正确，就给全组加分，每组同一个人不能连续回答问题，必须换人回答才能给本组加分，如果回答错误，其他小组可以回答；小组讨论表现最好的（一组）和较好的（两组）加分；当堂课小组全勤的加分；每项分值由教师指定，每次课堂结束后由学习委员在分数记录册上进行记录，最终形成该小组分数，如表5–1所示。

表5-1 课堂表现评价表

小组	回答或解决问题	小组讨论表现	小组全勤	合计
小组一				
小组二				
小组三				
小组四				
小组五				
小组六				
小组七				
小组八				
小组九				
小组十				

项目学习成果评价

评价规则：项目学习成果评价汇总表分数将作为学生项目学习成果得分，如表5–2所示。每个小组完成项目学习的可视化学习成果将会存档。

表 5-2 项目学习成果评价汇总表

小组	任务一	任务二	任务三	课堂表现	总评
小组一					
小组二					
小组三					
小组四					
小组五					
小组六					
小组七					
小组八					
小组九					
小组十					

项目小结

本项目首先介绍了跨境电子商务仓储管理的目标；其次介绍了跨境电子商务仓储管理的操作；最后介绍了跨境电子商务物流包装方面的知识。通过本项目的学习，读者不仅提升了仓储管理和物流包装的实际操作能力，还培养了细致入微的工作态度和团队协作能力。读者能够在未来的工作中将所学知识运用到实际操作中，确保跨境电子商务仓储管理工作的高效、安全进行，为企业的物流运营提供坚实支持。

巩固与训练

思考练习

1．什么是仓储管理？
2．跨境仓储的目标是什么？
3．仓储量化指标有哪些？
4．跨境电子商务物流包装的原则有哪些？

拓展训练

鲸仓作为智能仓储自动化整体解决方案提供商，提供从仓储、分拣、配送、管理、考核的全链路智能仓储解决方案，致力于用更先进的技术降低物流成本使商品存储与流通更高效。目前，为了加速智能仓的普及，鲸仓推出了“智享仓：智能共享仓”服务，鲸仓在世界各地建设智享仓网络，品牌商可以通过“一件代发”的方式将仓储业务外包给鲸仓。

虹迪科技（RUNBOW）创立于 2005 年，是中国领先的专业供应链物流服务提供商之一。

2019年7月18日，拣选蜘蛛系统（picking spider system，PSS）正式亮相成都，落地于成都双流普洛斯物流园，该项目由鲸仓与虹迪科技联手打造，已于2019年5月开始模块化运营，7月正式全面运营，这标志着双方在智慧物流道路上共进一步，同时也体现双方在智能仓储场景中落地的决心，双方将携手共创密集智能仓时代。PSS能充分利用仓库9 m的高度立体存储，提升6倍存储效率，其货到人模式可大幅节省工人走路的用时，提升3倍人效。PSS采用AIoT操作系统——旷视河图进行人机协同操作，使得单人拣货件数达到600件/h，柔性部署让每小时搬30箱的“小蜘蛛”机器人可以根据订单量的变化进行增减，轻松应对大促活动。PSS适用于鞋服美妆百货等小轻件的2B和2C业务。

本次成都项目仓库占地面积3 500 m^2，高度约三层楼，可存放65 000个料箱和800个托盘，每小时出箱量可达3 000箱。

问题：

1．跨境电子商务仓储管理最重要的步骤是什么？为什么？

2．从上述案例中能得到什么启示？

项目六

跨境电子商务物流

项目导读

跨境电子商务物流是跨境电子商务发展的重要支撑，相比于国内快递物流，跨境电子商务物流流程的复杂程度大大提升，已经成为跨境电子商务发展的重要痛点之一，因此，我国政府出台多项政策推动跨境电子商务物流建设，众多信息技术也被广泛应用于跨境电子商务物流行业，跨境电子商务物流行业快速发展，伴随着跨境电子商务交易量的持续上升，跨境电子商务物流行业万亿市场规模也在不断扩大。

学习目标

◎知识目标

◆辨识物流、电子商务物流及跨境电子商务物流的基本概念。

◆掌握跨境电子商务物流的主要特征。

◆了解跨境电子商务物流岗位职责。

◆了解跨境电子商务物流的主要风险以及未来的前景趋势。

◎能力目标

◆熟悉跨境电子商务物流岗位工作任务。

◆能够最大限度规避跨境电子商务物流的风险。

◎素质目标

◆培养学生具有一定的跨境电子商务基础知识。

◆培养学生具备良好的资料整合能力。

思政目标

◆帮助学生理解跨境电子商务物流中的各种岗位职责，提升对行业职业的认知。

◆提升学生在实际工作中的问题解决能力，培养其适应和应对物流管理中的各种挑战的能力。

案例导入

京东物流

京东集团 2007 年开始自建物流，2017 年 4 月正式成立京东物流集团，2021 年 5 月，京东物流于香港联交所主板上市。京东物流是中国领先的技术驱动的供应链解决方案及物流服务商，以“技术驱动，引领全球高效流通和可持续发展”为使命，致力于成为全球最值得信赖的供应链基础设施服务商。

一体化供应链物流服务是京东物流的核心赛道。目前，京东物流主要聚焦于快消、服装、家电家具、3C、汽车、生鲜等六大行业，为客户提供一体化供应链解决方案和物流服务，帮助客户优化存货管理、减少运营成本、高效分配内部资源，实现新的增长。同时，京东物流将长期积累的解决方案、产品和能力进行解耦，以更加灵活、可调用与组合的方式，满足不同行业的中小客户需求。

京东物流建立了包含仓储网络、综合运输网络、最后一公里配送网络、大件网络、冷链物流网络和跨境物流网络在内的高度协同的六大网络，具备数字化、广泛和灵活的特点，服务范围覆盖了中国几乎所有地区、城镇和人口，不仅建立了中国电子商务与消费者之间的信赖关系，还通过 211 限时达等时效产品和上门服务，重新定义了物流服务标准，客户体验持续领先行业。在国家邮政局关于 2024 年上半年两个季度的快递服务满意度调查中，京东快递以高分位列第一阵营，服务满意度持续领跑行业。

截至 2024 年上半年，京东物流已在全球拥有近 100 个保税仓库、直邮仓库和海外仓库，总管理面积近 1 000 000 m^2，覆盖美国、德国、荷兰、法国、英国、越南、阿联酋、澳大利亚、马来西亚等主要国家和地区，为中国出海品牌及海外本土客户提供了优质、高效、全面的一体化供应链解决方案，业务量持续保持高速增长。

京东物流始终重视技术创新在供应链全局优化中的巨大作用。基于 5G、人工智能、大数据、云计算及物联网等底层技术，京东物流不断扩大软件、硬件和系统集成的三位一体的供应链技术优势，包括自动搬运机器人、分拣机器人、智能快递车，以及自主研发的仓储、运输及订单管理系统等众多核心技术产品和解决方案，已经涵盖了包括园区、仓储、分拣、运输和配送等供应链的主要流程和关键环节，自主研发的仓储自动化解决方案处于全行业领先地位。2023 年上半年，京东物流还将首创的大规模自动化仓储生产、管理模式“北斗新仓”与仓储拣选机器人相结合，通过“流拣选 + 货到人 + 机械臂拣选 + 自动分播复核 + 自动打包”的智能感知和动态调整，在复杂的物流场景下实现了高效率、高精度、高自动化、密集波次的作业，宿迁智能仓的全仓效率提升了两倍。

京东物流构建了协同共生的供应链网络，中国及全球各行业合作伙伴参与其中。2017年，京东物流创新推出云仓模式，将自身的管理系统、规划能力、运营标准、行业经验等应用于第三方仓库，通过优化本地仓库资源，有效增加闲置仓库的利用率，让中小物流企业也能充分利用京东物流的技术、标准和品牌，提升自身的服务能力。

京东物流正坚持"体验为本、技术驱动、效率制胜"核心发展战略，将自身长期积累的新型实体企业发展经验和长期技术投入所带来的数智化能力持续向实体经济开放，服务实体经济，持续创造价值。

任务一　跨境电子商务物流基础知识

任务描述

某跨境电子商务公司（以下简称"公司"）随着业务规模的扩大，公司面临的物流挑战日益复杂，包括物流渠道选择、物流成本控制、物流效率提升、物流信息管理等。

任务分析

为了确保商品在跨境运输过程中的安全性、时效性和成本效益，公司决定深入了解跨境电子商务物流基础知识。通过系统学习跨境电子商务物流基础知识，并制定相应的优化措施，公司能够有效识别影响物流的关键因素，并提升整体运营效率和市场竞争力。

知识积累

跨境电子商务物流是伴随跨境电子商务发展而产生的。随着跨境电子商务的发展，跨境电子商务物流迅速成长。跨境电子商务的发展是物流、信息流和资金流的协调发展，跨境电子商务物流作为其中重要的一个环节，是决定跨境电子商务行业发展的关键性因素。

一、物流的发展

物流的发展

在不同的社会发展阶段，为适应不同时代的社会需要，物流的定义也在不断地进化和完善。随着经营范围的不断扩大、所包含内容的不断深化，物流的目标逐渐由活动本身，转向对物流活动的管理。这一转变导致"物流"及其定义发生了变化。1985年，美国物流管理协会将物流的名称从"PD"改为"logistics"，并将其定义为"以满足顾客需要为目的，对货物、服务及相关信息，从起源地到消费地的有效率、有效益的活动和储存进行计划、执行和控制的过程"。这次改名的结果是，20 世纪 90 年代以后，全世界都基本使用 logistics，而不是 PD 来表述“物流”了。

《中华人民共和国国家标准物流术语》（GB/T 18354—2021）将“物流”定义为：“根据实际需要，将运输、储存、装卸、搬运、包装、流通加工、配送、回收、信息处理等基本功能实施有机结合，使物品从供应地向接收地进行实体流动的过程。”

二、物流常用名词解析

1. 快运

快运指的是面向单位及个人的快捷运输服务，承运方将托运方指定的，在特定时间内运达目的地的物品，以较快的运输方式，运送和配送到指定的目的地或目标客户手中。快运货物的重量、数量、体积都比快递货物大。可提供门到门的增值服务，直接将货物送到终端收货人手中；也可指定取货或收货地点，客户自己到收货点取货或送货。快运的主要形式为零担快运，也有整车快运等服务。

2. 快递

快递又称速递，指通过铁路、公路和航空等交通工具，对客户货物进行快速投递，是兼有快速邮递功能的门对门物流活动。快递货物以包裹为主。不同快递公司对货物重量、体积的规定不同。从重量上看，一般限定在 100 kg 以下；从体积上看，一般规定单边长度小于 1.5 m，围长小于 3.5 m。费用按实际重量或体积重量收取，按照数值较大的收费。体积重量根据折算公式进行计算。

3. 零担货运

零担货运是指当一批货物的重量或容积不满一辆货车时，可与其他几批甚至上百批货物共用一辆货车装运。“零”指的是零散的，“担”古时指的是扁担，现在指的是车，“零担”就是不够一扁担，即不够一车的意思。因此，零担货物一般指运量零星、批数较多、到站分散、品种繁多、性质复杂、包装条件不一、作业复杂的货物。从重量上讲，零担货物一般是指一次托运时计费重量大于快递规定的 100 kg 又小于 3 t 的货物。

4. 零担快运

由于货主需要运送的货不足一车，而承运部门需要凑整一车后再发运，因此速度较慢。为克服这一缺点，发展出了定线路、定时间的零担班车，提供零担货物的快速运输，称为零担快运。零担快运利用汽车运输的灵活性，也提供上门服务，是最主要的快运形式。

5. 快件

需要快速物流服务的物品称为快件。根据不同的运输类型，快件所指内容也有所不同。例如，邮政部门快件指快速投递的信函邮件；快递服务快件指需要快速寄送的包裹；托运服务快件指凭火车票或飞机票等办理托运，物品随旅客所乘交通工具同时运达的物品等。

6. 整车物流

整车物流是以整车作为物流服务标的物，按照客户订单对交货期、交货地点、品质保证等要求进行快速响应和准时配送。整车物流已从简单的商品车运输，转变为以运输为主，仓储、配送、末端增值服务为辅的新型物流。

7. 第三方物流

第三方物流又称合同物流，是指卖方与买方以外的第三方企业，分别与买卖双方签订合同，为买卖双方提供全部或部分物流服务，不直接参与商品买卖的行为，在发展过程中，逐渐形成了关系合约化、服务个性化、功能专业化和数据信息化的特点。

8. 第四方物流

第四方物流是指一个供应链集成商，通过调配与管理自己的资源、能力和技术，同互补的服务提供商一起提供一套全面的供应链解决方案。第四方物流的服务渗透于供应链上单个企业可能触及而又无法触及的一切经营范围，从事整个供应链内部或者若干个供应链之间的整合运作。

三、电子商务物流

电子商务物流与电子商务相伴而生，借助云计算、大数据、社交网络等互联网技术对传统物流作出了突破性创新，实现了物流、商流、资金流、信息流的匹配、融合和互动发展，其业态包括电子商务自建物流、第三方物流、第四方物流、物流周边服务和仓储服务等。

以“互联网 +”模式发展物流产业，既可解决电子商务发展的物流短板，也可在更深层次上实现互联网和传统物流的融合，从而提升电子商务企业和物流企业的竞争力。在电子商务物流中，用户体验是评价物流能力的重要指标。互联网和物流业的深度融合，使得供应链上的各种信息网络化、商品和服务可视化，消费者多元化、个性化的需求可以反过来推动物流服务的创新。电子商务物流具有以下几个特点。

1. 信息化

电子商务时代要求物流信息更新及时，准确性高，并且能以小成本带来大利润，所以物流信息化是物流行业的精髓和发展的基石。物流信息化表现为物流信息的商品化、物流信息收集的数据库化和代码化、物流信息处理的电子化和计算机化、物流信息传递的标准化等。

2. 自动化

电子商务物流也需要物流具备自动化的特征。自动化的核心是机电一体化，自动化的外在表现是无人化。物流自动化不仅可以节省人力，还可以提高物流作业能力、提高物流作业的准确度。物流自动化的设施非常多，如自动识别系统、自动分拣系统、自动存取系统、自动导向车、货物自动跟踪系统等。

3. 网络化

网络的最大好处是不受时间、地点的限制，可以实现资源共享，而物流信息系统正是构建在开放的网络上的，可以使物流信息低成本即时传播。同时，全球卫星导航系统的兴起与发展，可以让物流公司实时监控、调度物流车辆，实现双向通信、功能调度，并且进行数据存储、分析。

4. 物流智能化

物流智能化其实是信息化与自动化的结合。不论是库存水平的确定，还是物流配送、经营管理的决策支持，都需要借助大量的知识。为了不断提高物流现代化水平，物流智能化已经成为电子商务下物流发展的一个新方向。

四、跨境电子商务物流

跨境电子商务在运作过程中涉及信息流、商流、资金流和物流，信息流、商流和资金流均可通过计算机和网络通信设备在虚拟环境下实现，但物流环节是不能在虚拟环境下实现的。

跨境电子商务物流是指位于不同国家或地区的交易主体通过电子商务平台达成交易并进行支付清算后，通过跨境物流送达商品进而完成交易的一种商务活动。也就是说，跨境电子商务物流是采用现代物流技术，利用国际化的物流网络，选择最佳的方式与路径，以最低的费用和最小的风险，对货物（商品）进行物理性移动的一项国际商品或交流活动，以达到国际商品交易的最终目的，实现卖方交付单证、交付货物和收取货款，买方接收单证、支付货款和收取货物。

（一）跨境电子商务物流的范畴

广义的跨境电子商务物流包含了所有通过跨境电子商务平台成交的批发和零售的商品从卖家所在国家（地区）送达不在同一关境的买家的方法和过程。狭义的跨境电子商务物流仅包括将在零售电子商务平台上成交的商品从卖家所在国家（地区）送达不在同一关境的买家的方法和过程。

跨境电子商务物流与传统物流的不同之处在于，交易的主体分属不同环境，商品需要从供应方国家（地区）通过跨境物流方式实现空间位置转移，在需求方所在国家（地区）内实现最后的物流与配送，分为境内物流、国际（地区间）物流与运输、目的国（地区）物流与配送三个方面，涉及清关、检验检疫等复杂流程。

（二）跨境电子商务物流的发展

跨境电子商务物流涵盖了通关、仓储物流、快递业务、国际（地区间）货运业务、邮政业务等传统国际物流环节，并叠加订单管理系统（order management system，OMS）、运输管理系统（transportation management system，TMS）、仓库管理系统（warehouse management system，WMS）等 IT 系统，在提升各方关系的融洽性的同时，逐步实现业务网络化、运价产品化、服务标准化、仓储自动化、过程数字化、流程可视化、交付可追踪化的目标。物流供应链从服务传统贸易的大型企业发展到服务中小跨境卖家，物流供应链的提供方也不再局限于物流企业。

知识拓展

跨境电子商务物流按照操作环节来划分，主要分为前端揽收、库内操作、出口通关、国际干线、境外清关、中转分拨、海外仓储、尾程派送、退件处理等核心环节。

任务二　跨境电子商务物流特征

任务描述

某跨境电子商务公司（以下简称“公司”）是一家主要通过电子商务平台销售进口商品的企业，产品涵盖多个品类。随着业务规模的扩大，公司面临的物流挑战日益复杂。

任务分析

为了确保商品在跨境运输过程中的安全性、时效性和成本效益，公司决定深入了解跨境电子商务物流特征。通过系统了解跨境电子商务物流特征，并制定相应的优化措施，公司能够有效识别和应对影响物流效率和成本的关键因素，提升整体运营效率和市场竞争力。

知识积累

在跨境电子商务发展伊始，卖家就已经自然而然地开始自主整合传统物流的服务资源。跨境电子商务的发展推动了跨境电子商务物流的出现。在传统物流的基础上，跨境电子商务物流显现出了一些新特征。

一、跨境电子商务物流的主要特征

随着跨境电子商务的高速发展，适应跨境电子商务需求的各种类型的跨境电子商务物流服务也衍生出来。区别于传统物流，跨境电子商务物流主要强调以下特征。

1. 物流反应快速化

根据哈佛大学教授钱德勒对速度经济的阐述，快速反应能力是指企业在竞争环境突变中能否迅速作出反应的能力，其重要性不亚于产品质量。当物流过程涉及的包装、装卸、运输、仓储和配送等系列环节出现不协调时，就可能导致全部或部分链条运转停滞，直接影响物流效率或造成巨大损失。伴随市场范围空间的延伸与产品生命周期的缩短，企业为了达到扩大市场份额和降低成本的双重目的，不仅需要建立完善的全球产供销经营体系，还需要提高即时供应、减少库存以降低成本等方面的能力，因此物流管理也就成为企业管理的重要环节。

跨境电子商务要求供应链上下游要非常迅速地对物流配送需求作出反应，因此跨境电子商务物流中，前置时间和配送时间越来越短，商品周转和物流配送时效越来越快。

2. 物流功能集成化

单一物流服务功能与单一物流环节最优化已不能满足现代物流的需求，因此在进行物流作业时，除了要考虑运输、仓储等环节的协调外，还要考虑物流与供应链其他环节的相互配合，不仅要实现单个物流环节最优化，还要追求物流活动的整体最优化，从而保证物流需求方整体经营目标最优化。

跨境电子商务将物流与供应链的各个环节进行集成，包括物流渠道与产品渠道的集成、各种类型的物流渠道之间的集成、物流环节与物流功能的集成等。

3. 物流作业规范化与服务个性化

跨境电子商务物流强调作业流程的规范化，包括物流订单处理模板的选择、物流渠道的管理标准制定等操作，使复杂的物流作业流程变得简单、可量化、可考核。

另外，受经营产品、经营方式及自身能力的影响，物流需求方除了希望获得传统的物流服务外，还希望针对自身经营产品的特点与要求获得量身定制的个性化服务与增值服务，比如市场调查与预测、采购及订单处理、物流咨询、物流方案的选择与规划、库存控制策略建议、货款回收与结算等，从而提高物流服务对决策的支持作用。

4. 物流技术先进化

国际物流作业的各个环节广泛应用先进的物流技术，不仅提高了每个作业环节的效率，还确保了整个经营目标的实现。比如，根据电子商务服务平台指令，物流供应商按照运输计划，组织提货、仓储、包装、报关、国际运输和国外配送等。在整个物流链中，参与各方有效地利用了电子数据信息交换系统，实现了信息的即时交换和资源共享，使参与各方能够及时了解货物的流向与下一步操作，避免了信息滞后造成的操作环节的延误，确保了整个物流链的顺畅。在跨境电子商务交易中，物流公司起到了桥梁的作用，利用其丰富的物流管理技术和运作经验，促使交易顺利完成。

跨境电子商务物流强调订单处理、信息处理的系统化和电子化，用企业资源计划（ERP）信息系统功能完成标准化的物流订单处理和物流仓储管理。通过 ERP 信息系统对物流渠道的成本、时效、安全性进行关键绩效指标考核，并对物流仓储管理过程中的库存积压、产品延迟到货、物流配送不及时等进行有效的风险控制。

5. 物流系统信息化与服务网络全球化

一方面，由于跨境电子商务的交易是在全球范围内进行的，物流服务网络覆盖越广，越有利于卖家根据市场变化储存、调配商品，从而满足买家的物流需求。

另一方面，先进的物流网络不仅能够做到物流网点间物流活动的一致性，使整个物流网络的库存总水平、库存分布、运输与配送最优化，适应经营的需求；还可以通过物流信息系统，加强供应与销售环节在物流组织过程中的协调和配合，并加强对物流的控制。

二、跨境电子商务物流和国内电子商务物流的区别

跨境电子商务物流和国内电子商务物流相比，其差异性主要体现在以下几个方面。

1. 物流环境差异

跨境电子商务物流面向全球各国、各地区，国内电子商务物流则只在国内活动。从环境上看，跨境电子商务物流的环境更加复杂，具有国际性特点。从业务单据上看，跨境电子商务物流需要准备报关单、原产地单据、产品检验检疫等相关文件，而国内电子商务物流只需要一张快递面单。从运输货物的类型上看，跨境电子商务物流运输对于货物种类的限制较多。比如，液体、粉末等商品在国内电子商务物流运输中比较常见，但这类商品如果想要运输到境外，就需要提供一系列的认证、审核文件，有些国家（地区）还会直接禁止这些产品入境。

2. 业务操作差异

跨境电子商务物流需要使用英语或其他语言制作单据、佐证资料等，因此在业务操作上的复杂程度远高于国内电子商务物流。国内电子商务物流的分拣相较跨境电子商务物流简单一些，也不用考虑因产品价值产生的关税问题。因为跨境电子商务物流需要服务于不同的国家（地区），因此需要根据不同国家（地区）的政策要求采取相应的措施。比如，出口到美国的商品需要在包装上外贴“MADE IN CHINA”的标签。

3. 主要运输方式差异

国内电子商务物流主要使用卡车来完成境内货物的运输，但跨境电子商务物流则需要使用海洋运输（sea transport，ocean transport）、航空运输（air transport）、铁路运输（railway transport）、公路运输等两种及以上的运输方式。例如，一单货物从中国运送到美国，可先通过海运或空运将货物送达美国境内，随后使用卡车将货物派送至目的地。也正因为跨境电子商务物流运输方式的复杂性、多变性，跨境电子商务物流的丢包率更高，经济损失更大。

4. 信息查询沟通差异

国内消费者通过网络购买商品，通常使用电子商务自建物流或者与电子商务合作的第三方物流。因此消费者购买商品后，可以在电子商务平台物流查询后台或者物流公司的官

方平台查询物流状态，也可以打电话直接沟通物流情况。但这些方式应用到跨境电子商务物流则会存在许多障碍。跨境电子商务物流的信息通常需要等到货物发出两天后才能查询，且平台后台无法体现精确的物流信息，只能显示货物到达了某个港口。不同平台对物流服务商的要求不同，因此，跨境电子商务物流产品并不是在各个平台均适用。比如，亚马逊（Amazon）平台对物流服务商的认证就有要求，并不是所有物流服务商都可以对接亚马逊的后台。

5. 区域分布差异

国内电子商务物流发展至今，已经形成较为全面的物流网络，除偏远地区物流需要花费较长时间外，经济发达地区的物流便利化程度已较高，如江苏、浙江、上海等省（市）。而跨境电子商务物流涉及不同国家（地区），物流网络布局建设面对不同的政治环境和法律法规的约束，难度较大，发达国家（地区）和不发达国家（地区）间的物流水平差异亦较大。

任务三 跨境电子商务物流岗位

任务描述

某跨境电子商务公司（以下简称“公司”）随着业务规模的扩大，公司面临的物流挑战日益复杂，亟需设立专门的物流岗位来管理和优化跨境物流流程。

任务分析

通过设立不同岗位，明确各岗位的职责和任务，公司能够有效管理和优化跨境物流流程，提高物流操作的效率和准确性，提升客户满意度和整体运营效益。公司可以根据业务发展的需要，进一步优化物流岗位设置，提升物流管理水平。

知识积累

跨境电子商务物流岗位是指从事跨境电子商务物流运营和管理的职业。在跨境电子商务中，物流岗位起着至关重要的作用，负责处理国际运输、仓储、报关和配送等物流环节，确保商品从卖家仓库到达买家手中的顺利过程。

一、岗位职责描述

跨境电子商务生态中主要有买家、卖家、电子商务平台运营商、跨境物流服务商、支付服务商、政府公共服务平台及相关服务提供商等角色。在整个跨境电子商务业务流程中，跨境电子商务物流已经成为影响国外企业客户、个人消费者购物体验的核心环节。跨境电子商务物流涉及环节较多，主要包括国内外仓储、运输、配送及通关等，以及整合订单管理、库存管理、配送管理及运输管理。因此，跨境电子商务物流全程服务包括三部分：一是支持跨境 B2C 小包快递等业务；二是支持 B2B 跨境大额业务为主的海运拼箱、整箱及空运等业务；三是外贸服务，围绕贸易过程中的验厂、检验验货、跟单等环节，以及一般的通关、货代等业务展开，具体如图 6–1 所示。

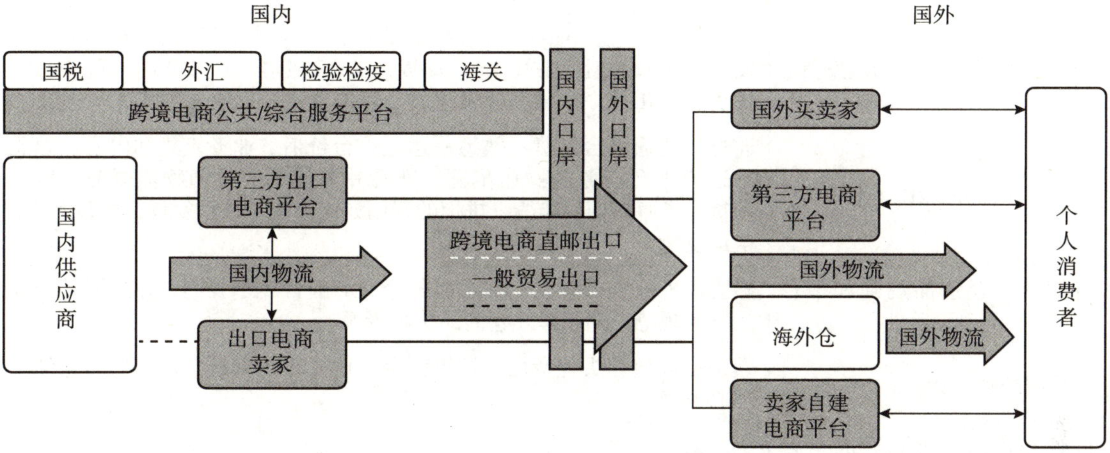

图 6–1　跨境电子商务整体业务流程

作为一名跨境电子商务物流专员，要熟悉本公司的产品、业务、主营跨境电子商务平台规则、跨境电子商务业务流程、国际物流主要方式等，能够根据 B2C 和 B2B 平台订单、商务部《跨境商品电子商务经营服务规范》的要求，以及《跨境电子商务 B2C 数据运营》《跨境电子商务 B2B 数据运营》等职业技能等级标准的要求，合理设计物流方案，并做好物流操作各环节的衔接。

跨境电子商务物流专员的主要岗位职责是跨境电子商务物流方案选择、发货、运输、海外仓操作、通关等。跨境电子商务物流岗位直接决定着订单产品可否顺畅到达客户和消费者手中，从而提升客户体验，拓展海外市场，树立品牌形象，降低物流风险，提高卖家利润率，取得较好的经营效果。

二、岗位任务描述

跨境电子商务物流专员岗位任务描述如表 6–1 所示。

表 6-1　跨境电子商务物流专员岗位任务描述

任务名称	任务描述
比较和选择跨境物流方式	熟悉主要跨境物流方式，包括国际快递、邮政包裹、专线物流、中欧铁路多式联运、海外仓、平台物流等的规则、时效、稳定性、服务范围等，为物流方案设计奠定基础
设计跨境电子商务物流方案	依托跨境电子商务 B2C 和 B2B 店铺，根据产品市场、物流时效、价格等因素选择合适的跨境物流方式；制定 B2C 平台适用的物流方案；制定 B2B 平台适用的物流方案；根据店铺产品销售情况和物流情况设计物流方案

续表

任务名称	任务描述
设置跨境电子商务物流模板	根据不同跨境电子商务 B2C 和 B2B 店铺制作运费模板
国际物流货物包装与装箱	根据店铺货物体积、重量、收货地等情况选择包装材料；熟练使用配套包装设备；熟练完成货物打包与装箱
跨境电子商务 B2C 物流发货	完成线上发货：Ali-express 线上发货、eBay 线上发货、Amazon 线上发货、Wish 线上发货；线下发货：邮政小包发货、UPS 发货、FedEx 发货、DHL 发货、菜鸟物流发货、顺丰发货、三通一达发货
跨境电子商务 B2B 物流发货	通过一达通平台发货：熟悉一达通平台价值、业务模式和内容；熟悉一达通平台业务的操作步骤；熟悉并能使用一达通物流服务。线下发货：了解船期、船线、拼柜的费用如何分配；拼箱发货；整箱发货；空运发货
辨识海外仓选品规则和平台规则	熟悉海外仓选品规则；熟悉海外仓商品前台展示规则；熟悉海外仓商品服务规范；熟悉海外仓商品奖励资源
核算海外仓税费	熟练完成核算头程费用；核算税金；核算当地派送费用；核算仓储管理服务费
设计与运用海外仓商品运费模板	申请海外仓权限；设计海外仓商品运费模板
操作亚马逊 FBA	熟悉 FBA 卖家后台操作；发货到 FBA；发货到亚马逊仓库
自主报关或寻找代理公司报关	向海关发送订单、支付单、物流单信息；根据货物清单汇总填制报关单或申报清单；准备单据向海关申报；海关审核并验放
使用跨境电子商务平台配套综合服务完成通关	使用一达通平台完成通关；使用其他平台完成通关
跨境电子商务物流岗位创新与创业	设计跨境电子商务 B2C 平台的创新型物流解决方案；设计创新型海外仓构建及运营综合服务方案；爱岗敬业，发扬创新创业精神

知识拓展

中国（广东）自由贸易试验区

中国广东自由贸易试验区（以下简称“广东自贸区”）是中国政府于 2015 年设立的自贸区之一，该试验区由五个不同功能区组成，分别是珠海、深圳、汕头、湛江和茂名自由贸易试验区。广东自贸区的设立旨在探索和完善自贸区政策，推进制度创新和自由贸易、投资、金融、物流等方面的改革，促进国际贸易自由化和便利化，提升广东省的国际竞争力。

广东自贸区实施了多项政策创新，包括放宽外资准入、加快自贸区金融开放、推动邮政跨境电子商务发展、优化跨境贸易监管等。特别是在加快自贸区金融开放方面，广东自贸区推动创新金融业务和金融监管，建立人民币全球结算中心和人民币跨境资金池等金融平台，吸引了一大批国际金融机构在自贸区内设立分支机构或开展业务。

广东自贸区还制定了一系列优惠政策，如免费使用固定资产和厂房等，并对于创新型、高科技、绿色发展企业给予资金和税收支持等。这些措施对于吸引国内外投资和促进创新经济的发展具有积极作用。

自广东自贸区成立以来，广东省的经济增长明显快于全国平均水平，广东自贸区也成为中国对外开放的重要窗口和重要的国际贸易和投资合作基地之一。

任务四 跨境电子商务物流发展趋势

任务描述

跨境电子商务的快速发展对物流提出了更高的要求，物流作为跨境电子商务的重要环节，直接影响着消费者的购买体验和企业的运营效率。某跨境电子商务公司（以下简称“公司”）希望通过了解跨境电子商务物流的发展趋势，制定相应的物流策略，以提升物流效率和竞争力，满足不断变化的市场需求。

任务分析

随着全球化和数字化进程的加速，跨境电子商务物流面临着新的挑战和机遇。通过了解和分析跨境电子商务物流的发展趋势，公司能够制定相应的物流策略，提升物流效率和竞争力，满足不断变化的市场需求。

知识积累

跨境电子商务物流是随着跨境电子商务的蓬勃发展而对传统国际（地区间）物流的一种整合升级与改造，发展迅猛，主要发展方向是业务网络化、运价产品化、服务标准化、仓储自动化、过程数字化、流程可视化及交付可追踪化。

一、跨境电子商务物流的发展历程

2003 至 2008 年，一些海外华人和有留学背景的华人从事跨境电子商务，主要通过邮政寄递，一些大卖家也兼做物流，但传统国际（地区间）物流商转型跨境物流电子商务的比较少。

2009 至 2013 年，一部分敏锐的国际货运代理开始融入跨境物流业，空运、铁运、专线、海外仓快速兴起，为跨境电子商务提供了更多可能。

2014 年至今，物流时效进一步提升，平台、卖家、海外华人纷纷加入，亚马逊物流（fulfillment by Amazon，FBA）服务、保税仓、虚拟海外仓、退货维修等业务发展迅速。

二、跨境电子商务物流的发展现状

我国跨境电子商务市场规模十分庞大，近年来保持高速增长，跨境电子商务物流需求爆发式增长，对现有物流企业的全球配送能力提出了巨大的挑战。

针对碎片化订单，物流产品日趋多样化，时效提升较快，直邮和海外仓服务不断改善，但价格和客户体验仍然有改进空间。越来越多的传统物流商转型从事跨境电子商务物流，在提升物流服务专业度的同时，还需要针对跨境电子商务特点量身定制跨境电子商务物流产品。在各国（地区）海关监管趋严的当下，如何通过自身服务让跨境电子商务更合规、让交付更便利是目前跨境电子商务物流企业面临的重要课题。

三、跨境电子商务物流的风险

跨境电子商务物流运输距离远，花费时间长，并且增加了通关、商检、退税结汇、海外仓储等环节，而且涉及不同国家的不同国情和物流设施水平，极大地提高了跨境电子商务物流产生风险的可能性，也对跨境电子商务物流的服务质量和效率提出了更高的要求。

（一）物流时效风险

物流时效风险源于跨境电子商务贸易中的不确定因素较境内贸易明显增多，跨境物流的周期长、效率低，在订单处理、运输、配送及清关过程中均可能出现延迟现象。一方面，跨境交易中各国国情、物流基础设施有所差异，跨境物流工作无法高效展开；另一方面，电子商务活动跨境开展导致物流环节增多、供应链长度增加，再加上货物需要在海关部门完成报关、商检及通关等活动，跨境物流活动的周期较长。客户满意度的相关调查显示，跨境电子商务贸易中最令客户不满的正是物流方面的因素，其中关于物流时效的投诉尤为突出。在跨境物流活动中，最影响其时效的环节包括订单分拣、运输、清关及配送等，以上环节的运作效率直接决定了跨境物流的时效。

（二）物流信息风险

物流信息为物流网络运行提供重要技术支持，将跨境电子商务活动中涉及的物流企业与制造企业及其他相关职能部门紧密联系在一起，使各企业、各部门间的信息共享以一种低成本、高速运作的方式实现。因此，物流信息在跨境电子商务活动中尤为重要，控制其中的风险因素十分必要。跨境物流信息风险体现在实时追踪能力及信息安全两方面。一方面，物流信息在传递过程中可能出现信息错误或难以实现实时追踪的情况，以致跨境商品出现货物破损或货物丢失，无法按时、安全地到达境外消费者手中时，消费者也无从得知；另一方面，跨境电子商务物流依托网络技术发展，而网络自身存在一定的安全隐患，甚至会遭受恶意攻击，可能出现信息和数据的泄露、交换延迟等现象。

（三）物流损耗风险

物流损耗在国内外业界都是普遍存在且难以解决的问题，而跨境电子商务贸易中的物流损耗更为严重。损耗原因主要分为客观原因和主观原因两方面：客观原因在于不可抗力因素，如自然灾害、恶劣天气、政治冲突及设施设备故障等；主观原因则在于跨境电子商务的特点及人为因素，跨境电子商务背景下的物流活动时空跨度大、中间环节多、产业链长，且从事物流活动的人员素质、物流企业的管理水平参差不齐，使货损货差情况难以控制和监管。不同于其他风险的是，该风险除会导致货损货差外，还会影响企业的服务质量和企业形象，影响客户满意度。

物流损耗风险主要体现在货物破损、货物丢失及客户的退换货行为等方面。货物破损主要存在于包装、装卸、库存及运输环节中，不恰当的物流行为将导致货物包装破损以及包装破损后的货损货差，使商品无法进行正常销售及二次销售，例如，需要在特定条件下存储、运输的特殊产品（如生鲜产品、乳制品等）。货物丢失是较货物破损更为严重的风险，对于跨境电子商务物流活动而言，“最后一公里”是最难以把控的一环，货物丢失情况时有发生。另一种物流损耗来自客户的退换货行为，退换货行为增加了逆向物流，其发生时间、发生地点、发生概率及涉及的产品种类和数量难以预料，导致成本高、不确定性因素多、责任难以划分且管理难度大，进而为跨境电子商务贸易的开展带来了更多风险。

（四）物流成本风险

跨境物流涉及多种运输方式及物流节点，对货物的包装技术、存储条件、退换货流程等方面提出了更高的要求，增加了物流过程中包装、库存及运输等方面的物流成本，跨境物流成本风险即来源于此。

包装是企业生产的终点及物流的起点，其质量影响着整个供应链的运作，大多数货物必须经过包装才能进入流通。跨境电子商务贸易对货物包装的要求有三点：一是包装质量过硬，在控制成本的条件下保证包装质量经得住长途跋涉；二是包装规范化，跨境物流中若无法实现包装和物流设施间的有效衔接，将进一步降低物流运作效率并增加物流总成本；三是包装材料绿色化，需要符合不同国家（地区）的相关标准及法规。为了满足以上要求，保证货物在流通环节中不被损坏并能顺利出入各国（地区）海关，需要增加包装环节人力、物力及技术方面的投入。库存成本主要包括库存持有成本、订购成本、缺货成本及在途库存成本四个方面。跨境电子商务贸易的特点使存储环节增多、出入库操作增多、存储及在途时间增加，最终导致库存成本的多方面提升。运输成本在总物流成本中的占比较大，对总体物流服务质量有重要的影响。跨境物流增加了运输距离及中间环节，使装卸、搬运次数增多，多种运输方式或不同标准运输工具间的换装成本增多，最终导致跨境物流运输成本及整体成本大幅增加。

（五）环境风险

跨境电子商务物流的环境风险是指外部环境的不确定性给跨境电子商务物流带来的风险，包括不可抗力、经济环境、政策环境及行业环境四个方面。不可抗力风险主要源于自然灾害和战争，指火灾、洪涝、地震等自然灾害以及战争的发生，会给人员、货物、财产等方面造成重大损失。经济环境风险主要源于国际市场复杂多变，跨境贸易活动中的市场波动及汇率、利率变动较国内贸易更为明显，应更关注宏观经济市场的变动情况。政策环境风险主要体现为国家针对跨境电子商务物流领域制定、推行的政策，以及国家为其发展所建设的物流基础设施水平。行业环境也影响着跨境电子商务物流的发展，包括行业市场的需求波动情况、增长速度、竞争程度及发展前景等因素。

四、跨境电子商务物流的前景

当前，消费者的个性化与多样化需求日益成为主流，对跨境物流的需求已不再局限于商品的运输与送达，对时间、安全、价格、服务等的需求更为明显，进而衍生出对各类物流增值服务的需求。因此，在跨境电子商务与物流的整体系统中，跨境电子商务物流具有以下发展前景。

（一）跨境电子商务物流面临行业挑战

跨境电子商务的迅速发展反映出越来越多的消费者接受和喜爱这种消费方式，然而井喷式的发展不仅带来了火爆和加速扩大的跨境电子商务市场、诸多政策利好的倾斜，也造成了该市场的阶段性饱和。在现有需求相对饱和的市场状态下，跨境电子商务企业之间的竞争加剧。

随着消费者需求的进一步释放以及市场的日趋成熟，消费者在跨境电子商务活动中的选择权将逐步增加，对跨境电子商务消费体验的要求会越来越高。作为跨境电子商务客户体验的重要环节，跨境电子商务物流必然会从群雄混战转为优胜劣汰，整个行业面临挑战。

（二）第三方综合服务物流体系发展壮大

随着电子商务的发展，一方面，亚马逊、全球速卖通（AliExpress）、敦煌网等跨境电子商务大平台不断壮大；另一方面，专注细分市场的中小型跨境电子商务不断成熟。为了服务于不同的跨境电子商务企业，与之相应的跨境电子商务物流也逐步分化，出现了自建物流和第三方综合服务物流。

市场的细分使得越来越多的中小型跨境电子商务平台涌现出来。中小型跨境电子商务平台将主要精力放在产品销售和客户维护方面，几乎不可能有充裕的资金去搭建自己的物流体系。对这类企业而言，第三方综合服务物流商不仅能为其提供仓储、运输、报关等跨境电子商务的传统物流服务，还能定制信息整合、采购、融资等增值服务，因此，中小型跨境电子商务平台成为第三方综合服务物流的服务主体。

（三）自建物流与第三方物流体系持续共存

跨境电子商务大平台的自建物流在一定程度上会对第三方物流产生影响，但正如传统电子商务物流行业的发展一样，第三方物流会避开大平台自建物流的锋芒，发挥自身的优势特点，从而使得行业分工进一步细化。在未来很长一段时期内，自建物流与第三方物流会持续共存。

（四）跨境电子商务物流人才专业化要求越来越高

跨境电子商务模式的多样化促进了跨境电子商务物流服务市场的细分，行业的人才需求也从传统粗放型向专业化程度高的集约型转变。无论是服务于跨境电子商务大平台的自建物流还是服务于中小型跨境电子商务平台的第三方综合物流，对复合型跨境电子商务物流人才的需求量都将不断增大，对专业化程度的要求也会越来越高。这是跨境电子商务行业发展的必然趋势。

项目评价

课堂表现评价

评价内容：跨境电子商务物流的主要特征及其岗位职责。

评价规则：将全班同学分成若干小组来组织教学，每个小组需要设计队名，每次课在黑板上画出表 6–2。每次课都有评价，只要本组同学回答正确，就给全组加分，每组同一个人不能连续回答问题，必须换人回答才能给本组加分，如果回答错误，其他小组可以回答；小组讨论表现最好的（一组）和较好的（两组）加分；当堂课小组全勤的加分；每项分值由教师指定，每次课堂结束后由学习委员在分数记录册上进行记录，最终形成该小组分数，如表 6–2 所示。

表 6-2　课堂表现评价表

小组	回答或解决问题	小组讨论表现	小组全勤	合计
小组一				
小组二				
小组三				
小组四				
小组五				
小组六				
小组七				
小组八				
小组九				
小组十				

项目学习成果评价

评价规则：项目学习成果评价汇总表分数将作为学生项目学习成果得分，如表 6-3 所示。每个小组完成项目学习的可视化学习成果将会存档。

表 6-3　项目学习成果评价汇总表

小组	任务一	任务二	任务三	任务四	课堂表现	总评
小组一						
小组二						
小组三						
小组四						
小组五						
小组六						
小组七						
小组八						
小组九						
小组十						

项目小结

本项目首先介绍了跨境电子商务物流基础知识；其次介绍了跨境电子商务物流特征；再次介绍了跨境电子商务物流岗位；最后介绍了跨境电子商务物流发展趋势。通过本项目的学习，读者不仅拓宽了对跨境电子商务物流的认知和理解，还培养了积极的学习态度和未来发展的前瞻性思维。读者能够在未来的工作中积极应用所学知识，为跨境电子商务物流行业的不断发展和完善贡献自己的力量。

巩固与训练

思考练习

1．简述跨境电子商务物流的涵盖范畴。

2．跨境电子商务物流具有哪些主要特征？与境内电子商务物流相比，不同之处主要体现在哪些方面？

3．跨境电子商务物流经历了哪几个阶段的发展历程？

4．跨境电子商务物流可能产生哪些风险？

5．跨境电子商务物流的发展前景如何？

拓展训练

通过网络搜索的方式，登陆跨境电子商务平台网站，了解各网站功能、异同点及物流模式，并填写表 6–4。

表 6-4　跨境电子商务平台网站站对比

平台名称	阿里巴巴国际站	全球速卖通	亚马逊	eBay	敦煌网
销售模式					
平台优势					
平台劣势					
物流模式					

项目七

跨境电子商务海外仓管理

项目导读

不少电子商务平台和出口企业正通过建设海外仓布局境外物流体系。海外仓的建设可以让出口企业将货物批量发送至国外仓库，实现该国本地销售，本地配送。自诞生开始，海外仓就不单单是在海外建仓库，它更是一种对现有跨境物流运输方案的优化与整合。本项目主要介绍跨境电子商务海外仓管理方面的知识。

学习目标

◎知识目标

◆熟悉海外仓基础知识。

◆掌握亚马逊 FBA 操作。

◆掌握全球速卖通海外仓设置。

◎能力目标

◆具有一定跨境物流基础知识。

◆熟知海外仓的操作技能流程。

◎素质目标

◆培养学生团队合作精神和协作能力，能够协调分工完成任务。

◆培养学生创新意识、创新精神，熟悉海外仓市场并能对其进行分析、加以实际运用。

思政目标

◆提升对全球市场动态的敏感度，增强在全球化背景下的适应能力。

◆引导学生树立良好的职业道德，做到诚实守信、维护客户和企业的信誉。

案例导入

我国跨境电子商务的海外仓建设与发展

《中华人民共和国国民经济和社会发展第十四个五年规划和2035年远景目标纲要》提出，“鼓励建设海外仓，保障外贸产业链供应链畅通运转”，进一步凸显了海外仓作为海外营销重要节点和外贸新型基础设施，在推动进出口协同发展方面的重要作用。

随着跨境电子商务蓬勃发展，我国企业加快完善包括海外仓在内的物流体系，海外仓呈现强劲增长势头。当前，商务部外贸司正在组织一百多家跨境电子商务综合试验区开展“海外仓高质量发展专项行动”，支持海外仓丰富功能、升级发展，培育一批特点鲜明的代表性海外仓。

任务一　海外仓基础知识

任务描述

海外仓能够有效缩短物流时间、降低物流成本、提升消费者购物体验，因此受到越来越多跨境电子商务企业的青睐。某跨境电子商务公司（以下简称“公司”）希望通过了解海外仓的基础知识，制定相应的海外仓策略，以提升物流效率和市场竞争力。

任务分析

随着跨境电子商务的迅速发展，海外仓作为一种重要的物流模式，逐渐成为跨境电子商务企业的战略选择。通过了解和分析海外仓的基础知识，公司能够制定相应的海外仓策略，提升物流效率和市场竞争力，满足不断变化的市场需求。

知识积累

海外仓流程一般包括头程运输、仓储管理和本地配送三部分。在本任务中，学习海外仓为何兴起、海外仓的优缺点、怎样利用数据选择海外仓商品和海外仓的使用费用等。

一、海外仓兴起的原因

（一）跨境贸易电子商务的迅速发展对物流业的要求日益提高

退换货在国内网购中较为普遍，国外买家的心态与国内买家是一样的，也希望购买的商品能尽快送到手中，不满意还能轻松退换货，那怎么解决这个问题呢？答案是走出国门，提供与国外电子商务一样的本土化服务，充分利用我国制造的优势参与国际竞争，这将是跨境贸易电子商务实现可持续发展的关键。所以海外仓是跨境电子商务时代物流业发展的必然趋势。

（二）跨境电子商务根据企业自身需求转型建仓

跨境电子商务与国内电子商务的区别就是把货物卖到国外，不稳定的物流体系是一大挑战。无论是企业还是个体电子商务经营者，要想把生意做大，不仅要维护好自己的电子商务平台店铺，还需要一个能降低成本、加快配送时效、规避风险的海外仓储。卖家只要把货物大批量运到海外仓库，就有专门的海外仓工作人员代替商家处理后续各项琐事，在线处理发货订单，一旦有人下单就立即完成拣货、打包、贴单、发货等一系列物流程序，这可以给商家腾出时间和精力进行新产品开发，从而获取更大的利润。

在海外市场，当地发货更容易取得买家的信任，大多数传统买家更相信快捷的本土服务，在价格相差不大的情况下，买家更愿意选择本地仓库发货的商品，境内配送速度更快。特别是在购物旺季，订单暴增，跨境配送的效率受到影响，丢包的风险加大，加上各国海关的抽查政策更加严格，例如在途经意大利、西班牙海关时，包裹很容易被扣关检查，这将延迟配送的时间。而速度是与买家的满意度直接挂钩的，买家满意度的降低会影响到卖家账号的安全。因此，越来越多的国内卖家意识到应该选择海外仓。海外仓不仅可以将跨境电子商务贸易中的物流风险“前置”，还会提高客户满意度，待卖家的信誉和评价提高了，营业额必然增长。除了本地发货的可信度和时效性，海外仓储及其配套系统，也能给卖家带来更好的跨境贸易出口购物体验，节省时间，减少出错率。

二、海外仓的优缺点

（一）海外仓的优点

1. 派送速度快

海外仓位于买家所在国，从买家所在国发货，物流速度是海外直邮无法比拟的，大大提升了商品的派送速度。

2. 买家购物体验好

海外仓很好地避免了海外直邮退换货难的问题，退换货方便，提升了售后服务品质，有利于提高店铺商品的复购率。卖家更改物品所在地后，商品变成海外本地发货，也可以提升商品曝光率。

3. 降低海关风险

对跨境卖家而言，海外仓头程采用传统的外贸物流方式，按照正常的通关流程出口，大大降低了通关障碍，同时也突破了重量、体积、价值等方面的限制，扩大了运输品类。

4. 物流成本低

采用海运、空运等集中发货的方式备货，可以在淡季物流运费低的时候提前备货至海外仓。

5. 避免物流旺季排仓、爆仓的问题

物流旺季各种渠道不仅价格上涨，还常常出现排仓、爆仓的问题，而海外仓通过淡季备货，旺季销售，能很好地避免这些问题。

6. 多渠道订单配送

无论是在第三方销售平台还是在自建网站上产生的订单都可以由海外仓配送，方便快捷。

（二）海外仓的缺点

1. 对卖家的选品和运营要求高

使用海外仓发货的产品，需要适应当地买家的需求，选品不当或对市场把握不准都会造成库存积压，导致高额的仓储成本。

2. 海外仓储成本高

虽然是通过错峰集发的方式降低了物流成本，但相较于国内仓储来说，海外仓储费用依旧较高。一旦选品或市场把握稍有差错，将会造成货物滞销并进一步增加仓储成本，而货物在海外处理起来更加麻烦。

3. 资金周转慢

批量备货至海外仓需要投入备货的资金，包括物流运费、商品的成本和仓储的资金等，资金回流周期长，导致卖家资金周转不便进而容易造成资金链断裂。

4. 海外仓不可控因素多

海外仓受当地政策、社会因素、自然因素等不可控因素影响较大。例如，货物进口时被查扣，货物在当地仓库被查扣、没收等，对卖家的影响是巨大的。此外，使用第三方海外仓的卖家会受制于海外仓服务商的服务质量。海外仓服务商某个环节出问题就可能造成货物派送延误、仓库被查、货物被没收等情况，无论发生哪一种情况，对卖家造成的损失都是不可挽回的。

三、海外仓选品思路

什么是适合备货至海外仓的产品，如何选品备货是困扰众多跨境运营者的难题。先来了解哪些产品适合海外仓备货销售，再来理清海外仓的选品思路。

（一）适合海外仓的产品

1. 尺寸、重量大的产品

尺寸、重量大的产品，如家居园艺、汽配、电动平衡车等产品，由于这些产品使用小包物流、专线物流会受到规格限制，使用国际快递成本又很高昂，而使用海外仓的话能突破产品的规格限制并且降低物流费用。

2. 单价和毛利润高的产品

单价和毛利润高的产品，如电子产品等选择海外仓，可将破损率、丢件率控制至很低

的水平，为销售高价值商品的卖家降低风险。

3. 周转率高的产品

周转率高的产品，如时尚衣物、快速消费品等，买家可以通过海外仓更快速地处理订单，回笼资金。

4. 有明显销售淡旺季的产品

有明显销售淡旺季的产品，如欧美节日主题的产品，买家对时效要求非常高，订单在短期内会呈现出爆发式增长，海外仓正好满足旺季销售需求。

（二）海外仓数据化选品思路

一个好的选品策略可以帮助海外仓快速占领市场，提高销售额和利润。而数据化选品则是近年来越来越受到重视的一种选品方法。海外仓数据化选品的思路如图 7–1 所示。

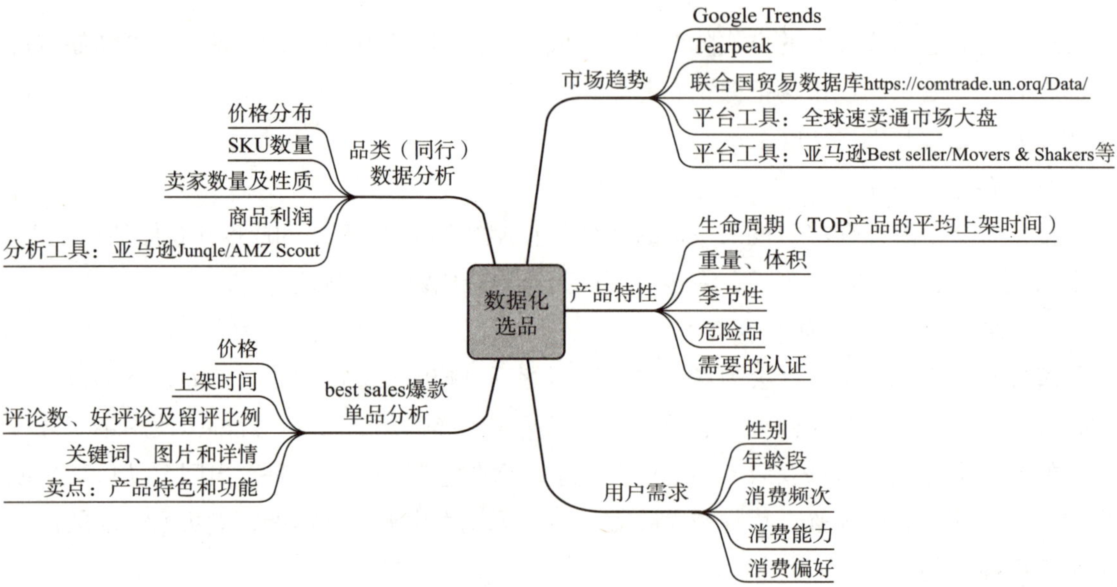

图 7–1　海外仓选品思维导图

1. 销售市场趋势

首先需要判断所销售商品处于什么样的需求趋势中。可以利用 Google Trends、Tearpeak 等工具查询商品关键词的搜索趋势，如连衣裙的搜索趋势全年都比较平稳，而泳装在北半球只有夏季需求量才比较大，卖家备货的时候需要考虑市场的需求量；利用联合国贸易数据库从大方向上了解每一类别的产品在中国对外贸易中的大盘走势；还可以利用亚马逊、全球速卖通平台自带的产品工具查看热销商品。

2. 产品特性

产品特性考虑产品自身生命周期、物理属性、准入门槛等是否符合海外仓备货的条件。如弱电箱这类产品是北美很多客户房屋装修必备的产品，市场竞争压力很小，但由于产品体积较大，铝合金材质抗压性又较差，通过小包物流渠道无法配送，商业快递渠道又过于昂贵，因而通过海运渠道在海外仓备货就是最佳选择。

3. 用户需求

用户需求考虑产品的受众、消费能力、消费频次等因素。由于海外仓储成本相对比较高，高频次、高周转的商品更利于卖家回款，提高资金利用率。

4. 同行数据

卖家还要考虑同类商品的市场竞争密度、销售对手的定价和自身商品利润等因素来选品。假如一个需求比较小的品类销售排名前 10 的商品大部分都是亚马逊自营商品，那卖家就需要考量自己的产品售价和销售成本是否具备足够的竞争优势，能否在竞争中胜出。

5. 爆款单品分析

卖家有了意向性海外仓选品目标后，还需要对同类爆款单品进一步进行分析，确立标杆。例如分析别人的售价、商品上架时间、评论数、好评率、关键词和卖点是什么，确保将自己的产品打造得足够优秀，能够吸引海外消费者的关注。

四、海外仓使用费用

不同的国家和不同服务商的海外仓费用都不一样，海外仓费用一般都包含头程费用、处理费、仓储费、尾程费用、关税 / 增值税 / 杂费等。

海外仓使用费用

1. 头程费用

卖家将物品运送到海外仓的目的国，分为空运、海运散货、海运整柜、当地转运等。卖家可以自行选择物流服务商将货物送至海外仓，有些有实力的海外仓也能提供门到门的全程物流服务。

2. 处理费

处理费包括上架费、出库费、订单处理费、打包费、贴标费等。

3. 仓储费

仓储费分为淡季和旺季，一般下半年的仓储费会更高。通常海外仓会提供 30 ～ 60 天不等的免租期。

4. 尾程运费

尾程运费包括本地的派送运费，如 Fedex、DHL、UPS 或当地邮政物流的费用。其他还有换标费、燃油费、偏远地区附加费等。

5. 关税 / 增值税 / 杂费

关税 / 增值税 / 杂费指货物通过海关时，海关根据当地法律收取的关税、增值税和检验费等。一般是根据实报实销的原则，由客户承担。

任务二　亚马逊 FBA 操作

任务描述

FBA 能够帮助卖家降低物流成本，提高物流效率，增强消费者的购物体验，因此成为众多亚马逊卖家的首选物流模式。某亚马逊卖家（以下简称“卖家”）希望通过了解亚马逊 FBA 的操作流程，制定相应的 FBA 策略，以提升物流效率和市场竞争力。

任务分析

亚马逊 FBA 是亚马逊提供的一种物流服务，卖家将商品发送到亚马逊的仓库，由亚马逊负责仓储、拣货、包装、配送、客户服务和退货处理等物流操作。通过了解和分析亚马逊 FBA 的操作流程，卖家能够制定相应的 FBA 策略，提升物流效率和市场竞争力，满足不断变化的市场需求。

知识积累

亚马逊提供的物流配送业务，具体指卖家把自己在亚马逊上销售的产品库存直接送到亚马逊当地市场的仓库中，客户下订单后由亚马逊自动完成后续的发货。

一、FBA 卖家后台操作

（一）FBA 概述

FBA 是由亚马逊提供的包括仓储、拣货打包、派送、收款、客服与退货处理的一条龙式物流服务。亚马逊的物流方式分两种：一种是 FBA；另一种是卖家自己发货（fulfilled by merchant，FBM）。

1. FBA 的优劣势

（1）优势

① 享受亚马逊为 FBA 产品提供的特殊推荐照顾，如帮助抢夺购物车、提高排名、帮助成为特色卖家、享用亚马逊的推荐功能等，相比 FBM，消费者对 FBA 的产品选择意愿度比其他发货方式更高。

② 亚马逊具有多年丰富的物流经验，仓库遍布全世界，智能化管理。

③ 配送时效超快（仓库大多靠近机场），顾客收货很快，选择到货方式灵活多变。

④ 享受亚马逊提供的 7×24 小时服务，提升客服质量，无须自己处理订单，售后邮件、退换货，以及物流问题造成的反馈亚马逊自动帮买家解决，账号安全性高。

⑤ 店铺表现优势。FBA 单有差评后，联系客服删除的成功率更高。

⑥ 有 Prime 标志，对亚马逊 Prime 会员目标群体有针对性（亚马逊客户在购买时，有一个筛选条件就是筛选是否 Prime 单，类似淘宝可以筛选是否天猫一样），了解到美国 30% 的 Amazon Prime 拥有者，消费意愿度更高。

（2）劣势

① 一般来说费用比国内发货稍微偏高，但是也要看产品重量（特别是第三方平台的 FBA 发货）。

② 灵活性差（FBA 只能用英文和客户沟通，而且用邮件沟通回复不会像第三方海外仓客服那样及时）。

③ 如果前期工作没做好，标签扫描出问题会影响货物入库，甚至入不了库。

④ 退货地址只支持美国（美国站 FBA）。

⑤ FBA 仓库不会为卖家的头程发货提供清关服务。

⑥ FBA 顾客退货（重寄）随意，不需要跟 FBA 有太多沟通，给卖家带来不少困扰。

2. FBA 注意事项

FBA 发货单创建完成后的注意事项如下。

（1）检查每一款产品与所打印的产品条码是否对应，并逐一核查。

（2）检查并复核产品数量是否与后台填写数量一致。

（3）用条码打印机打印对应尺寸的标签，具体与后台所选条码大小一致。注意：条码尽量不要用热敏纸打印（因长期存放可能会模糊不清），用激光打印机打印。

（4）打印装箱单。从后台下载 PDF 格式的 Amazon 外标签贴于外箱左上角，不要把包装标签粘到有可能会损坏的接口处，会影响扫描。

（5）不要让运输的包裹重量超过 30 kg，否则要贴上超重提示标签。

（6）不要把不同运单的物品合在一起运输，运输数量一定要与填写的一致，发货数量不要比网上填报的数量多。

3. FBA 和 FBM、海外仓的比较

（1）成本

对于小卖家，一开始选择比较多的是 FBM，在订单较少或为评估上架新产品在平台有无竞争优势的初期，FBM 是不错的选择，因为 FBA 和海外仓在产品滞销的情况下，会带来较高的仓储费。一旦有稳定的订单，在产品优势出现之后，FBA 和海外仓就是较好的选择，二者相比，海外仓比 FBA 成本要低得多。

（2）对顾客提供的服务

FBA 包含仓储派送、收款、客服和退换货一站式的商业解决方案和服务。顾客可以在一个月内无条件免费退货，Amazon 随时都可以充当解决顾客问题服务专家，由此带来的账号安全性也远超 FBM 和海外仓。FBM 的退换货非常麻烦，产品出现问题只能联系卖家，但是买家退回产品到国内成本太高，并且卖家要重寄产品给顾客花费的时间很长，给

顾客带来的体验会比较差。海外仓相对卖家从国内发货要好得多，退货需要经过卖家的确认和操作。因此，FBA 的服务＞海外仓的服务＞ FBM 的服务。

（3）产品的竞争力

三者不同的发货方式使产品在市场上的竞争力是不一样的。FBA 提供给顾客的服务好，直面亚马逊 Prime 服务，能接触到的顾客是具有高消费能力的，另外还可以享受亚马逊的相关推荐介绍和搜索排名的优势，因此，FBA 的产品在市场上的竞争力比较高。FBM 从国内发货，相比 FBA 的最大优势是定价低不少，但是纵观很多类目的产品，排名最靠前的大多是使用 FBA 的产品。海外仓的竞争力比 FBM 国内发货好很多，市场的定价也相对会比 FBA 更有竞争力，在一些特殊类目上比如服饰类，海外仓可能更具有优势。

（4）塑造品牌

在亚马逊平台上打造企业自己的品牌是一个终极目标，但也是一个相对长期的过程，需要企业持续投入和精心运行。就这点来讲，FBA 是不二的选择，其次是海外仓，最后是 FBM。

4. 亚马逊 FBA 操作流程

亚马逊 FBA 操作流程如图 7–2 所示。

（1）卖家发送商品至亚马逊运营中心。

（2）亚马逊存储产品。

（3）客户订购产品。

（4）亚马逊对产品进行拣货包装。

（5）亚马逊快捷配送商品并提供客户服务。

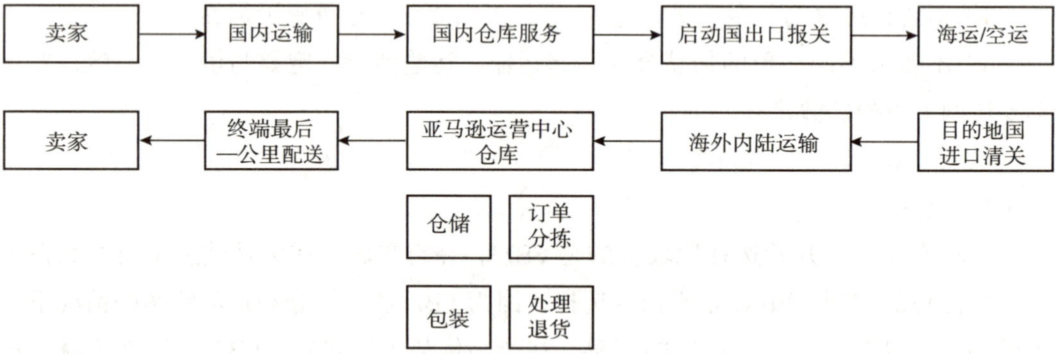

图 7–2　亚马逊 FBA 操作流程

5. 如何选择合适的 FBA 专线

（1）FBA 专线选择因素

目前市场上的 FBA 专线包括美国 FBA 专线、欧洲 FBA 专线、日本 FBA 专线、加拿大 FBA 专线等。一般情况下，虽然不同的卖家会基于自身的实际情况来权衡它们的物流侧重点，有的需要节省成本，有的需要加快销售的进程，有的货值很高，注重安全的把控，有的则注重与物流公司的合作舒适度，但基本上都应该考虑以下几个因素。

① 安全。安全性是排在第一位的，如果能提前获取进口国最新的海关政策方针，就可以避免海关的频繁查验，就知道如何去遵守正常的清关规则，保证货物清关的安全性。每一个清关行的实力可能会不一样，但是健康、正规的清关渠道一定会是市场的主流。

② 时效。时效是每家物流公司的生存根本。时效和货量是一个相辅相成的关系，货量充足，就可以拿到比较固定的航空舱位，有固定的头程空运资源，才能在淡旺季保持稳定的时效。同样，稳定的时效才能吸引更多亚马逊卖家的货量。

③ 服务。服务也很重要，很多卖家在日常的工作中接触最多的人就是货代，选择一家有责任感、耐心、服务质量好的货代公司，对亚马逊卖家来说，可以节省很多潜在的成本。

④ 价格。最后就是比较敏感的价格因素。运价越高，买家购买欲望越低，应综合选择运价比较合理的物流方式。

（2）FBA 专线操作流程与细节

目前市场上的 FBA 专线以美国和欧洲专线为主，一般都是由以下几个主要环节组成：空运头程、目的地清关、目的地派送。以美国专线为例的操作流程如下。

① 空运头程。可以根据时效的快慢和货物的类别来选择合适的航空公司，一般大陆的机场是禁止上带电池的货物，但是可以上带磁性的货物。带磁性的货物要在机场做磁检报告，带电池的产品一般都会选择从香港的航空公司出口。航空公司的快慢程度又决定了航空费用的高低，直航的空运价格一般都高于转航的，但是直航的时效稳定性大大高于转航的飞机。特别是到了下半年旺季的时候，转飞的航班时效性会急剧下降。

② 目的地清关。发货到美国，需要一个清关公司和一个以贸易公司为抬头的进口商作为载体对货物进行清关，清关过程通常需要 1～2 个工作日，偶尔可能会碰到特殊的查验，例如查验货物是否有侵权，是否有相应的资质证书（如 FCC 认证、FDA 认证等），是否有原产地标志（如前段时间美国海关就大力查验产地标识，要求到美国的货物必须贴上中国制造的标签）。当货物清关完毕，接下来就是正常的目的地派送了。

③ 目的地派送。美国是一个疆域辽阔的国家，东西部跨度非常大，在派送的这个环节也是一个相对其他国家比较缓慢的国家。现在市场上，目的地派送一般都是分为卡车派送和 FedEx/UPS 等当地快递公司派送。卡车派送的优点是平均费用较低，装载量大；但是同样也有不足，即派送前需要提前和亚马逊仓预约，派送时间较慢，签收回执单（proof of delivery，POD）回来很慢。快递派送的优点是免预约（前提是此类快递公司是亚马逊官方认可的快递公司），时效相对较快；缺点是价格相对较高。

6. FBA 泛欧计划

FBA 泛欧计划是亚马逊推出的针对欧洲 7 个国家（德国、法国、意大利、西班牙、英国、波兰和捷克共和国）FBA 的一种跨国家发货计划，参加泛欧计划的卖家，可以把产品放置在欧洲五站中的任一国家的 FBA 仓，同时在五个站点发布符合要求的产品 listing。当订单产生后，亚马逊会安排提货、包装、配送和客服等方面的工作，卖家只需要支付相应的产品仓储费、平台服务费和配送费。

卖家使用这个计划，可以把产品集中发货和放置在一个国家的 FBA 仓，减少了多个国家发货的烦琐，当卖家将产品通过亚马逊欧洲仓库转寄给私人客户时，就形成了应税供给，触发增值税（value added tax，VAT）登记。卖家需要在这 7 个国家注册 VAT 税号，每年总共需在这 7 个国家进行大约 61 次的 VAT 申报。FBA 泛欧计划可以减少 FBA 头程发货的麻烦，配送成本低，能直面大量 Prime 会员，从实际运营层面上看，泛欧计划也在一定程度上解决了客服的问题。

（二）FBA 卖家基本操作

（1）注册 FBA。找到亚马逊服务页面，点击“Fulfillment by Amazon”，在跳转出来的页面中填写公司名称并且勾选表示同意亚马逊相关条款及协议，最后选择 FBA 服务就可成功注册。

打开卖家后台，选择“Inventory”，勾选要发货到亚马逊仓库的产品，选择“Change Fulfillment by Amazon”，这些选中的产品会顺利地转换到 FBA Inventory，然后点击“Manage FBA Inventory”进入库存管理界面。如图 7-3 所示。

（2）顶部可以看到商品发货属性介绍，依次为 All Inventory View（总库存），Inventory Amazon Fulfills（FBA 库存管理）和 Shipping Queue（发货管理）页面。

（3）单个 listing 转换发货属性，在 Action 下点击“Change to Fulfilled by Amazon”。如图 7-4 所示。

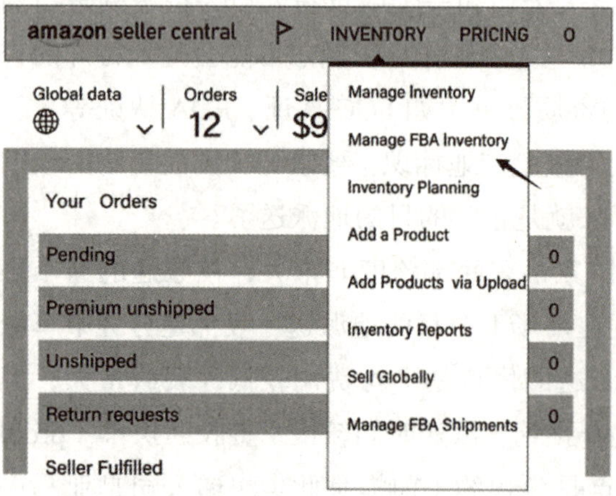

图 7-3　FBA 卖家后台库存管理界面

图 7-4　FBA 单个 listing 转换发货属性

（4）多个 listing 转换发货属性，在 Action 下点击“Change to Fulfilled by Amazon”。如图 7-5 所示。

（5）选择并确认“Accept Label Service”（同意标签服务）或“Decline Label Service”（不同意标签服务），“Accept Stickerless Commingled Inventory”（接受 Stickerless 混并库存）或“Decline Stickerless Commingled Inventory”（不接受 Stickerless 混并库存），然后点击“Convert Only”确认转换。

（6）转换后 FBA 库存页面介绍。

（7）在 Apply to 1 Selected Item（s）下拉菜单选择合适的操作。如图 7–6 所示。

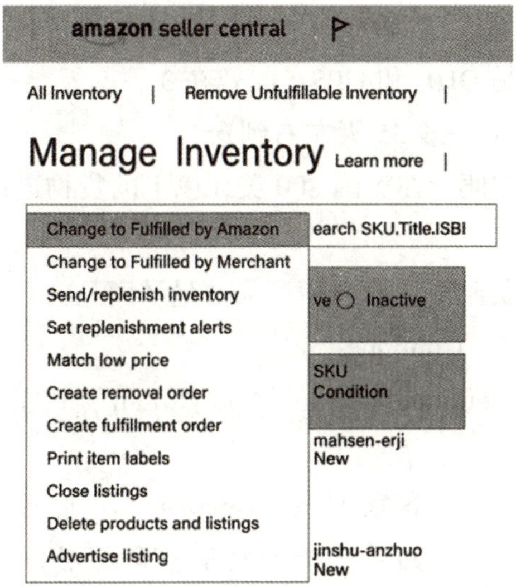

图 7–5　FBA 多个 listing 转换发货属性

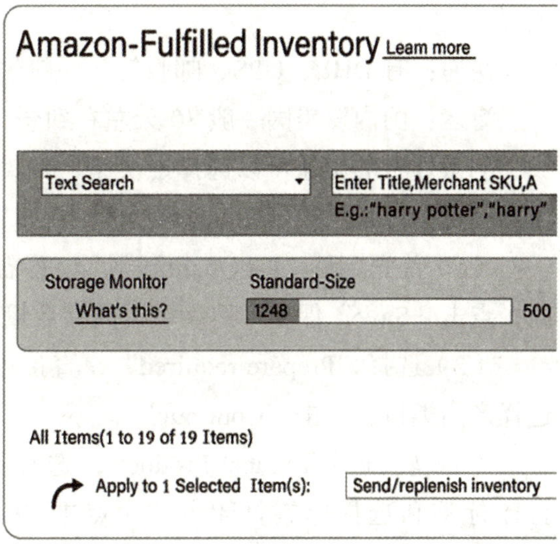

图 7–6　FBA Selected Item

（8）Include Archived Items：显示被隐藏 FBA 商品；Show ASIN/FNSKU：显示 ASIN/FNSKU。

二、创建 FBA 新发货模板

（一）勾选要发货的商品

选择 Send/Replenish Inventory，勾选将要发货的商品。

（二）创建新发货模板

（1）默认选择“Create a new shipping plan”（创建新发货）。

（2）发货地址自动生成，改填发货地址点击“Ship from another address”。

（3）产品打包方式选择“Individual products”（单独打包）或“Case packed items”（装箱打包）。Individual products 是每个产品有单独包装，但是不同的产品混合装箱；Case packed items 是相同的产品相同的 SKU 装一箱。

（4）点击“Continue to shipping plan”继续。

（5）发货地址填写，带“*”为必填项目，填完点击“Ship from this address”。

（三）发货到亚马逊仓库

以上内容都设置好后，就需要找一家专业的货代公司，从中国把货物发到亚马逊海外仓库（亚马逊标签地址），可以空运 + 派送、快递、海运。

空运＋派送：港到门，时间一般为 12 ～ 15 天，价格稍微比快递便宜。这种方式和快递的主要区别是货物到当地海关后，可以主动清关，交关税派送，主要适合于 FBA 仓储转仓及海外仓储转仓和没有清关能力的收件人，时效快，尤其适合走纯电池和移动电源。

快递：有 DHL、UPS、邮政等，一般的选择是 DHL 和 UPS，时效在 3 ～ 5 天。

海运：国内发美国一般 30 天左右到仓，发西欧一般 35 天左右到仓。

刚做外贸的卖家可以选择走快递，时效快、方便，在美国 800 美元以上的货物进口是需要交税的，每票控制在 800 美元以内可以免税。

（1）首先填写“Set Quantity”。填写需要发货到亚马逊仓库商品数量及商品长、宽、高，点击“Save”保存，然后填写商品数量，点击“Continue”。

（2）选择“Prepare required”，直接点击“Continue”。在“Apply to all”下拉菜单选择产品类目，点击“Continue”。

（3）转到页面 Label Products，选择“Seller”（商家）或“Amazon”（亚马逊）打印标签和选择标签打印方式，点击“Continue”。如果选择亚马逊打印标签，选择“I agree to the Terms of Service”（我同意亚马逊服务条款），点击“Save”保存。如果卖家想省钱可以自己贴标签，要在“Who labels”下面选择“Merchant”，并选择相应规格的标签纸打印标签，如图 7–7 所示。

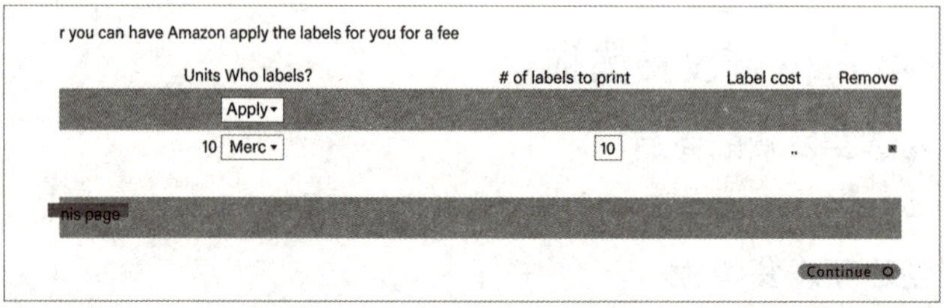

图 7–7　填写 FBA 产品标签

（4）转到页面 Review Shipment，可以看到亚马逊将卖家的产品分配到哪个仓库存储，每一个 Shipment name 代表一个仓库，并且可以看到卖家存放到该仓库有几个产品。预览确认发货后，点击“Approve shipment”同意发货。点击“Work on shipment”操作发货。

（5）转到页面 Prepareshipment。Delivery service，一般卖家发货重量在 60 kg 左右的话就选择“Small parcel delivery”（SPD），发货到亚马逊；另外 Shipping carrier，一般选择“Other carrier”，且在下拉框中选择，如图 7–8 所示。

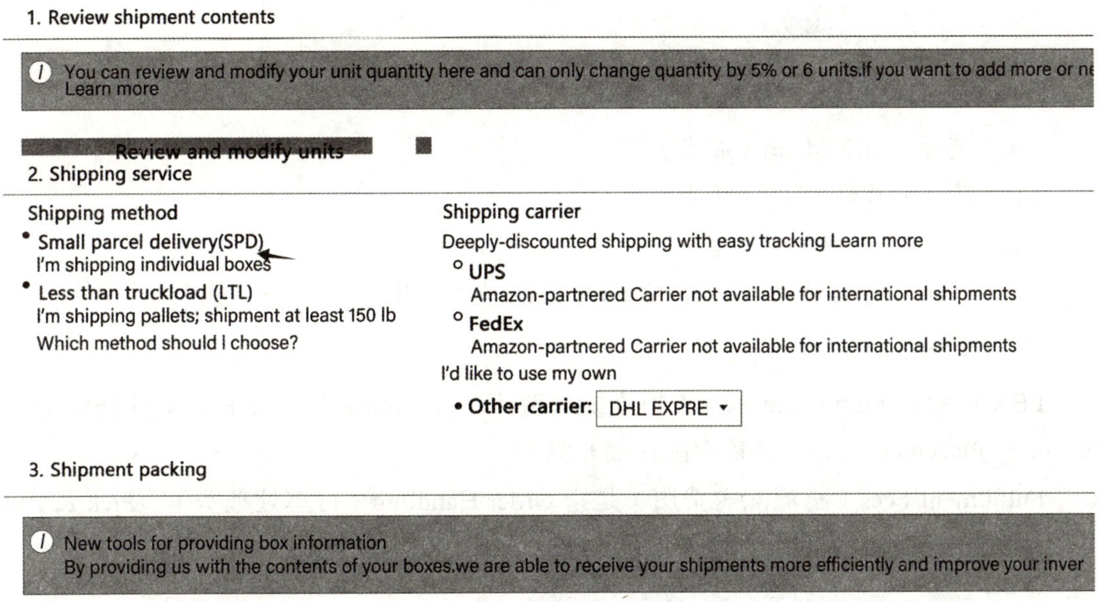

图 7–8　FBA 选择 SPD

Delivery label 即箱子的外箱标签，打印箱子标签，贴在邮寄到亚马逊仓库的包裹箱外面，完成后点击“Complete shipment”。

（6）转到页面 Summary，添加物流跟踪单号，标记已发货，如图 7–9 所示。

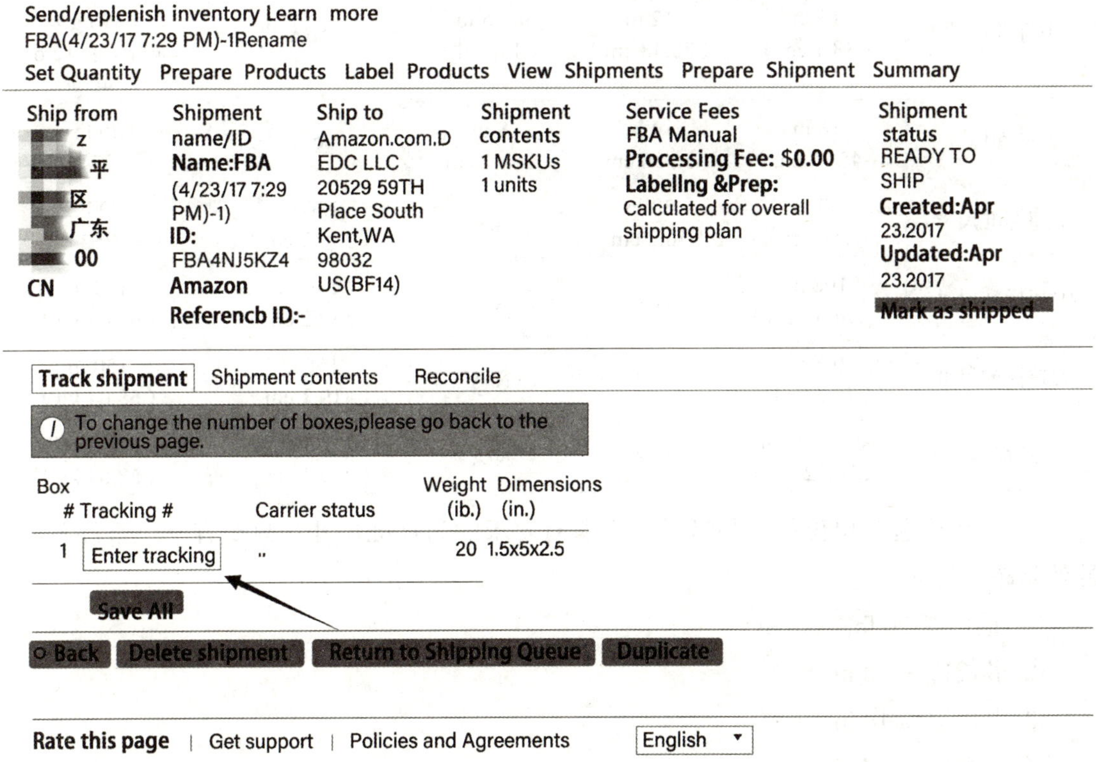

图 7–9　添加 FBA 产品跟踪单号

三、FBA 费用核算

（一）FBA 中常见计量单位换算

1 in（英寸）= 2.54 cm（厘米）

1 lb（磅）= 0.453 6 kg（千克）

1 oz（盎司）= 28.35 g（克）

1 cubic foot（立方英尺）= 28.32 cubic dm（立方分米）

（二）FBA 费用组成

FBA 费用= Fulfillment Fees（物流配送费用）+Monthly Storage Fees（月仓储费）+ Inventory Placement Service（库存配置服务费）

Fulfillment Fees（物流配送费用）是指 Order Handling（订单处理费）、Pick & Pack（取件及包装费）的总和。

（三）关于标准尺寸的规格

FBA 标准尺寸如表 7-1 所示。

表 7-1　FBA 标准尺寸

产品尺寸	最长边	中长边	最短边	长边 + 底面周长	重量
小标准尺寸	15 in（38.1 cm）	12 in（30.48 cm）	0.75 in（1.8 cm）	N/A	媒质：14 oz（396 g） 非媒质：12 oz（340 g）
大标准尺寸	18 in（45.72 cm）	14 in（35.56 cm）	8 in（20.32 cm）	N/A	20 lb（9.07 kg）
小超标准尺寸	60 in（150 cm）	30 in（76.2 cm）	N/A	130 in（330.2 cm）	70 lb（31.752 kg）
中超标准尺寸	108 in（274.32 cm）	N/A	N/A	130 in（330.2 cm）	150 lb（68.04 kg）
大超标准尺寸	108 in（274.32 cm）	N/A	N/A	165 in（419.1 cm）	150 lb（68.04 kg）
特殊超标准尺寸	超过 108 in（274.32 cm）	N/A	N/A	超过 165 in（419.1 cm）	超过 150 lb（68.04 kg）

（1）单个包装单位的商品满足以下所有要求的为标准尺寸，只要有一个条件不满足的就是超大尺寸。

① 重量≤ 20 lb。

② 最长边≤ 18 in。

③ 中长边≤ 14 in。

④ 最短边≤ 8 in。

（2）标准尺寸里面的小标准尺寸和大标准尺寸的区别。

① 小标准尺寸为：最长边≤ 15 in，中长边≤ 12 in，最短边≤ 0.75 in，重量≤ 12 oz。

② 大标准尺寸为：最长边≤ 18 in，中长边≤ 14 in，最短边≤ 8 in，重量≤ 20 lb。

③ 超标准尺寸里的“长边+底面周长”是以最长边为高，另两边组成的平面为底面。

（四）FBA 费用

1. FBA 物流配送费用

FBA 物流配送费用如表 7–2 至表 7–4 所示。

表 7-2 FBA 物流配送费用（标准尺寸非媒介类商品）

时间	标准尺寸非媒介类商品配送费用（按件收取总费用）			
	大号标准尺寸（1 磅到 2 磅）	大号标准尺寸（超过 2 磅）	小号标准尺寸（不超过 1 磅）	大号标准尺寸（不超过 1 磅）
1 月到 9 月	2.41 美元	2.99 美元	4.18 美元	4.18 美元+超出首重 2 磅的部分 ×0.39 美元 / 磅
10 月到 12 月	2.39 美元	2.88 美元	3.96 美元	3.96 美元+超出首重 2 磅的部分 ×0.35 美元 / 磅

表 7-3 FBA 物流配送费用（标准尺寸媒介类商品）

时间	标准尺寸媒介类商品配送费用（按件收取总费用）			
	大号标准尺寸（1 磅到 2 磅）	大号标准尺寸（超过 2 磅）	小号标准尺寸（不超过 1 磅）	大号标准尺寸（不超过 1 磅）
1 月到 9 月	2.41 美元	2.99 美元	4.18 美元	4.18 美元+超出首重 2 磅的部分 ×0.39 美元 / 磅
10 月到 12 月	2.39 美元	2.88 美元	3.96 美元	3.96 美元+超出首重 2 磅的部分 ×0.35 美元 / 磅

表 7-4 FBA 物流配送费用（超大尺寸类商品）

时间	亚马逊物流配送费用（超大尺寸类）（按件收取总费用）			
	特殊超大尺寸	小号超大尺寸	中号超大尺寸	大号超大尺寸
1 月到 9 月	6.85 美元+超出首重 2 磅的部分 ×0.39 美元 / 磅	9.20 美元+超出首重 2 磅的部分 ×0.39 美元 / 磅	75.06 美元+超出首重 2 磅的部分 ×0.80 美元 / 磅	138.08 美元+超出首重 90 磅的部分 ×0.92 美元 / 磅
10 月到 12 月	6.69 美元+超出首重 2 磅的部分 ×0.35 美元 / 磅	8.73 美元+超出首重 2 磅的部分 ×0.35 美元 / 磅	69.50 美元+超出首重 90 磅的部分 ×0.76 美元 / 磅	131.44 美元+超出首重 90 磅的部分 ×0.88 美元 / 磅

2. 月度库存仓储费

自 2017 年 10 月 1 日起，标准尺寸和超大尺寸商品 10 月的库存容量月度费用与 11 月和 12 月的仓储费用保持一致。FBA 物流月度仓储费用如表 7–5 所示。

表 7-5 FBA 物流月度库存仓储费用

月度库存仓储费		
2017 年 10 月 1 日之前		
	标准尺寸	超大尺寸
1 月到 10 月	每立方英寸 0.54 美元	每立方英寸 0.43 美元
11 月到 12 月	每立方英寸 2.25 美元	每立方英寸 1.15 美元
2017 年 10 月 1 日生效		
	标准尺寸	超大尺寸
1 月到 9 月	每立方英寸 0.64 美元	每立方英寸 0.43 美元
10 月到 12 月	每立方英寸 2.35 美元	每立方英寸 1.15 美元

3. 库存配置服务费

自 2017 年 7 月 19 日起，亚马逊提高了创建入库计划时系统所要求的将商品发往多个目的地的频率。对于每个入库计划，卖家可以选择遵循亚马逊的指南或使用“库存配置服务”，这样卖家就可以选择将商品运至更少的目的地。卖家在使用库存配置服务时，亚马逊将按件收取服务费，费用高低取决于卖家选择的目的地数量。FBA 物流库存配置服务费用如表 7–6 和表 7–7 所示。

表 7-6 FBA 物流库存配置服务费用（标准尺寸）

库存配置服务费（标准尺寸）			
2017 年 7 月 19 日之前			
0.30 美元＋超出首重 2 磅的部分 ×0.10 美元 / 磅			
2017 年 7 月 19 日生效			
亚马逊建议的货件目的地	选定的货件目的地（按件费用）		
	3 个	2 个	1 个
3 个	免费	0.10 美元＋超出首重 2 磅的部分 ×0.10 美元 / 磅	0.30 美元＋超出首重 2 磅的部分 ×0.10 美元 / 磅
2 个	免费	0.20 美元＋超出首重 2 磅的部分 ×0.10 美元 / 磅	
1 个	免费		

表 7-7 FBA 物流库存配置服务费用（超大尺寸）

库存配置服务费（超大尺寸）			
2017 年 7 月 19 日之前			
1.30 美元＋超出首重 5 磅的部分 ×0.20 美元 / 磅			
2017 年 7 月 19 日生效			
亚马逊建议的货件目的地	由卖家选择的货件目的地（按件费用）		
	3	2	1

续表

库存配置服务费（超大尺寸）			
3 个	免费	0.50 美元+超出首重 5 磅的部分 ×0.20 美元 / 磅	1.65 美元+超出首重 5 磅的部分 ×0.20 美元 / 磅
2 个	免费	0.20 美元+超出首重 2 磅的部分 ×0.10 美元 / 磅	
1 个	免费		

4. 超过 300 美元商品

自 2017 年 2 月 22 日起，对于售价为 300 美元或更高的标准尺寸商品，亚马逊取消了其享受的免费配送折扣。对于适用的服饰商品来说，每件将额外产生 0.40 美元的物流配送费用。亚马逊物流准备服务费、退货费和弃置费不受影响，将继续在适用情况下施行。FBA 配送费用（超过 300 美元商品）如表 7–8 所示。

表 7-8　FBA 配送费用（超过 300 美元商品）

售价超过 300 美元的商品不再免费配送	
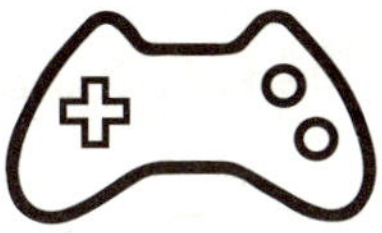	视频游戏机
	尺寸：16.9×11.4×4.4 英寸
	商品重量：8.9 磅
	出库配送重量：10 磅
自 2017 年 2 月 22 日起生效	
配送费用（按件收取总费用）	
1 月到 9 月	7.30 美元
10 月到 12 月	6.76 美元

知识拓展

亚马逊物流快速发展助力订单交付

亚马逊 2021 年年报中指出：2021 年亚马逊的销售额达 4 690 亿美元，截至 2021 年年底，亚马逊在全球拥有 146.8 万名员工。物流方面，亚马逊物流仓库面积增长率达 30%，采用 FBA 的活跃卖家数量增长 50% 以上。来自全球 130 多个国家和地区的亚马逊卖家借助 FBA 服务为 185 个国家和地区的顾客配送了商品。尽管供应链大环境不稳，并且亚马逊在 2020 年实施了限仓等政策，但亚马逊仓库的库水平仍然很高，根据数据显示，2021 年 83% 的亚马逊顶级卖家所拥有的大部分库存都使用了亚马逊，仅比 2020 年下跌了 1%。根据 WallTech 的市场调研，如今 FBA 物流市场仍在快速增长，华南、华东地区 FBA 物流为主的公司约有数万家。

卖家服务方面，2021 年，亚马逊“全球开店”持续推进搭建一系列本地化工具，包括北美、欧洲和日本站在内的亚马逊全球站点已全部升级语言转换工具，可以为卖家提供多种语言选项，包括英语、德语、法语、意大利语、西班牙语、中文、日语、印地语、越南语、泰语和泰米尔语等；亚马逊的站点数量达到了 20 个，包括美国、日本、德国、英国、印度、意大利、法国、加拿大、西班牙、巴西、墨西哥、澳大利亚、土耳其、荷兰、阿联酋、沙特阿拉伯、瑞典、波兰、埃及、新加坡，其中有 17 个站点对中国卖家开放。

2022 年，亚马逊全球开店从三大维度进行重点业务布局，包括支持卖家布局全球业务，实现多元化拓展；完善本地化服务，赋能卖家数字化转型；推动卖家打造全球品牌，创造长期价值。在中国业务拓展上，亚马逊全球开店已在中国国内 10 个城市建立了团队，并将进一步拓展区域合作伙伴关系，在品牌建设上，亚马逊将为卖家提供涵盖品牌打造全周期的产品和服务。

任务三　全球速卖通海外仓设置

任务描述

海外仓是指将商品提前存储在目标市场的海外仓库中，从而实现快速配送和降低物流成本。某全球速卖通卖家（以下简称“卖家”）希望通过了解全球速卖通海外仓的设置流程，制定相应的海外仓策略，以提升物流效率和市场竞争力。

任务分析

全球速卖通是阿里巴巴集团旗下的跨境电子商务平台，为全球消费者提供来自中国的商品。为了提升物流时效性和消费者的购物体验，全球速卖通推出了海外仓服务。通过了解和分析全球速卖通海外仓的设置流程，卖家能够制定相应的海外仓策略，提升物流效率和市场竞争力，满足不断变化的市场需求。

知识积累

全球速卖通定义的海外仓分为菜鸟官方仓和商家仓（第三方海外仓）。原有的菜鸟认证海外仓已经下线，不再提供服务。

1. 菜鸟官方仓

图 7-10　菜鸟官方仓

菜鸟官方海外仓服务是阿里巴巴集团旗下全球速卖通及菜鸟网络联合海外优势仓储资源及本地配送资源共同推出的物流服务，如图 7-10 所示，为全球速卖通商家提供海外仓储管理、仓发、本地配送、售后赔付的物流解决方案。菜鸟官方仓的优势如图 7–11 所示。

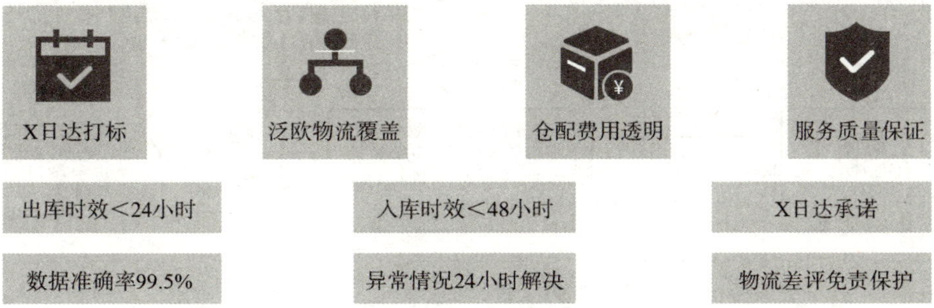

图 7–11　菜鸟官方仓的优势

目前菜鸟官方海外仓布局在西班牙、法国、波兰、比利时、捷克、英国、德国。只要消费者在西班牙、法国、波兰、比利时、捷克、英国、德国、葡萄牙、卢森堡、斯洛伐克、匈牙利、奥地利、荷兰、丹麦、爱尔兰、意大利、斯洛文尼亚、芬兰、拉脱维亚、立陶宛、瑞典、保加利亚、爱沙尼亚、希腊、罗马尼亚等欧洲国家，就可以使用菜鸟官方海外仓服务。

2. 商家仓

商家线下签订协议的海外仓服务商，非菜鸟认证仓库，包含商家自建的海外仓库。商家使用海外三方仓 / 商家仓发货能满足快速配送时效，通过订购承诺达服务，通过考核后也可在商品页面打上“× 日达”，例如 3–Day Deliveiy 的标识。打上“× 日达”的商品平台搜索流量、曝光率会有提升，客户也更愿意选择物流时效快的商品，同时平台促销活动也可优先入选。

一、菜鸟海外仓注册

菜鸟海外仓注册流程如图 7–12 所示。

进入速卖通卖家后台，依次点击【交易】—【物流中心】—【我有海外仓】

↓

选择“开通菜鸟仓服务”或者“开通商家仓服务"

↓

选择“AE-4PL-无忧海外仓配”进行【订购】

↓

根据系统提示填写系统，签订协议，开通海外仓

↓

至此海外仓注册完毕，等待1～2个工作日审核完成后开通完成

图 7–12　菜鸟海外仓注册流程

二、海外仓备货操作

菜鸟海外仓入驻、备货及订单出库全流程，如图 7–13 所示。注意：英德法官方仓申请请先在“我有海外仓”页面提交账号对应公司有效税号。

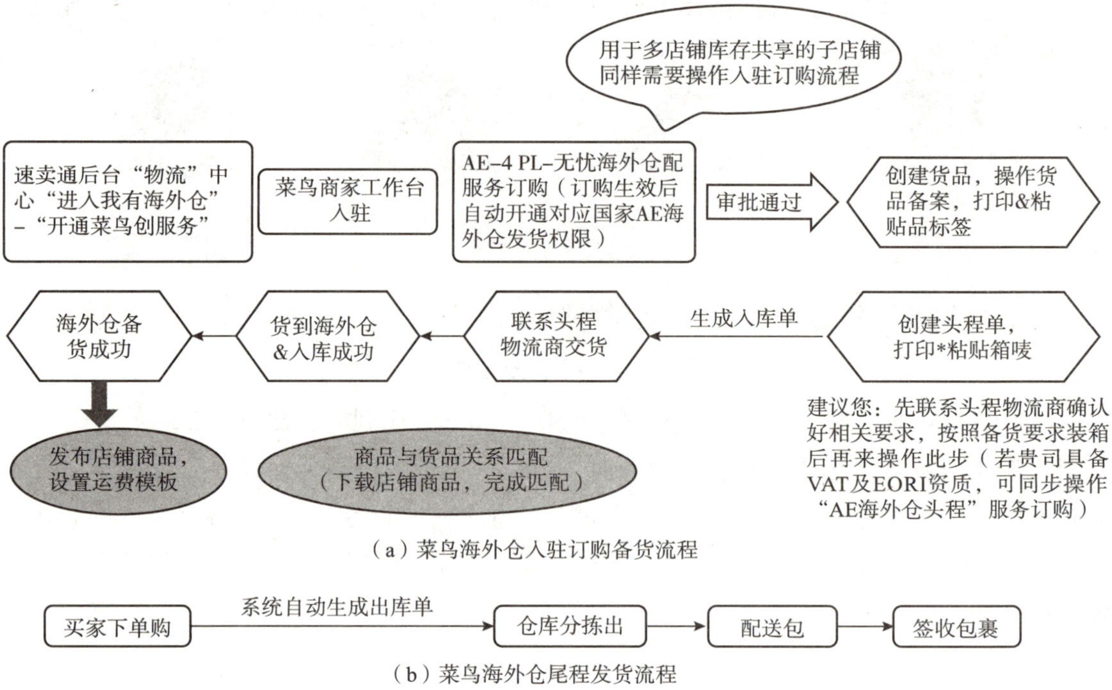

（a）菜鸟海外仓入驻订购备货流程

（b）菜鸟海外仓尾程发货流程

图 7–13　菜鸟海外仓入驻、备货及订单出库全流程

成功开通海外仓之后，需要卖家将商品备货至海外仓，海外仓接收上架后，卖家的订单就可以由海外仓进行配送操作。所有的海外仓操作都需要在“菜鸟商家工作台（business management system，BMS）”中进行，因此需要先在全球速卖通后台注册使用菜鸟商家工作台，如图 7–14 所示。

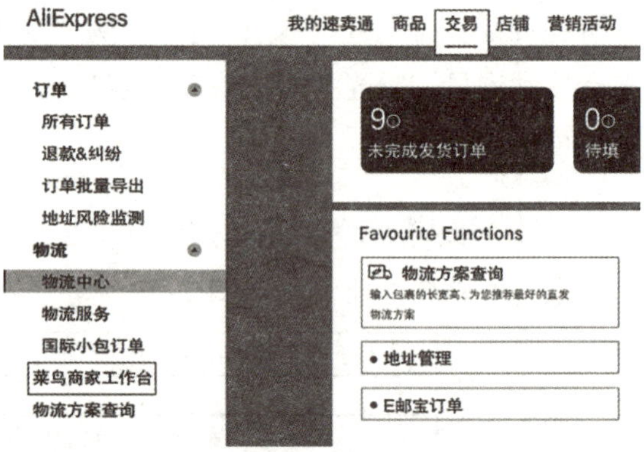

图 7–14　菜鸟商家工作台入口

（一）注册“菜鸟商家工作台”

流程按照提示步骤操作即可，如图 7–15 所示。

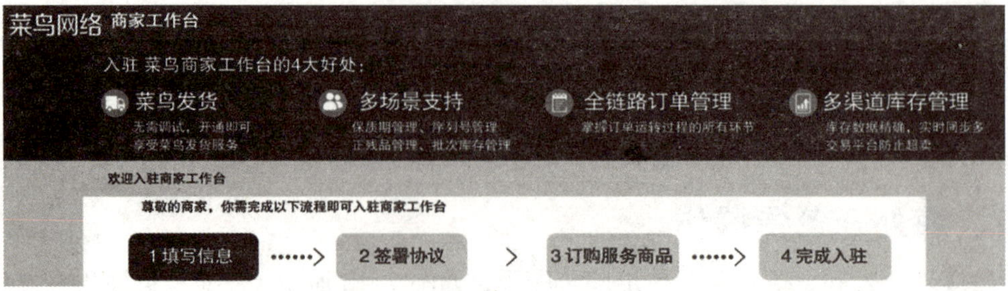

图 7–15　菜鸟商家工作台入驻

注意：使用多店铺库存共享的子店铺也需要操作海外仓入驻订购；需要确认一家店铺为主店铺，后续统一管理多店铺的海外仓货品；所有作为子店铺的账号如果已经入驻过海外仓，需确保申请库存共享前子店铺已无原剩余海外仓库存，即子店铺内原海外仓库存已全部销售完毕（一旦实现库存共享，子店铺货品数据将清零，统一同步为主店铺货品数据）。

知识拓展

多店铺库存共享

库存共享表示商家可选定一个全球速卖通店铺作为主店铺，其他店铺作为子店铺，由主店铺在菜鸟商家工作台统一管理货品信息（如创建头程单、创建货品、库存同步、订单调用仓内库存等），其他子店铺仅需进行商品货品匹配操作即可。主店铺可查看所有子店铺订单信息，子店铺仅可查看本店铺订单信息。

（二）创建货品

创建货品是指在菜鸟商家工作台注册将要发往海外仓的商品，可以创建“单个货品”，也可以批量导入货品，这里以创建“单个货品”为例进行操作。已创建的货品不支持删除，若有货品错误创建的情况需重新创建新货品，操作方法如下。

（1）选择【菜鸟商家工作台】—【操作中心】—【商品中心】—【货品管理】—点击【创建货品】。

（2）按照要求依次填写好“基本信息”“物流属性—销售单元”并保存，如图 7-16 所示。

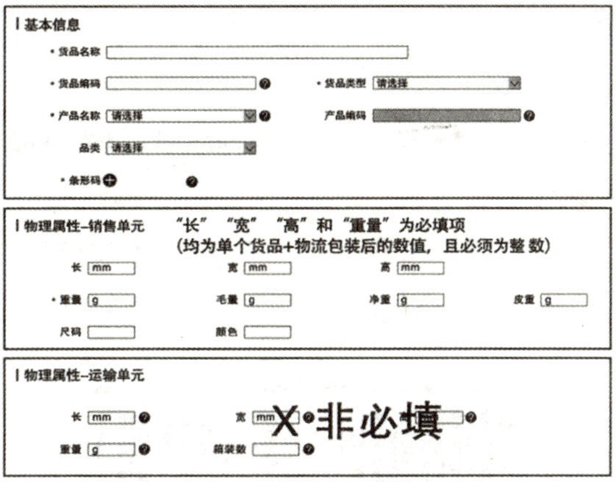

图 7-16　填写商品信息

（3）货品名称。填写便于管理的名称即可。

（4）货品编码（货品 ID）。建议和商家在全球速卖通前台的产品表述部分的商品编码相同，便于管理。

（5）货品类型。选择普通货品即可。

（6）条形码。可与货品编码填写一致，或自定义。

（7）通过【批量导入】或【创建货品】操作成功后，商家将在【货品管理】页面看到新生成的货品。

（三）填写货品通关信息

这里填写的货品信息用于国际物流运输时向海关进行展示。在【货品管理】中找到货品点击【编辑】，进入货品信息编辑页面，下拉到底端，点击【保存 & 海外仓备案】，填写货品通关信息，如图 7-17 所示。

如果同一个货品想备货至多个海外仓，可以进入商家工作台—【操作中心】—【关务管理】—【货品通关信息查询】—输入货品编码—点击【查看查看编辑】—在其他申报要素处点击【修改】—【新增目的国】，如图 7-18 所示。

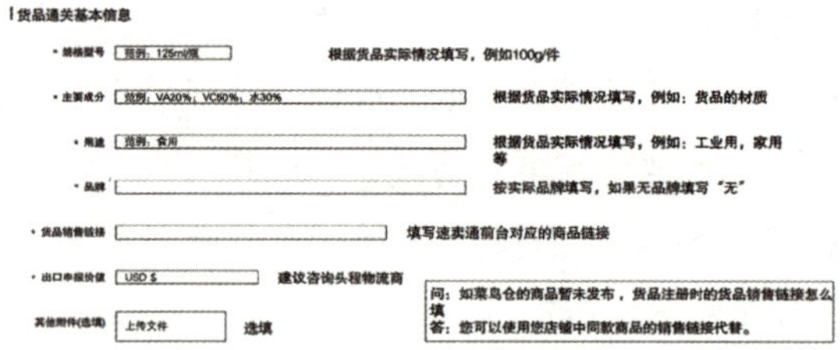

图 7-17　填写商品信息

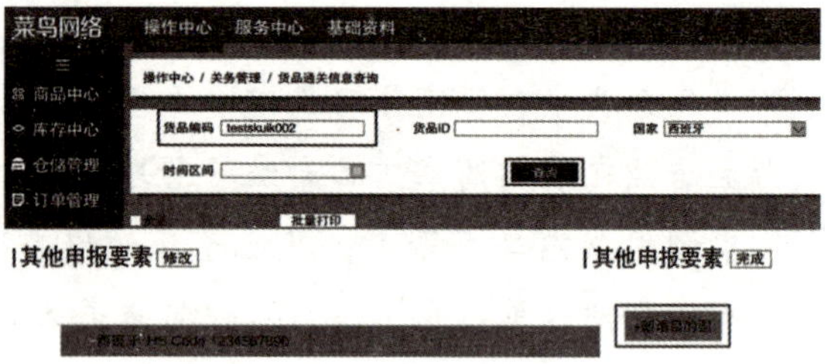

图 7-18　新增目的国

（四）打印货品标签

为货品贴上条形码，需要用热敏纸来打印，标签尺寸官方建议是 75 mm × 25 mm。每个货品上都需要贴上货品标签，便于仓库进行分拣及入库，请务必正确粘贴货品标签，条形码标签示例如图 7-19 所示。

（五）货品包装

为将要发送至海外仓的货品打包，货品备货到海外仓商家需要事先为每件货物自备物流包装。

（1）禁止透明包装、有颜色图片包装，甚至无包装的货品。

（2）货品物流包装要封好口，如图 7-20 所示。

图 7-19　条形码示例

图 7-20　货品包装要封口

（3）根据货品特性，做好包装内的货品保护。

（4）易碎品，如灯具、玻璃制品、电子屏幕等，需要有适当的填充材料进行防护，如图 7-21 所示。

（a）

（b）

图 7–21 填充保护

（5）货品包装不能太小，不能小于 15 cm × 10 cm，否则面单无法粘贴或者粘贴后无法扫描，导致产生尾程派送额外费用。

（六）粘贴货品标签

（1）为了保证货物能正确分拣，每个包裹和单品上都应有唯一的条码。

（2）打印后请检查标签信息的完整性和清晰度，请确保可以被扫描枪识别。

（3）在贴 SKU 条码时，将条码贴到最大面的边角处。

（七）创建头程单

商家填写完头程单，才能进行之后的发货操作，箱唛也需要填写完相应的头程单信息后，才能生成并打印。

操作路径【操作中心】—【头程管理】—【头程单创建】，填写头程单所需的基本信息、揽收信息和箱单信息，点击【提交】完成头程单创建，如图 7–22 所示。

1. 填写发货基本信息

目的国：按已获得权限的具体仓库选择，比如：EDA 波兰一仓（波兰）/4PX 西班牙一仓（西班牙）（选填）。如果商家已在头程物流商处获得订单后可填写，反之可以不填写。

报关类型：按需选择。

运输方式：按需选择。

提货类型：目前只支持揽收类型，如果揽收地址不在揽收范围内可线下联系物流商。

预计入库时间：可根据头程商反馈填写预计到仓日期，以便仓库协调入库上架资源。

运输渠道：选择 Other（若线下实际头程商为 4PX，此处也请选择 Other，以便头程单信息可顺利下发各仓）。

发货基本信息填写界面如图 7–23 所示。

2. 创建箱单信息

选择【手工创建】，点击新增箱号，箱号名称会自动生成，其他选项需依次填写。长宽高必须为整数，重量限制不超过 30 kg。

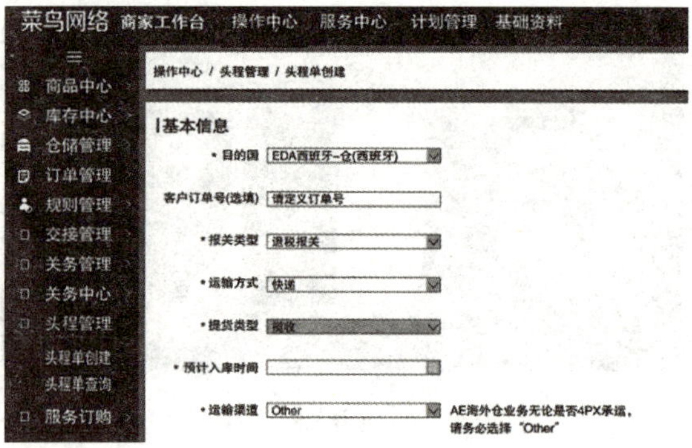

图 7–22　头程单创建

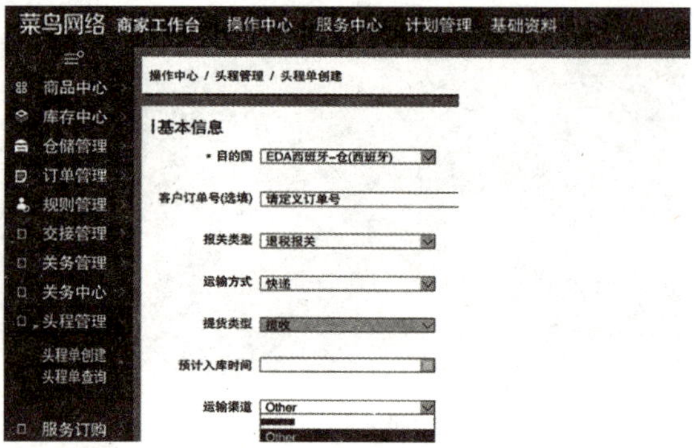

图 7–23　填写发货基本信息

3. 打印箱单信息

头程单提交后，需要打印箱唛并贴在发货的箱上。

操作路径：【操作中心】—【头程管理】—【头程单查询】，通过头程管理单、客户订单号来查询到需要打印箱唛的头程单，点击【查看详情】，点击【打印标签】或者勾选需要打印的项目进行【批量打印标签】。用 A4 纸或 150 mm × 100 mm 热敏纸打印，并正确粘贴在箱子上。

（八）货品装箱

将贴好条码的单个货品装入外包装箱。

（1）选择坚固、不易变形的纸箱（体积变化将会导致头程运费增加，且可能无法保证产品在国际长途运输中的安全）。

（2）请尽量保证一箱一个 SKU，全球速卖通原则上只允许尾箱混装 SKU，一箱最多允许装 5 个 SKU。

（3）在装箱时当多 SKU 混装一个箱时必须做好货物的分类包装，同一 SKU 的产品用塑料袋或纸盒做分类包装，否则一箱一个 SKU，不接受混装。

（4）单个箱子重量不得超过 30 kg。

（5）封箱胶带不得遮盖住箱唛信息，造成无法辨识。

（6）海运柜不允许散装，须打好托盘。

（九）贴箱唛

箱唛最好贴在箱子侧面的左上角，以便码托盘时能够看到箱唛。对于易损品、特殊物品，还可以粘贴易碎、向上等标识。箱唛标识示例如图 7–24 所示。

（a）　（b）　（c）　（d）

图 7–24　箱唛标识示例

知识拓展

箱唛

瓦楞纸箱上印刷的说明所装产品名称，数量及瓦楞纸箱尺寸等的图案和文字，一般标明客户、指运港、箱号、数量、原产地等。亚马逊 FBA 里叫作货件标签。

三、海外仓商品发货设置

等货品到达海外仓并上架后，就可以在系统中设置海外仓物流模板，配置海外仓发货地和物流方式。此外还需要将海外仓货品与系统里创建的商品进行关联。这里以英国仓为例进行操作说明。

（一）设置物流运费模板

在物流模板中勾选发货地为英国，选择合适的物流方式，如图 7-25 所示。商家可以自定运费及承诺给买家配送到的时间，建议参考物流配送承诺时效合理设置限时达，如本地发货建议配置 10 个自然日。如商家没有订购海外仓服务是无法使用海外仓服务的，请先申请开通菜鸟海外仓使用权限。

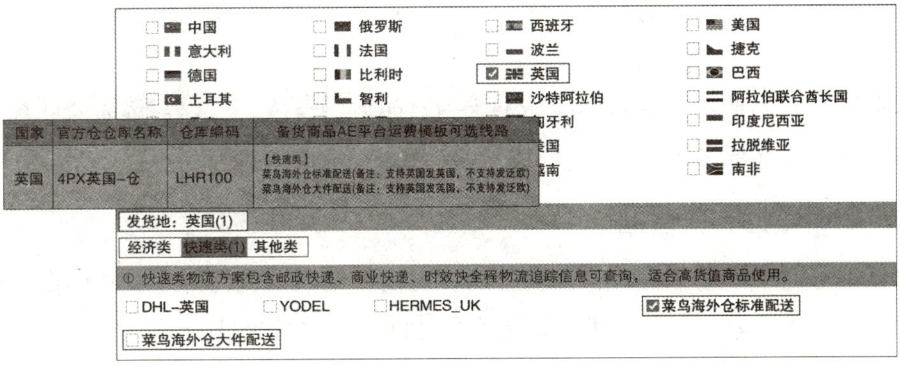

图 7-25　设置发货地与物流方式

（二）绑定货品与商品

货品是备货至海外仓的货物，商品是全球速卖通后台创建发布的商品 listing。店铺商品产生的订单要想由海外仓自动发货，就需让商品和货品建立起联结，即绑定操作。

提示：由于种种原因，全球速卖通后台系统中同一个概念在不同界面经常会看到不同的说法，如商品编号、商品 ID、货品编码、货品 ID、店铺 SKUID、商家编码等。

商品编号 = 商家编码，商品 ID= 店铺 SKUID，货品 ID= 货品编码。

商品 ID 等同于亚马逊的亚马逊标准识别号（Amazon standard identification number，ASIN），它们都是在创建商品时由系统自动分配的；货品 ID 等同于亚马逊仓库使用的 FNSKU（亚马逊条形码），不同的是全球速卖通的货品 ID 可以由卖家自定义，而亚马逊的 FNSKU 依然由系统自动分配。

全球速卖通允许卖家先建立货品 ID 并备货至海外仓，再来创建商品 ID，最后将商品 ID 和货品 ID 建立绑定；而亚马逊则必须先创建商品 ASIN，之后才允许将 ASIN 备货至亚马逊物流运营中心。

（三）同步商品信息

商品 ID 和货品 ID 的绑定需要在“菜鸟商家工作台”中进行。全球速卖通目前店铺新发布或重新编辑发布商品可自动同步至【菜鸟商家工作台】。如果卖家发现店铺中的商品在菜鸟商家工作台中找不到，就需要手动同步之后再进行绑定关联。

手动同步的方法是在【交易】—【菜鸟商家工作台】—【操作中心】—【商品中心】—【店铺商品管理】—【下载店铺商品】。根据店铺及店铺商品 ID 进行同步（“店铺商品 ID”可支持多 ID 批量查询，每个商品 ID 间请用“，”（英文字符）隔开）；输入信息后，该商品下所有 SKU 均会被同步至【菜鸟商家工作台】。

（四）商品与货品绑定

1. 手动输入匹配

在【菜鸟商家工作台】—【操作中心】—【商品中心】—【店铺商品管理】—【匹配】—输入在菜鸟商家工作台注册的货品名称和货品编码—【确定】完成绑定。

2. 自动匹配

如果商家在全球速卖通前台的商品编码与货品编码一致，可以勾选需要匹配的商品，点击【自动匹配】完成绑定。

四、海外仓订单管理

在确认账号完成所有入驻和订购流程后，对需要使用菜鸟海外仓发货的商品设置正确的运费模板后，如无异常，全球速卖通端的交易订单通过风控且处于“等待您发货”状态，就会自动流转到菜鸟商家工作台进行“菜鸟海外仓发货”。

（一）海外仓订单状态

买家在全球速卖通下单成功后自动流转到仓库（风控过后流转），自动发货。在 BMS【操作中心】—【订单管理】—【交易订单】，根据交易单号、买家名称、国际运单号、付款时间进行查询自己通过菜鸟发货的交易订单。

商家也可以根据物流订单的状态进行交易订单的筛选（选择“海外仓发货”后，仅展示海外仓订单的状态）。

注意：若遇到买家申请取消交易订单，请务必先至 BMS 操作物流订单取消 / 拦截，系统不会自动同步取消信息至 BMS。

1. 待客服处理

（1）库存不足，优先检查库存，占用库存订单的使用。

（2）订单中收件人邮编格式错误。

（3）发货信息为空，进入菜鸟商家工作台—点击“基础资料”导航栏下“自有资料”中的“店铺信息”，完善“发货信息”。

（4）订单内商品价格为空或为0，联系买家重新下单，保证订单内每个商品的金额至少为\$0.01。

2. 问题订单

商品与货品的绑定出现问题，优先检查商品与货品的绑定关系。

3. 仓库拒单

优先检查是否超过寄送限制，以及是否不在派送范围内。仓库拒单会占用库存，如果确定不发货请对订单进行取消操作来释放库存。

4. 拦截订单

仅在订单状态显示“仓库已接单”且仓库未完成拣货前（物流详情中未出现 Picking finished 或 Product sorting is complete）可操作拦截，注意事项如下。

（1）如果订单在拣货完成轨迹完成前拦截失败，请发起“其他—其他问题”咨询工单。

（2）如果订单已拣货完成，可发起“sop 类目—菜鸟—AE—AE 仓发—AE—海外仓—AE 海外仓尾程派送（国际）—AE 海外仓尾程派送—尾程开查”问题类型的咨询工单要求帮忙拦截，但不能保证拦截成功。所以，卖家可同时让买家配合，对包裹进行拒收。

注意：法国邮政不提供拦截服务，如果订单已拣货完成，卖家可请买家配合，对包裹进行拒收（订单产生的对应物流费用会正常被收取）。

5. 待下发仓库

订单超过 5 min 处于待下发仓库状态，通过咨询工单联系菜鸟客服处理。

6. 已发货

订单只有在“已发货”状态下（物流信息中出现出库轨迹“Leave the warehouse”或“Shipped from warehouse”），才会自动在前台填写发货通知。

7. 已揽收

已揽收是指包裹出库，已到达配送的分拣中心。

8. 派送失败

派送失败主要是买家原因导致派送失败，如果后期派送成功会更新到“已签收”的状态。

（二）海外仓库存管理

如果商家想要查询一个货品在菜鸟的所有库存，可以进入 BMS【操作中心】—【库存中心】—【货品库存查询】。同时也可使用【导出】功能进行数据导出示。

上图中的占用数量，一种是仓库已接单，订单占用库存，订单已发货后，占用数量会扣除；另一种情况是仓库已拒单，也会占用库存，检查已拒单的订单，如确定不发货，请您尽快点击取消（操作路径：BMS【操作中心】—【订单管理】—【交易订单】—【仓库拒单】—【取消】—【确定】完后占用数量会释放）。

如果商家想要查询某仓库下的货品的每天的进销存账务，操作路径：BMS【操作中心】—【库存中心】—【进销存台账】—基于 SKU 维度，同时也可使用【导出】功能进行数据导出。

如果商家想要查询某仓库下的货品的每天的出入库流水，操作路径：【操作中心】—【库存中心】—【出入库流水台账】—基于单据维度（可查看某段时间的出库数据），同时也可使用【导出】功能进行数据导出。

五、海外仓账单管理

可以通过菜鸟财务结算平台进行单据查询、账单对账、账单下载、发票管理等功能。登录全球速卖通后台，点击【交易】—【物流中心】—【菜鸟财务结算平台】，如图 7-26 所示，也可以在菜鸟商家工作台右上角下拉框处点击【金掌柜】进入。

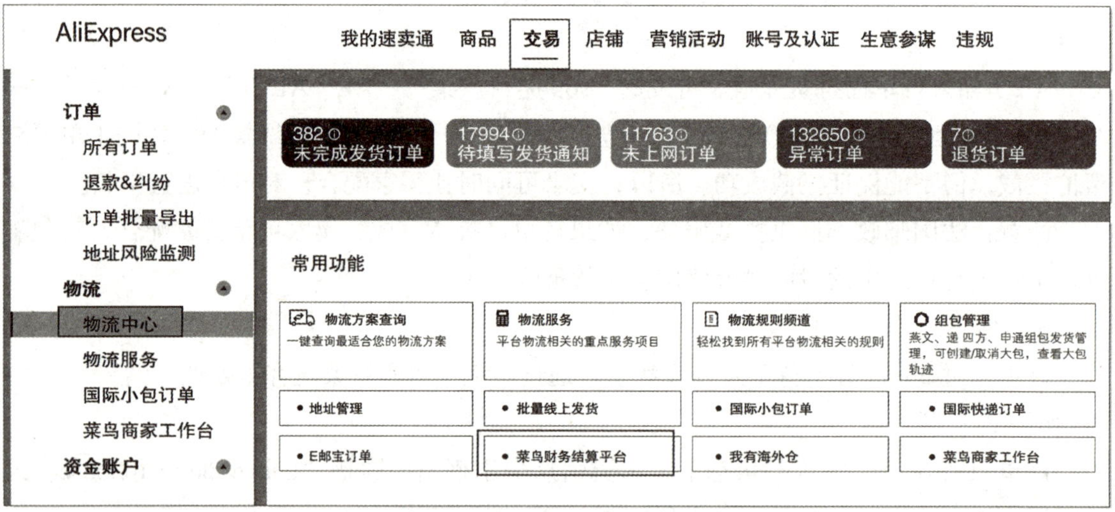

图 7-26 菜鸟财务结算平台

六、海外仓承诺达

海外仓“承诺达”是全球速卖通为使用第三方商家仓商家（非菜鸟官方仓）提供的 × 日达权益升级服务。该服务针对满足快速配送时效的三方商家仓商家，提供 × 日达商品透标权益承诺订购服务，助力商家提升店铺动销。

简单来说，全球速卖通以前仅针对使用菜鸟官方仓的商品在前台商品页面标识上“5-Day Delivery”“7-Day Delivery”或“10-Day Delivery”，现在针对使用第三方商家仓或自建海外仓的商家，也可以通过开通“承诺达”服务，实现前台商品页面打标的目的，如图 7-27 所示。

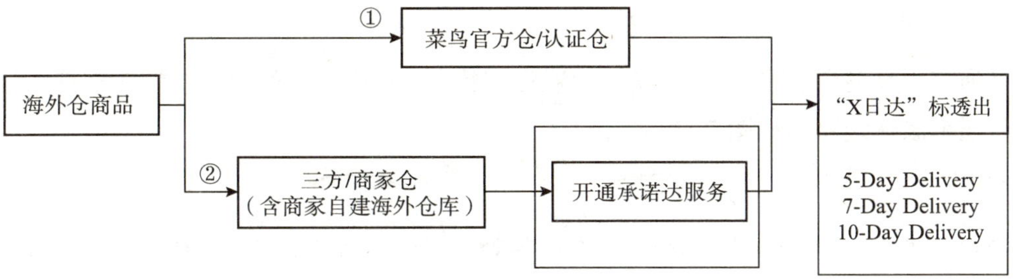

图 7–27　实现“× 日达”标识的途径

（一）承诺达的要求

（1）目前仅针对在西班牙或法国或波兰有海外发货权限的商家可以加入。

（2）签订商家承诺达服务协议。

（3）开通使用全球速卖通可查询物流详情的物流服务商，如图 7–28 所示。

海外仓国家	服务商	AE线路CODE（ERP）	中文名称（运费模板）	目的国	表达时效
西班牙	西班牙邮政	CORREOSEXPRESS	西班牙邮政快递	西班牙	5日达
	SEUR	SEUR	SEUR	西班牙	5日达
	MRW	MRW	MRW	西班牙	5日达
	GLS	GLS_ES	西班牙GLS派送	法国	7日达
				波兰	7日达
	UPS	UPS_ES	西班牙UPS派送	西班牙	5日达
				法国	7日达
法国	Colissimo	COLISSIMO_fr	Colissimo	法国	5日达
	Chronopost	CHRONOPOST_FR	Chronopost	法国	5日达
	GLS	GLS_FR	法国GLS派送	法国	5日达
				西班牙	7日达
				波兰	7日达
波兰	InPost	INPOST_PL	InPost	波兰	5日达
	DHL	DHL_PL	波兰DHL派送	波兰	5日达
				法国	7日达
				西班牙	7日达

图 7–28　承诺达认可的物流商和物流方式

（4）承诺达服务上标与下标规则。

上标规则如下。

① 商家启用承诺达线路后，单一线路近 30 天的数据达到 30 单，且达成率≥ 85%，30 天以内的任意一天满足上标条件即可上标，如 30 天以内不满足考核标准，商家需重新申请，按照上述标准重新考核。

② 商家启用承诺达线路后，历史单一线路订单量达到 100 单，且达成率≥ 85%，次日上标。

下标规则如下。

① 虚假发货、成交不卖一经发现立刻下标。

② 已上标的情况下，考核一个周期内的某一个或某几个指标，考核不通过则会下标。

③ 下标后，再次申请上标请参考上标规则。

（二）开通“承诺达”方法

开通“承诺达”需要四个步骤，配置运费模板—声明发货 ERP 配置—签订承诺达协议—开通承诺达线路，如图 7–29 所示。

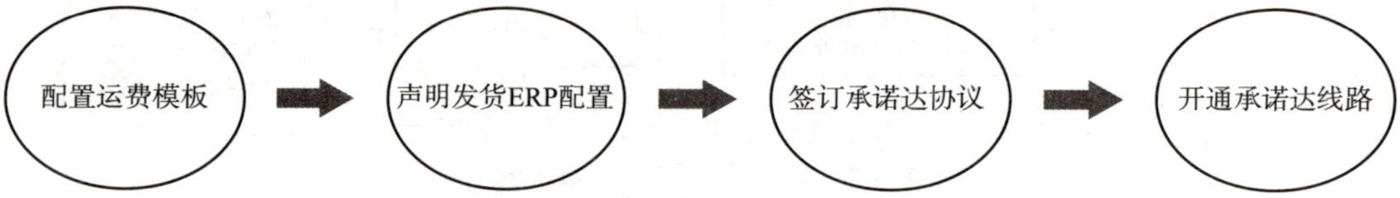

图 7–29 “承诺达”开通步骤

七、海外仓其他问题

问题 1：海外仓服务规范有哪些？

答：海外仓服务规范有检查商品设置，准确设置发货地，不得虚假设置。若商品只使用了英国海外仓，需要发往英国和德国，则只能设置发货地英国，不得设置发货地德国。

及时更新海外仓库存，避免超卖缺货。若偶尔出现超卖缺货，建议卖家和买家提前沟通，并选择快递物流发货，保证货物尽快送达。平台会综合考核卖家的虚假海外发货比例和物流时效，并根据虚假海外发货比例以及对买家体验造成恶劣影响的程度来决定是否进行处罚。

买家付款后尽快发货并优先选择可跟踪的物流方式。填写发货通知时需要准确选择物流方式并填写真实有效的运单号，物流方式选错将会导致物流信息不可追踪。例如通过 USPS 发货的订单，若选择的物流方式为 other–US，将会导致物流不可跟踪。

问题 2：海外仓报名中提到的海外通关证明是指什么？

答：报名海外仓时提到的海外通关证明，指的是卖家提交的相关清关材料比如报关单、缴税证明等。

问题 3：我的海外仓商品为什么没有打“× 日达”标？

答：只有海外仓商品服务达到海外仓标准了，商品才能打标。海外仓的服务标准包括备货期设置小于等于 5 天，物流纠纷率低于海外仓平均水平，且 7 天妥投率处于正常水平。

问题 4：海外本地退货仓是怎么使用的？

答：仅符合以下条件的店铺可以使用官方本地退货仓服务。

条件一：卖家服务等级考核结果及格及以上。

条件二：店铺好评率多 95% 且月交易额为 5 000 美元。

若店铺不符合以上标准，则暂时无法使用官方退货仓服务，且后台无“本地退货服务”功能选项。退货服务环节如图 7–30 所示。

服务环节	时效
从海外退货仓签收至入库	10自然日
从海外退货仓入库县卖家给出退运指令至出库	20自然日
从海外退货仓出库至香港中转仓	25自然日
从香港中转仓签收至送至卖家	35自然日

图 7-30　退货服务环节

问题 5：什么是菜鸟优选仓？菜鸟优选仓和海外仓有什么区别？

答：优选仓是全球速卖通官方直营仓库，和海外仓以及 × 日达体系贯通，会以营销专区和最优物流为核心价值持续发展成全球仓网中心，主要打造的是确定性的履约时效和客户体验。优选仓为中国广东东莞发货；海外仓为目的国当地发货。

问题 6：哪些国家可以设置为海外仓发货地？

答：卖家可设置海外发货地为美国、英国、德国、西班牙、法国、意大利、俄罗斯、澳大利亚、印尼、智利、巴西、捷克、土耳其等，实际以申请开通的海外仓国家列表为准。

越南、匈牙利、乌克兰、阿联酋、以色列、南非、尼日利亚、波兰海外仓仅开通了部分类目海外发货地功能（商品设置后台有该国家发货地就说明已经开通），未开放海外发货地设置功能的类目，卖家申请了海外仓发货地设置权限也暂时不能设置；

海外发货地设置功能仅向通过审核的卖家开放，需要先确保平台已经有海外仓的国家且类目也开通了海外发货地（商品设置后台有该国家发货地就说明已经开通）之后再备货到海外，到卖家后台“我有海外仓”提交审核资料，通过审核后设置海外发货地和物流模板。

任务四　第三方海外仓选择

任务描述

第三方海外仓是指独立于电子商务平台，由专业物流服务商运营的海外仓储服务。这些服务商通常提供仓储、配送、退货处理等一系列服务，帮助卖家高效管理海外库存。某跨境电子商务卖家（以下简称“卖家”）希望通过了解第三方海外仓的选择流程，制定相应的海外仓策略，以提升物流效率和市场竞争力。

任务分析

随着跨境电子商务的快速发展，越来越多的卖家选择使用第三方海外仓来提升物流效率和降低运营成本。通过了解和分析第三方海外仓的选择流程，卖家能够制定相应的海外仓策略，提升物流效率和市场竞争力，满足不断变化的市场需求。

知识积累

第三方海外仓是跨境电子商务平台官方仓之外的重要补充。尽管官方仓通常对卖家有政策支持，例如提升商品曝光量，售后问题无需卖家负责等。但官方仓通常会有种种限制，提供的服务相对也较少，因此卖家往往都是官方仓结合第三方海外仓进行海外备货。

一、使用第三方海外仓的原因

（一）品类限制少

亚马逊 FBA 对商品的尺寸、重量、类别有一定程度的限制，所以选品偏向于体积小、利润好、质量好的产品；第三方海外仓让卖家选品范围更广一些，体积大、重量大的产品更适合第三方海外仓备货，例如跑步机、平衡车等。通常能进入亚马逊 FBA 仓的产品必定能进入第三方海外仓，但能进入第三方海外仓的产品不一定能进入亚马逊 FBA 仓。

（二）仓储容量限制少

跨境电子商务平台对卖家使用海外仓库存的总容量或总数量会进行限制，一方面是因为跨境电子商务平台的仓库总容量有限，为了公平照顾到每个卖家，让大家都有机会使用官方海外仓服务；另一方面跨境电子商务平台主要收入并不依赖仓储费，而是销售佣金和广告等，因此平台非常不希望仓库内大量的商品都是滞销品，他们会通过制定各种绩效政策和收费标准来约束卖家的备货行为，从而提升仓库利用率和商品流转率。

而第三方海外仓主要收入是仓储费和服务费，无论仓库内的商品是否滞销对服务商来说影响不大。卖家如果销售的是有明显淡旺季的商品，如圣诞节用品时，选择先备货至第三方海外仓，再逐步移仓至官方海外仓的做法往往是最优策略。因为这样既可以满足跨境平台的各种绩效要求，又能避免旺季高昂的物流费用，也能缩短备货时长避免缺货。

（三）头程服务好

部分第三方海外仓服务商会给卖家提供头程清关服务，甚至还会有包含代缴税金、派送到仓的一条龙服务；而官方仓通常都不会解决物流头程清关服务。

（四）货物存放风险低

将货物放在海外仓存在一定的安全风险。如在亚马逊销售的产品出了问题，账号被封，那 FBA 的货品也就不能继续销售，需要弃置或移除，过程非常麻烦。如果是将货品存放在第三方海外仓库的话，这个风险相对会低很多。

（五）仓储成本低

总体来说使用海外仓的成本都不低。但相较之下，使用官方仓比使用第三方海外仓的成本更高。如果卖家海外备货量非常大，销售渠道又不局限于某一个跨境电子商务平台的话，使用第三方海外仓更为合适。

（六）提供服务多

跨境平台官方仓主要是为平台销售服务，对卖家服务相对比较单一。第三方海外仓可以提供退货换标、FBA 补仓、一件代发、仓储中转等服务，且与卖家沟通起来更加便捷、高效。

二、选择第三方海外仓的标准

（一）货物安全

货物一旦出国则不在卖家的掌控之下，对卖家来说选择海外仓一定要选择规模大、安全性高、有保障的，最好与服务商签订协议，否则出了事损失惨重。建议卖家挑选海外仓时优先选择与中国保险公司有合作的或者承保的服务商，这样能为自己的货物加上一份保障。同时也建议卖家将自己的货物分多家海外仓服务商存放，分摊风险。

货物使用海外仓也会出现一些问题，如头程丢失、失火、浸水、海关抽检、仓库丢货、派送丢件等问题，靠谱的海外仓服务商会给予一定赔偿。

（二）规模和效率

选择海外仓一定要选择高标准、高要求的高架立体海外仓，切莫选择脏乱差的小仓。如果海外仓服务商在仓库建设上没有高投入，不想长期经营只是想赚快钱而已，那样的海外仓服务商肯定是靠不住的。在仓储效率方面则一定要选择日处理能力在万票货件以上的服务商，否则在旺季期间很容易因为服务商效率问题影响到销售。

（三）有完善的信息系统

海外仓实际上是一个全方位的服务提供商。对于海外仓来说，信息系统是否成熟、顺畅、高效、可靠是衡量海外仓综合实力的重要标准。卖家还需要注意海外仓服务商使用的仓储管理系统是否能够与自己使用的 ERP 或跨境电子商务平台对接，是否会需要手动操作从而增加工作量等问题。一些新的服务商虽然能够支持特定的服务需求，但很多采用离线订单。这就要求卖家填写 EXCEL 表格下订单，通过微信或电子邮件跟进进度，这样非常低效且容易出错。

（四）当地清关和派送能力

值得信赖的第三方海外仓绝对是一家知道如何在物流源头控制风险的公司。当货物在国外海关遇到各种问题时，好的第三方仓能有专人出面协助清关或者代缴关税。此外，第三方仓在当地合作的本土物流服务商的多少，物流线路的多少，价格的高低往往也能代表第三方仓的实力。

（五）仓库布局

规模较大的第三方海外仓服务商通常会在一个国家租用或新建多个仓储，例如在美国的美西、美中、美东分别设立仓库，便于卖家有选择性地配置海外货品，也能覆盖到更广的终端市场。而小服务商不具备四处设仓的实力，租用的仓库少，货物堆放安排不合理，不仅不能为卖家销售提供助力，反而成为销售瓶颈。

（六）头程运输能力

规模较大的第三方海外仓服务商可以提供头程运输到海外仓储的全程服务。头程运输对跨境卖家来说是非常重要的一个环节，相比于自己找物流公司，海外仓提供的运输服务相对是比较安全且省心的，因为从运输到入仓，都由海外仓操作，可控性是比较高的。

（七）服务质量

卖家在选择第三方海外仓服务商时，还需注意是否有专门的销售人员和客服人员对接卖家。在服务过程中能够随时响应卖家需求，及时沟通解决问题也是挑选服务商的重要依据。

三、第三方海外仓服务商介绍

下面介绍一些经营时间长、规模比较大的第三方海外仓服务商供大家参考。

（一）谷仓海外仓

深圳易可达科技有限公司（品牌名称为谷仓海外仓，简称谷仓），隶属于纵腾集团旗下品牌，公司于 2015 年 12 月 12 日在深圳创办，总部位于深圳市龙岗区坂田街道创汇国际中心。

谷仓业务覆盖全球 30 多个国家，在美国、英国、德国、捷克、法国、意大利、西班牙、澳大利亚、日本、加拿大等发达国家建成了 80 余个订单处理中心，如图 7–31 所示。目前海外仓面积超 1 200 000 m^2，是中国率先跨越百万级的海外仓企业。

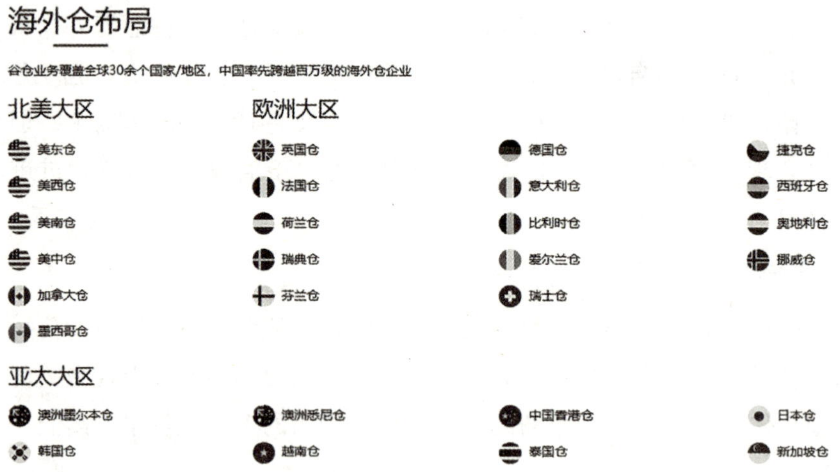

图 7–31　谷仓海外仓布局

（二）递四方速递有限公司

深圳市递四方速递有限公司成立于 2004 年，定位全球跨境电子商务供应链综合服务提供商。公司成立 19 年以来，专注跨境电子商务物流一个领域深耕发展，以 IT 技术和大数据为核心驱动力，通过全球仓配网络和末端交付网络，用创新可靠的物流供应链服务赢得广大跨境电子商务卖家的信赖，已经发展成为跨境电子商务物流领域的龙头企业，公司在全球共拥有约 7 000 名员工，超过 100 家分支机构，服务全球约 100 万家跨境电子商务商户与超过 2 亿跨境电子商务终端用户。

2010 年，公司获得新加坡邮政的投资，成为新加坡邮政全球物流战略合作伙伴。2016 年，公司获得阿里巴巴集团旗下菜鸟网络的亿级战略投资，成为阿里巴巴买全球卖全球战略的重要合作伙伴与物流服务提供商；2018 年，公司获得阿里巴巴集团的新一轮投资，公司也是至今为止阿里巴巴集团唯一投资的一家跨境电子商务物流企业。

海外仓布局也是递四方一大亮点。递四方持续加大“新基建”的投入，构建新发展格局，畅通国内国际双循环。目前，递四方已在全球铺设海外仓 50 余个，面积 1 200 000 m^2，覆盖美国、加拿大、澳大利亚、日本、英国、德国、西班牙、捷克等 18 个主流国家；已经建成 43 个国内分公司和分拨服务网点，全国 50 多万平米办公和作业场地面积，通过四通八达的国内网络，提升递四方履约时效、提高服务品质，助力中国品牌展翅全球。

知识拓展

递四方戴彬：具有成本优势的企业具有更强生命力

2023 年 5 月 6 日，2023 首届广州白云国际物流产业峰会在广州白云国际会议中心落幕。本次峰会以“物流新丝路，产业通全球”为主题，汇集了来自政府机构、行业专家、国内外知名企业、商协会、国内外知名媒体及产业链上下游企业近千名嘉宾参会。递四方副总裁兼综合业务部总经理戴彬应邀参加论坛并接受运联传媒的专访，他表示，未来跨境物流行业集中度将会不断提升，那些管理越规范、具有规模优势和成本优势的企业具有更强的生命力。

（三）出口易

出口易是广州市贝法易信息科技有限公司（简称贝法易）旗下，以全球仓储为核心，整合全球渠道资源，为跨境电子商务卖家提供海外仓储、FBA 服务、国际专线等跨境物流服务以及本地化售前售后服务，解决订单管理、本地发货、售后服务等难题，打造最值得信赖的跨境电子商务全程货运解决方案提供商。

截至 2022 年底，出口易已在美国、德国、法国、波兰、意大利、澳大利亚、加拿大七大主流外贸市场设置海外自营仓储运营中心；在广州、深圳、东莞、上海、义乌、郑州等国内九个城市设有处理中心；自主开通中美、中英、中德、中法、中澳等多条国际专线服务，服务覆盖全球；是 Amazon、eBay、Walmart、Alibaba、Aliexpress、Shopify、Newegg、Allegro 等众多跨境电子商务平台重点推荐的物流服务供应商。

（四）万邑通信息科技有限公司

万邑通（上海）信息科技有限公司，2012 年在上海注册成立，英文品牌取义“赢在 IT”，中文品牌“万邑通”取意“万邑通商”（邑：城市之意）。定位为中立开放的跨境电子商务产业支持平台，万邑通为全球客户提供领先的跨境售后物流服务体系，基于供应链管理，通过互联网实现，有效降低库存、提高库存周转率和资金回报率，为跨境电子商务提供端到端的全面、透明稳定、合法合规、成本优化、基于客户体验的整体供应链解决方案。

目前主要业务板块包括物流平台、金融平台以及数据信息平台，在全球设立了七个直营仓库，服务网络遍布中国、澳洲、美国、欧洲等主要跨境贸易市场。

项目评价

课堂表现评价

评价内容：跨境物流的基础知识与海外仓的技能操作。

评价规则：将全班同学分成若干小组来组织教学，每个小组需要设计队名，每次课在黑板上画出表 7–9。每次课都有评价，只要本组同学回答正确，就给全组加分，每组同一个人不能连续回答问题，必须换人回答才能给本组加分，如果回答错误，其他小组可以回答；小组讨论表现最好的（一组）和较好的（两组）加分；当堂课小组全勤的加分；每项分值由教师指定，每次课堂结束后由学习委员在分数记录册上进行记录，最终形成该小组分数，如表 7–9 所示。

表 7-9　课堂表现评价表

小组	回答或解决问题	小组讨论表现	小组全勤	合计
小组一				
小组二				
小组三				
小组四				
小组五				
小组六				
小组七				
小组八				
小组九				
小组十				

项目学习成果评价

评价规则：项目学习成果评价汇总表分数将作为学生项目学习成果得分，如表 7–10 所示。每个小组完成项目学习的可视化学习成果将会存档。

表 7-10　项目学习成果评价汇总表

小组	任务一	任务二	任务三	任务四	课堂表现	总评
小组一						
小组二						
小组三						
小组四						
小组五						
小组六						
小组七						
小组八						
小组九						
小组十						

项目小结

本项目首先介绍了跨境电子商务海外仓基础知识；其次介绍了亚马逊 FBA 操作方法；再次介绍了全球速卖通海外仓相关知识；最后介绍了第三方海外仓选择方法。通过本项目的学习，读者不仅深化了对跨境电子商务海外仓管理的认识和实际操作能力，还培养了团队合作和资源整合的能力。读者能够在未来的工作中灵活运用所学知识，高效管理海外仓库存，为跨境电子商务的全球供应链管理做出贡献。

巩固与训练

思考练习

1．简述海外仓的优缺点。

2．亚马逊 FBA 操作流程有哪些？

3．简述使用第三方海外仓的原因。

拓展训练

假设卖家小蔡有 3 个商品，商品发货地见下表，她需要设置多少个运费模板？为什么？

商品	发货地
A	中国
B	美国
C	中国 & 美国

第三方海外仓服务商中，除了文中介绍的谷仓海外仓、递四方、出口易和万邑通外，请自行搜索资料，介绍一个实力强劲的第三方海外服务商。

项目八

跨境电子商务进口物流管理

项目导读

跨境电子商务综试区是中国设立的跨境电子商务综合性质的先行先试的城市区域，旨在跨境电子商务交易、支付、物流、通关、退税、结汇等环节的技术标准、业务流程、监管模式和信息化建设等方面先行先试，通过制度创新、管理创新、服务创新和协同发展，破解跨境电子商务发展中的深层次矛盾和体制性难题，打造跨境电子商务完整的产业链和生态链，逐步形成一套适应和引领全球跨境电子商务发展的管理制度和规则，为推动中国跨境电子商务健康发展提供可复制、可推广的经验。本项目主要介绍跨境电子商务进口物流管理方面的知识。

学习目标

◎知识目标

◆了解跨境电子商务进口的运输方式和途径。

◆熟悉不同跨境电子商务进口物流模式的特点和适用环境。

◆熟悉跨境进口供应链的构成，了解跨境进口供应链管理的作用和策略。

◆了解跨境进口物流通关便利化改革的基本情况和相关操作。

◆了解行邮税的概况。

◎能力目标

◆能够根据具体情况灵活选择合适的跨境电子商务进口物流模式。

◆掌握行邮税的计算方法。

◎素质目标

◆培养学生热爱学习、勤于思考的习惯，能够准确理解跨境进口物流的相关政策。

◆提升学生网络信息搜集能力，能够在网上快速准确搜索出有关跨境进口物流的新知识。

思政目标

◆帮助学生理解进口物流对国家经济安全和供应链稳定的重要性，增强维护国家经济利益的意识。

◆引导学生分析进口物流中可能面临的挑战，培养其解决实际问题的能力和灵活应变的能力。

案例导入

菜鸟与联合国世界粮食计划署达成战略合作

罗马当地时间 2023 年 3 月 28 日，菜鸟与联合国世界粮食计划署（World Food Programme，WFP）在罗马签署了全球物流合作协议。双方将在全球人道主义紧急行动和提升供应链能力等领域开展为期 3 年的战略合作。这也是中国物流公司首次成为世界粮食计划署的全球物流合作伙伴。

世界粮食计划署是世界上最大的人道主义援助机构，在紧急情况下拯救生命，向受冲突、灾难和气候变化影响的人们提供粮食援助，帮助他们搭建一条通往和平、稳定和繁荣的道路。每天，世界粮食计划署有 5 600 辆卡车、30 艘船只和 100 架飞机向最有需要的人们提供拯救生命的粮食和其他援助。

菜鸟将发挥全球物流网络优势，帮助世界粮食计划署在紧急事件中缩短应急响应时间，并提升其全球供应链的效率，将援助物资更加高效地送达给更多有需要的人。

菜鸟 CEO 万霖表示，双方的战略合作意味着中国物流企业开始积极参与全球人道主义援助。而全球化则是菜鸟的核心战略之一，服务已覆盖全球 200 多个国家和地区，并正在加速海外本地物流能力建设。

世界粮食计划署供应链与应急管理部门副执行干事拉米罗·洛佩斯·达席尔瓦（Ramiro Lopes da Silva）表示：“我们很高兴能够与菜鸟达成合作，通过物流服务与供应链管理加强能力建设，扩大人道主义援助规模。菜鸟拥有丰富的专业经验和技术知识，能够帮助我们增强供应链韧性。这将为环境带来积极影响，并进一步支持我们为脆弱社区提供援助。”（图 8–1）

图 8–1　签署协议

近年来，菜鸟已不断将物流能力投入到中国和全球重大应急救援中。自全球疫情以来，菜鸟累计向全球 150 多个国家和地区运送了超 3 亿件医疗和生活物资。此外在土耳其与叙利亚地震期间，菜鸟也开放自有仓储和运输资源帮助转运人道救援物资。

接下来，菜鸟将通过覆盖全球的15个大型分拣中心、欧洲和东南亚的物流枢纽以及在巴西、北美和中东等地布局的物流能力，为全球各地的人道主义与紧急援助提供支持。

任务一　跨境电子商务进口物流模式

任务描述

跨境电子商务进口物流模式是指通过电子商务平台将国外商品进口到国内并配送给消费者的物流过程。不同的物流模式有不同的优缺点，选择合适的物流模式对于提高消费者体验、降低运营成本和提升竞争力至关重要。某跨境电子商务卖家（以下简称“卖家”）希望通过了解跨境电子商务进口物流模式，制定相应的物流策略，以提升物流效率和市场竞争力。

任务分析

随着全球市场的不断融合和消费者对海外商品需求的增加，跨境电子商务进口物流模式变得越来越重要。通过了解和分析跨境电子商务进口物流模式，卖家能够制定相应的物流策略，提升物流效率和市场竞争力，满足不断变化的市场需求。

知识积累

一、跨境电子商务进口电子商务的运输方式和途径

在传统的B2B模式下，海运依旧是大宗商品运输的首选。B2C和C2C模式下的散货、高价值商品以及对时效要求较高的商品，则以空运为主。随着中欧班列以及其他跨境铁路的大规模使用，越来越多的跨境电子商务产品也通过铁路运输。

目前，跨境电子商务进口在B2C和C2C模式下，主要通过国际邮政系统和国际快递物流向C端寄送物品。但是国际邮政系统物流慢、投递时间长，很多时候需要20～30天才能送达并且容易丢件，因此该模式适用于纺织品、日用品等体积小、重量轻、时效性要求不高的商品。

我国消费者多选择使用国际快递物流。以亚马逊跨境电子商务进口业务中的海外购为例，有三种不同的配送方式供用户选择：标准配送的配送时长平均为9～15个工作日，加快配送的配送时长平均为5～9个工作日，特快配送的配送时长平均为3～5个工作日。配送方都是三大国际商业快递，通过空运将商品运送到我国，再清关，最后送到消费者手里。时效越高，运费也越高，因此适合体积小、重量轻、价值高的物品。

此种物流模式由配送方报关，若消费者和配送方信息沟通不及时，容易延迟配送，影响配送效率。由于国际快递是海外直邮，电子商务平台的发货较保税区发货要慢，部分电子商务平台的发货时间是下单后 10 天左右，但这种物流模式在很大程度上丰富了电子商务平台的商品种类。

二、我国跨境电子商务进口物流模式

由于涉及多国、多段、多种交易模式、多种运输方式、多种物流途径，跨境电子商务进口的物流比较复杂，主要可以分为转运模式、国际直邮模式、保税进口模式，如图 8–2 所示。此外，还有近些年兴起的海外仓直邮模式。

（一）转运模式

转运模式，即转运公司提供一个境外当地的仓库地址给买家，买家在电子商务平台下单时，在收货人处填写的是转运公司仓库的收件人和地址。转运公司收到货物后称重，买家支付运费，商品就可以转运回境内。由于大部分境外海淘网站不支持直邮，货物会由转运公司集中运送至境内，报关后拆分包裹发送给各个消费者。转运模式需要平台与转运公司合作，买家注册会员方能转运，对非合作商户限制颇多。

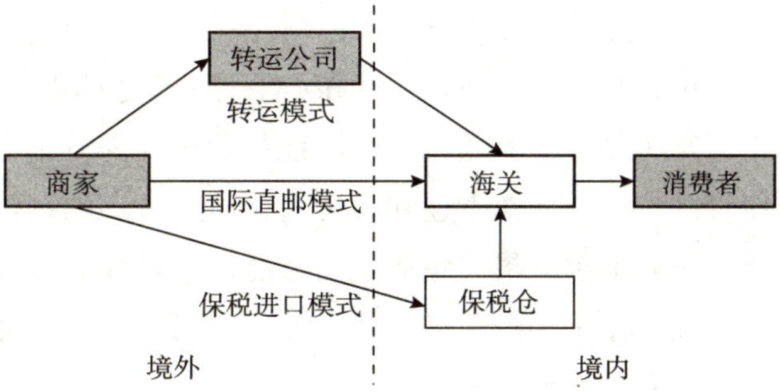

图 8–2　跨境电子商务进口物流模式

转运模式是目前海外购物的主流运输模式，但存在诸多不便。消费者需要在网上搜索转运公司，且转运公司的灰色清关会导致消费者税负不确定。对于希望便捷且合法的主流消费者，转运模式过于复杂且存在法律风险。虽然转运模式相对于直邮模式运费较低，但是转运模式需要货物达到一定规模之后才会统一转运，周期很长，用户体验感较差。其流程如图 8–3 所示。

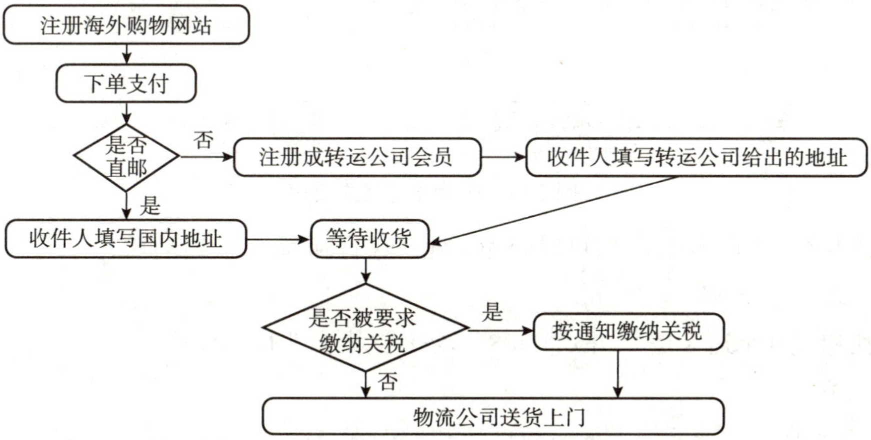

图 8–3　转运模式流程

转运模式主要分为转运公司参与寄递、报关企业参与寄递两种。

1. 转运公司参与寄递

转运公司参与寄递的原因主要有两个：境外不提供直邮服务、直邮费用过高。转运公司作为中介，为消费者在境外签收货物，再将货物发回国内。转运公司的主要运作模式如下：选取合适的地点租用房间做仓库；建立网站，搭建 IT 系统，为每个注册用户分配一个唯一的名字，用来收取和管理货物；签约合适的货运公司发货回国。转运公司的收益主要来源于两方面：①通过揽收再寄递货物，赚取中间差价；②提供货物的增值管理。转运公司一般按照重量收费，有若干线路回国，如天津口岸、重庆口岸、上海口岸、广州口岸，还有港澳线（港澳线最贵，主要是基于避税考虑）。

2. 报关企业参与寄递

报关并不是寄递企业的核心业务，但却是跨境电子商务进口中最复杂的环节之一，对整个寄送服务的时效性、可达性和费用等都有影响。报关企业参与寄递，本质上是两国合作直邮中快递合作寄递和转运公司参与寄递的延伸，这两种模式下的报关环节一般由专业报关企业承担。报关企业参与寄递，在寄递服务方面并没有独特之处，实质就是转运公司将货物运输至国内后，交给报关企业完成余下流程。

（二）国际直邮模式

国际直邮模式是国内消费者下单后，货物直接空运到中国，由中国邮政或国外快递公司进行清关，然后交付消费者。特点是能够满足海淘客户的需求，合法快捷；货量小但价值高；运输周期 10 天左右；大部分商品是食品、美容化妆品等重量轻、体积小、价值高的产品。相比转运模式，直邮模式操作简单，货物丢失、损坏、被盗的风险相对较低，更不用担心快递公司跑路。然而，目前，直邮商品大多由国际快递公司运送，虽然送货时间快，但运费很高。支持跨境直邮服务的海外购物网站也很少。国际直邮模式流程如图 8-4 所示。

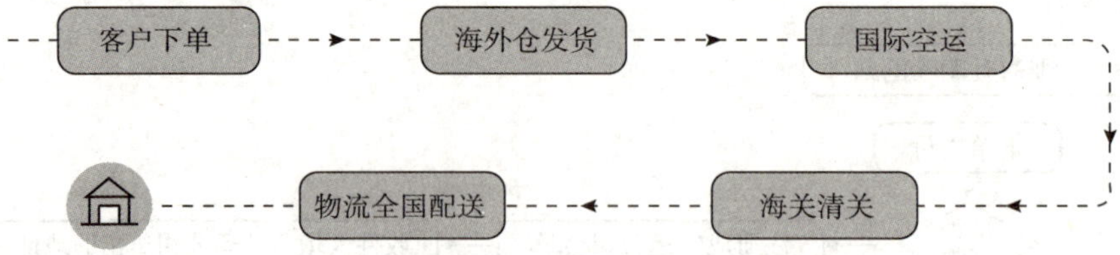

图 8-4　国际直邮模式流程

按照参与企业的不同，一般可以分为商业快递直邮和两国合作直邮。

1. 商业快递直邮

商业快递直邮承运人是 FedEx、UPS、DHL 三大商业快递公司。

优势如下。

① 安全性高。全球网络下的时效性快和配送环节的安全性高是三大商业快递公司的

核心竞争力。在商业快递直邮模式下，从国外到国内全程由三大商业快递公司自行配送，保证服务质量。

② 清关速度快。报关时，三大商业快递公司往往自行报关，并与海关实现数据对接，属于清关速度最快的快件系统。

劣势：在包裹的跨境运输上并没有明显的价格优势。

2. 两国合作直邮

两国合作直邮模式根据承运人性质的不同，又能细分为通过万国邮联渠道（Universal Postal Union，UPU）和两国快递公司合作运输渠道。通过万国邮联渠道，国内外的承运人必须都是万国邮联的成员，在我国，国外承运人包括美国邮政、英国皇家邮政等，国内承运人为 EMS。两国快递公司合作类似于 UPU 框架，但区别在于两国的快递企业不受万国邮联公约的约束，重视价格和时效性，往往是邮政或信誉良好的快递企业。

优势：万国邮联走邮政清关途径，批量报关，缩短了清关时间，包裹的抽检率也要低于其他方式。

劣势：物流时效性不高。

（三）保税进口模式

在保税进口模式下，商家通过大数据分析，得出未来一段时间内该地区的热销产品；企业完成备案和通关手续，电子商务货物批量入境，进入保税区；网上订单产生后，在保税区内打包并且申报清关，清关完成后由境内物流企业完成最终配送。一方面，保税进口模式节省了商家的物流和人力成本，物流速度几乎和国内电子商务物流相同；另一方面，通过保税模式进入仓库的货物，在税收和检验检疫环节更有优势。

保税进口模式是两段物流，一段是国际段，另一段是境内段。跨境电子商务网站在商品被售出之前将货物整批发至境内保税物流中心，在境内保税仓（区）拆分、检验、备案、清关、分拣、打包、储存。消费者在电子商务平台下单付款后，电子商务平台将相应生成的订单、支付单、物流单等数据发送到海关系统进行申报。海关放行后，保税仓（区）根据订单将商品打包并由境内快递送达收件人。售出一件清关一件，没卖掉的商品不能出保税中心，但也无须报关，卖不掉的可直接退回，但不允许即买即取（部分试点区域除外）和买家转手再次进行销售。其流程如图 8-5 所示。

保税进口模式有以下好处。首先，规模运输的方式有利于降低运输成本，相比其他跨境电子商务进口物流模式，在物流配送成本上具有很大的优势。其次，海外供应商根据市场走向，提前将可能的热销品备货至保税仓（区），保税仓（区）系统与海关和商检等部门对接。因此，订单产生后能够及时清关，消费者收货速度快，一般在下单 2 ～ 3 天后就可以收到货品，物流体验基本等同于国内购物。最后，在保税进口模式下，买家退货有保障，可以将货物退到境内保税仓（区）或购物平台，避免了直接从海外购物退货无门的困境。

对于订单量较大的大型电子商务企业而言，保税进口模式是开拓海外市场的首选。但是对于消费者来说，保税进口模式商品种类较为单一，只能保证消费者购买到当下较热门的一些产品。另外，大量海外产品涌入国内市场也会对本土产品的消费市场造成冲击。

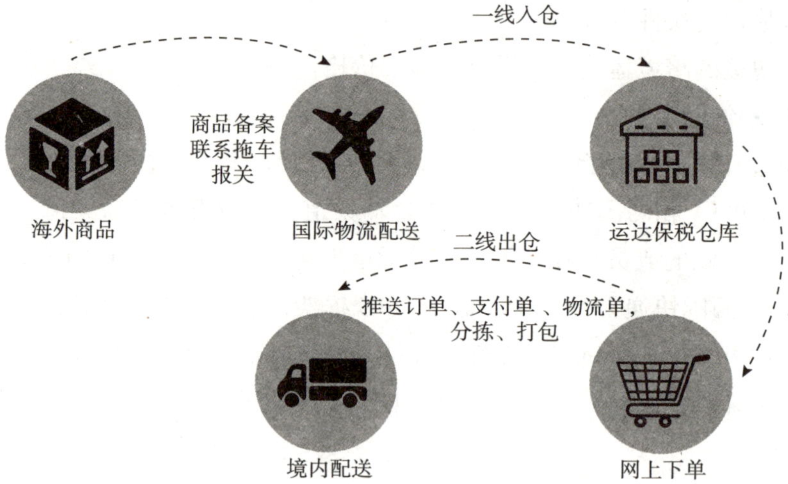

图 8-5　保税进口模式流程

（四）海外仓直邮模式

近些年，海外仓直邮的跨境电子商务进口物流模式逐渐兴起，是典型的单一的跨境物流模式。海外仓直邮是指将货物集中存放在海外卖家的仓库，当国内消费者下单后通过物流直接清关寄送到消费者手里，或者将货物先寄送到国内保税仓（区），清关后再进行国内配送。这种模式的主要特点是货物从海外仓库寄出后，中途基本不需要再次分包、转运或长时间储存。从形式上看，有点类似保税进口模式，但是在下单顺序和清关方式上与其有较为明显的区别。保税进口模式先入境，消费者下单后才清关；海外仓直邮模式在消费者下单后开始递送，在入境时才清关。

知识拓展

国际物流运费设置技巧

1. 关注产品体积重量，选择合适的物流方式

一般来说，UPS、DHL、FedEx 在计算运费的时候会选择产品包装后实重和体积重中较重者，而平台支持的 EMS 直达国家只计算产品包装后的实重，无须考虑产品的体积重。

2. 注重设置物流折扣，让商品更有吸引力

在小单外贸在线交易过程中，运费对于买家来说是一个非常重要的交易成本。买家在选择产品的时候，除了关注产品的价格，也非常关注产品的运费。运费是影响买家购买决策的重要因素。卖家只有能提供一定的物流优惠给买家，才能让自己的产品

有竞争优势，从而获得买家的青睐。运费折扣过低或者没有运费折扣，是非常不利于卖家成单的。

3. 防范运费价格波动，合理设置运费优惠率

一方面，基本上每个月末、月初各大快递运输方式的燃油附加费都会调整；另一方面，各货代给予的折扣报价也会经常调整，而且没有固定的时间点。所以，平台一般会建议卖家设置的物流折扣比货代要低一些，同时注意和货代保持顺畅沟通，以及时调整运费设置。

4. 推荐自定义运费，设置对热门国家发货

对于新卖家，平台建议在设置运费类型的时候，选择只对买家比较集中的欧美发达国家发货。首先，平台上绝大部分买家主要也是来自欧美等发达国家；其次，偏远地区的国家运费会比较贵，有可能会造成卖家产生运费损失；再次，像 EMS 这种运费比较优惠的物流方式，可能无法保证货物能够顺利送达比较偏远的国家；最后，欧美发达国家的物流运费基本上差不多，对欧美发达国家发货，也比较适合设置免运费，从而提高卖家的产品竞争力。

任务二　跨境进口供应链

任务描述

随着全球贸易的发展和消费者对海外商品需求的增加，跨境进口供应链的效率和复杂性变得越来越重要。有效的供应链管理可以显著降低成本、提高效率和增强市场竞争力。某跨境电子商务企业（以下简称“企业”）希望通过优化跨境进口供应链，提高供应链效率和市场竞争力。

任务分析

跨境进口供应链是指从国外供应商获取商品，经过一系列的物流、仓储、分销和销售环节，最终将商品交付给国内消费者的供应链体系。通过优化跨境进口供应链，企业可以提高供应链效率和市场竞争力，满足不断变化的市场需求。

知识积累

跨境进口供应链由多个环节组成，这些环节相互关联，任何一个环节的问题都可能影响到整个供应链的运作。因此，建立一个高效、稳定的跨境进口供应链是企业成功开展跨境进口业务的关键。

一、跨境进口供应链概述

跨境进口供应链

跨境进口供应链是指专业服务于商品跨境进口销售的供应链体系，商品的设计、生产、物流、仓储、分发等供应环节的工作都由供应链完成，可以使销售方专注于销售运营，大大降低了销售方的成本和风险。

跨境进口供应链是专门为进口零售商家服务的。进口贸易利润丰厚，但涉及环节复杂、流程冗长、成本高昂、风险因素多。大进口商有自己的供应链体系和供应链控制能力，一般来说不需要第三方提供全程的供应链服务，但是这种服务对于中小卖家来说就显得尤为重要。如果能集成国外供应商，物流、仓储、合规、检疫、关务等服务商，形成一个自适应、自平衡、自生长、自演进的供应链生态，中小卖家在这里能找到所有需要的进口商品供应链服务，那么只要它自身具有商品零售能力，就完全可以参与进口商品销售。

跨境进口供应链总体上可以分为采购、物流、销售三个过程，如图 8-6 所示。

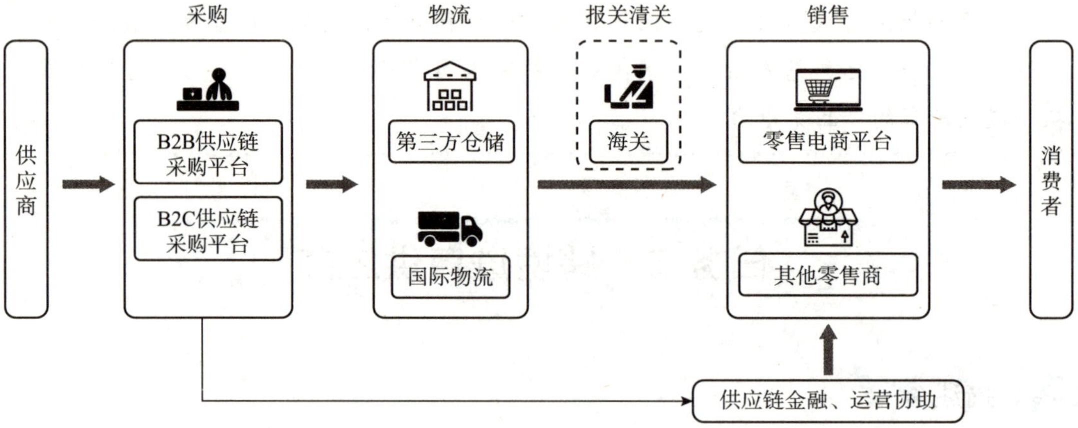

图 8-6　跨境进口供应链流程

（一）采购

采购主要包括品牌授权代理、从经销商处自采、散买集货、代理采购、OEM 模式下的采购和分销平台采购几种模式。

1. 品牌授权代理

品牌授权代理已成为跨境电子商务供应链上避免假货的一个重要手段。例如，美妆产品的渠道和货源问题一直是行业的隐忧，没有授权，即便直采直邮，暴利之下仍屡现以次充好现象。力争获得品牌商或大型国际零售商的授权，通过直采减少中间的流通环节，可以获得较低的采购价格，定价优势大；有厂商品牌背书，货源质量和稳定性有保证。跨境供应链两端巨大的信息差已经开始转为透明，跨境进口零售电子商务和国外品牌供应商直接对话的机会正在增多。

2. 从经销商处自采

由于跨境进口电子商务初期的采购量较小，厂家通常不会直接与其合作，而是把产品委托给下一级批发商。海外品牌经销（代理）优先保证本国的市场供应，在有余货的条件下才会分拨货物给跨境进口电子商务。这种方式相对于厂商直供，通常定价偏高，有时还会遭遇厂商不承认货物正品资质的问题，同时，难以保证货物供应，容易导致卖方市场的出现，从而在价格和货源稳定性上对跨境进口电子商务形成冲击，增加采购垫资。

3. 散买集货

一般的代理没有能力与国际品牌商直接合作，在拿不到代理权限和上级渠道时，只能从销售链末端入手，从国外小批发商或零售商手中买货。这种方式增加了采购成本，拉长了采购周期，品质上也没有绝对的保障，但可以解决一部分产品的供给问题。海外商超扫货是比较直接的采购形式，但国内普通消费者也只能拿到零售价，甚至还要加中介费，没有价格优势，而且爆款容易断货、限购，品质及供应也无法保证，有一定法律风险。在缺口较大或有临时性采购需要时，企业才会采用该类方式。

4. 代理采购

代理采购俗称跨境进口供应链 B2B 供货，采购主体以上市公司、国际物流和贸易商转型为主。这些企业资金雄厚，批量采购货物，在保税仓（区）分销给 B2B 各家电子商务。它们在早期传统贸易中，熟悉了贸易规则和国外渠道或货源，积累了足够的经验。首先，积累上游资源，从品牌、规模、成本、效率等方面严格把控，完成代理谈判、采购计划、快速补单、规模集采、订单履行等。其次，获取代理权限，成为国外二、三线品牌分销商，降低了建立品牌知名度和分销网络的成本。最后，完成物流运输，打通从国外到国内终端的资料备案、报关检疫、打包代发、物流仓储、配送等所有环节，满足单品小批量发货，降低下游库存，供应方式可选择境外自提、FOB、CIF 等。

5. OEM 模式下的采购

原始设备制造商（original equipment manufacture，OEM）模式又称“代工生产”，是一种委托他人生产的生产方式。在传统的 OEM 模式中，品牌生产者不直接生产商品，而是利用自己掌握的核心技术设计和开发商品，控制销售渠道，将具体的加工任务通过合同订购的方式委托生产同类商品的其他厂商生产，之后将所订商品低价买断，并直接贴上自己的品牌商标。承接加工任务的制造商被称为 OEM 厂商。目前很多 OEM 厂商转型升级为跨境电子商务企业，自主设计商品，创建自主品牌，在价格上拥有更多的主动权。

6. 分销平台采购

分销平台采购是中小型电子商务企业采用的，在分销平台获得零库存、零成本的供应链支持，将跨境贸易的风险降到最低的采购模式。由于境外采购、入驻保税区门槛较高，规模较小的电子商务企业因自身渠道、资源等的限制，难以开展跨境电子商务业务。而分销平台采购在跨境电子商务的环境下，打破了时间、地域的限制，依托互联网建立销售渠道，不仅能满足中小型跨境电子商务企业追逐行业红利的需求，还能扩大分销渠道、丰富商品形态、对接境外市场。分销平台结构如图 8–7 所示。

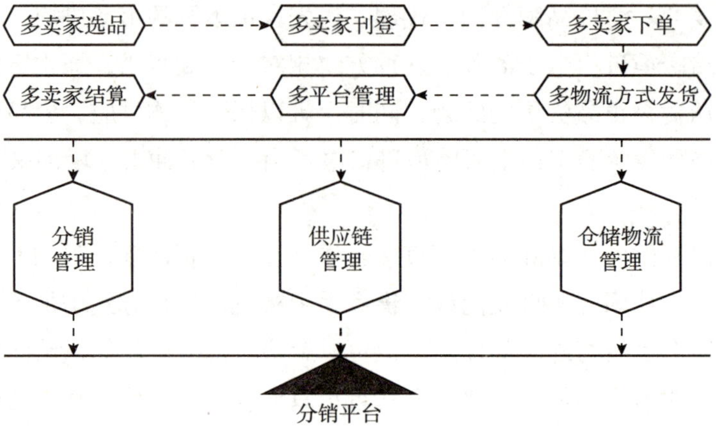

图 8–7　分销平台结构

（二）物流

不同的企业因为产品和服务的不同，在选择物流方面也存在差异。

卖家应该为买家所购买的货物做全方位的考虑，包括运费、安全性、运送速度、是否有关税等，根据买家所处的国家（地区）和社会环境选择合适的物流模式。卖家也可以把选择权交给买家，只需要在物品描述中表明所支持的运输方式，再确定一种默认的运输方式，如果买家有特殊需要可以联系卖家。

卖家应在满足物流安全性和速度的情况下，尽量为买家选择运费低廉的服务。在跨境物流方面，EMS 无论是服务还是时效性都比 UPS、DHL、FedEx 逊色，但价格优势非常明显。

（三）销售

跨境进口供应链中的销售与国内电子商务基本类似，一方面依托淘宝、天猫、京东等各大电子商务平台进行商品的展示与销售，另一方面微商等个人卖家采取国际直邮模式进行销售。

二、跨境进口供应链管理的作用

供应链是围绕核心企业，通过对信息流、物资流、资金流的控制，采购原材料，制成中间产品以及最终产品，最后由销售网络把产品送到消费者手中的，将供应商、制造商、分销商、零售商、消费者连成一个整体的精益管理功能网链结构。供应链不仅是连接供应商到用户的物资链、信息链、资金链，还是一条增值链。物料在供应链上因加工、包装、运输等过程而增加价值，给相关企业带来收益。

（一）降低库存量

供应链管理可以有效减少成员之间的重复操作，消除流程中的冗余步骤。此外，通过建立公共电子数据交换系统，不仅可以消除信息交换不充分造成的信息扭曲，还可以使供应链参与企业实现全流程无缝作业，大大提高工作效率，减少差错。

很多企业长期存在库存的不确定性，因此必须利用一定的人力物力来应对这种不确定性。这种不确定性存在于物流过程中，也存在于信息流过程中。供应链管理通过对组织内部业务流程的重组，实现物料的顺畅、信息的共享，从而有效消除不确定性，减少各个环节的库存量，并减少人工的消耗。

（二）为决策人员提供服务

为决策人员提供服务主要表现在以下几个方面：分析供应链中的不确定因素，确定库存，制订订货计划，优化投资；评估并选择最有利的方案；评估不同供应链运作方案对库存和服务政策的影响，通过协调提高整体效率。

（三）改善企业之间的关系

供应链管理使企业之间的竞争转变为供应链之间的竞争，强调核心企业通过与上下游企业建立战略合作伙伴关系，让每一个企业都发挥出自己的优势，达到“共赢”的目的。这一竞争方式将会改变企业的组织结构、管理机制、企业文化以及企业与企业之间的关系。

（四）提高服务质量，刺激消费需求

供应链通过企业内外部之间的协调与合作，大大缩短了产品的生命周期，把适销对路的产品及时送到消费者手中。供应链管理还使物流服务系列化，在储存、运输、流通、加工等服务的基础上，新增了市场调查与预测、配送、物流咨询、教育培训等项目。快速、优质的服务可以塑造企业良好的形象，提高消费者的满意度，提高产品的市场占有份额。

（五）实现供求的良好结合

供应链把供应商、生产商、销售商紧密结合在一起，并对它们进行协调、优化，从而使企业与企业之间形成和谐的关系，使产品、信息的流通渠道缩短，进而可以使消费者的需求信息沿供应链逆向迅速地、准确地反馈给销售商、生产商乃至供应商。它们可以据此作出决策，以保证供求的良好结合。

三、跨境进口供应链管理的策略

（一）需求和供给的协同战略

在制订供应链计划时，无论是使用通用平台还是专业供应链计划平台，都有可能为了应对跨境市场变化而调整计划。比如，跨境市场的变化会导致市场需求减少，产品价格下降，供应链上下游企业的利润受损，因此需要及时进行协调，使供应链上游厂家减少供给，维持市场平衡，保证利润率。高效的协同系统不仅可以在市场变化时保证供应链上下游企业的利润，还可以提高整个供应链企业的竞争力，在跨境电子商务市场赢得一席之地。

（二）集成战略

跨境进口供应链相对于国内供应链而言，涉及的企业众多、环节众多，导致供应链过长。

从整个跨境进口供应链的角度来看，外包工厂的可视化水平低、库存高、客户响应度低都是企业面临的问题。因此，企业必须通过标准化的供应链协作来降低风险，提高可视性和敏捷性，并及时进行规划仿真分析、能力协作和物料拉动，以实现供应链集成的目标。集成战略将整个供应链置于一个管理系统之下，主要体现在以下几个方面。

（1）仓储可视化管理：产品的库存、库位清晰可见，提高仓储的效率和库存准确性。

（2）制造车间精益化管理：制造过程全程可控，生产用料配比准确，生产产品合格。通过对制造车间实施透明化高效有序管理，提高产品生产效率。

（3）运输管理执行高效：通过物流和分销的同步，减少运输花费，节省运输时间。

需求供给快速同步、卓越执行、可视化与协同化、可持续发展等都是供应链集成的努力方向，只有实现应用平台的信息整合、流程整合，才能够帮助企业供应链实现优化，才有可能提高供应链上下游企业的竞争力。

（三）绿色战略

随着绿色意识的觉醒，各国消费者对“绿色产品”的需求量急剧增加。跨境电子商务涉及不同的国家（地区），各国（地区）对产品的检验检疫标准也不尽相同，以往为了追求低成本而选择不符合绿色产品标准的供应商的做法已经不再适合现在的跨境电子商务市场。

供应链在设计之初就要奠定整体的“绿色基调”，从供应链上游的供应商入手，严格把关，选择产品符合标准的企业，在产品包装时也要考虑各国（地区）对包装的要求，选择合适的包装方法。跨境进口供应链的绿色战略可以帮助相关企业赢得社会关注度，也符合我国可持续发展战略的要求，帮助企业承担社会责任，提高在整个供应链上的竞争力。

任务三　跨境进口通关便利化

任务描述

随着全球贸易的不断发展，跨境进口业务日益增多，如何提高跨境进口通关的便利性成为政府和企业共同关注的问题。某跨境电子商务企业（以下简称“企业”）希望通过优化跨境进口通关流程，提高通关效率和市场竞争力。

任务分析

通关便利化不仅可以加快商品的流通速度，降低企业的运营成本，还能提升国际贸易的竞争力。因此，推进跨境进口通关便利化对于促进贸易发展具有重要意义。通过优化跨境进口通关流程，企业可以提高通关效率和市场竞争力，满足不断变化的市场需求。

知识积累

跨境电子商务物流市场规模巨大但尚处于粗放时代，存在价格贵、速度慢、后期追踪难、便利性差等难题，以及关税、清关等政策性问题。而进口通关更是跨境电子商务中的一大难点，每个国家都是对进口贸易要求更严，导致进口通关远比出口通关复杂。

一、我国进口通关便利化改革

《海关全面深化业务改革2020框架方案》已经全面实施。该方案紧扣重要战略机遇新内涵，坚持底线思维、提高风险防控能力，推进“政治建关、改革强关、依法把关、科技兴关，从严治关”，以“统一执法、分类施策、精准监管、协同高效”为原则，在全国通关一体化框架下，持续推进重点领域和关键环节改革，从2020年开始，建立高效便捷的申报制度、协同优化的风险管理制度、衔接有序的监管作业制度、统一规范的通关制度、自由便利的特定区域监管制度，形成符合新职能需要的监管制度体系。

本次改革在“两轮驱动”当中健全了“双随机、一公开”的监管手段，一定程度上提升了海关监管的透明度。改革后，通过大数据分析和专家研判，可实现对风险目标的精准锁定，意味着海关对企业风险监控的手段更为精准，对企业的申报准确性和自身风险监控能力提出了更高要求。以推进通关便利化为最终目的，实行“两步申报”，一方面加快了货物口岸流转时间，货物可快速提离，另一方面也避免了企业一次性全口径申报引发的申报差错。未来企业可自行选择“两步申报”或“一次申报，分布处置”模式，提升企业适应度和选择上的灵活自主性。实行“两轮驱动”，构建随机抽查与精准布控协同分工、优势互补的风险统一防控机制，减少高信用、低风险企业被海关抽查的比例。实行“两段准入”，以口岸放行为界，在卡口前实施“准许入境”监管，在卡口后实施“合格入市”监管，使涉及商品检验类的货物更快提离，提高企业通关效率，降低仓储成本。完善主动披露的认定、处置等程序和要求，在一定程度上解决了前置条件太多导致企业不敢主动披露、不知是否该主动披露的困惑，保证了企业的“守法容错”红利。

二、进口查验方式

海关的基本职能包括税收征管、出入境监督、进出口统计、稽查、知识产权保护、打击走私、口岸管理等，对于跨境进口电子商务而言，主要涉及进境货物的监督管理。进口货物根据商品编码确定监管条件（前提是正确归类）。如果货物要做商检，就要先报检，由商检查验；如果货物不用做商检，就直接报关，由海关查验。

商检查验是指商检人员对提供的书面材料进行审核，根据书面材料对货物的描述，来判定是否需要对货物进行场地查验。商检主要是检查质量卫生，具有一票否定权，不合格即无法入境。商检合格后出具入境通关单才能向海关申报。

海关查验是指海关人员核对实际进口货物与报关单证所报内容是否相符，有无错报、漏报、瞒报、伪报等情况，审查货物的进口是否合法，确定货物的物理性质和化学性质。进口货物，除海关总署特准免验的之外，都应接受海关查验。

海关查验流程如图 8–8 所示。

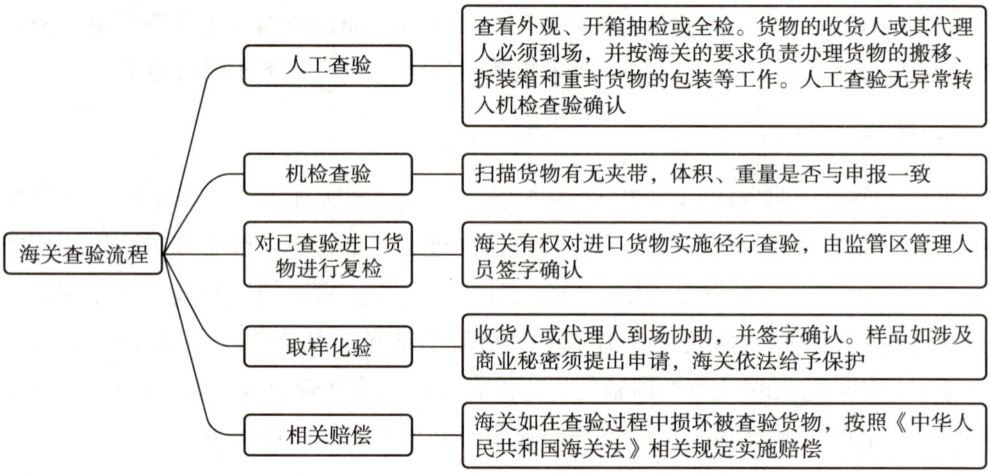

图 8–8　海关查验流程

三、进口通关模式

进口通关模式有以下几种。

（一）BC 直邮进口通关模式

BC 直邮进口通关模式主要针对跨境电子商务平台和企业，需要跨境电子商务主体向海关和商检进行企业和商品的备案，通过技术对接报送订单信息、物流信息和支付信息给海关预审。

消费者在跨境电子商务网站（平台）下单后，电子商务或申报企业通过跨境电子商务系统（涵盖备案、申报、征税、查验、放行等环节）进行申报，系统向海关推送订单、支付、物流等信息。在系统完成信息对接后，这些跨境商品会在海外仓库完成打包，并以个人包裹的形式入境。入境时会在检验检疫、海关等部门完成通关、查验、征税等环节，直至完成清关。最后通过国内快递，将跨境商品送到消费者手中。相较于保税仓（区）进口通关模式，此模式的新品入境传播速度更快。

BC 直邮包括小包裹的直邮模式和大量商品的集货模式两种模式。两者的区别在于，前者是消费者下单后，直接将国际物流包裹运输到目的国（地区），再通过通关、快递等方式交付消费者；后者是消费者下单后，不直接将商品发给消费者，而是统一存放在海外仓库，直到累积到一定数量时，包裹才被运送到目的国（地区）进行清关，再完成最终配送。

（二）CC 个人物品直邮进口通关模式

CC个人物品直邮进口通关模式主要是指个人邮寄的包裹，满足个人使用的合理范围。个人物品直邮不需要平台和商品的备案，操作相对简单。主要包括跨境电子商务包裹、海外转运商包裹、海外快递物流商包裹。

在 CC 个人物品直邮进口通关模式下，商家确认订单后，直接从海外通过国际快递将包裹邮寄给消费者。优点是具有灵活性，有交易发生时才发货，无须提前备货；缺点是与其他快件混在一起，物流清关效率低，包裹数量大的时候成本会迅速上升。这种模式适用于业务量少，偶尔有零星订单的阶段。

（三）BBC 保税仓（区）进口通关模式

BBC 保税仓（区）进口通关模式采用的是试点货物暂存模式，是指跨境电子商务卖家将准备好的货物整批发至目的国境内保税物流中心，采用跨境电子商务模式报关报检，再进行网上零售。当消费者在电子商务平台下单付款后，电子商务平台将相应生成的订单、支付单、物流单等数据并发送到海关系统，以便完成申报、征税、查验等通关手续和环节。海关放行后，保税仓（区）根据订单将商品打包并由国内快递送达消费者手中。

相较于 BC 直邮进口通关模式，BBC 保税仓（区）进口通关模式到货更快、通关效率更高，可及时响应售后服务要求，用户体验最佳。但这种模式下，如果商品放在保税仓（区）过期了，则需要在海关的监督下进行销毁，跨境电子商务平台和商家需要承担商品销毁的费用。因此这种模式适用于业务规模较大、业务量稳定的阶段，以及爆款商品、利于销售的商品。

以上就是跨境电子商务进口通关的三种模式。如果跨境电子商务企业需要快速开展跨境进口业务，可以选择适合企业发展阶段的清关模式，并且对接关务管理系统。该系统对接全国多口岸和单一窗口，支持跨境电子商务多业务模式的申报管理及外贸相关服务。

四、行邮税

行邮税是行李和邮递物品进口税的简称，是海关对入境旅客行李物品和个人邮递物品征收的进口税，是关税、进口增值税及消费税三者合一的替代税种。课税对象包括入境旅客、运输工具、服务人员携带的应税行李物品、个人邮递物品、馈赠物品及以其他方式入境的个人物品等。

行邮税的征收主要发生在跨境直邮的物流通关模式下，只针对个人物品而非大宗商品，课税对象主要为非贸易属性的进境物品，故而税率普遍低于同类大宗商品的进口税率。一旦征收行邮税就不再加征其他方面的税。

根据海关相关条例规定，对进境个人邮递物品依法征收行邮税，但应征进口税税额在人民币 50 元以下（含 50 元）的，海关予以免税；超过 50 元起征点的，全额征收税款。行邮税计算公式为

行邮税＝完税价格 × 税率

完税价格不是商品本身的价格，而是海关根据规定确定的价格；税率则根据不同商品而有所不同。物品归类和完税价格由海关总署 2012 年第 15 号公告的《入境旅客行李物品和个人邮递物品进口税税则归类表》《入境旅客行李物品和个人邮递物品完税价格表》确定；完税价格表中未列明的物品，由海关按照当时的国际市场价格估价；物品实际购买价值是完税价格表列明 2 倍及以上，或者 1/2 以下的，进境物品所有人应向海关提供销售方依法开具的真实交易的购物发票或收据，并承担相关责任。海关可以根据物品所有人提供的上述相关凭证，依法确定应税物品的完税价格。

近几年，随着电子商务的发展、网购的兴起，海外代购也日渐红火，空姐代购，游客、导游、旅行团代购，幼儿园老师代购等，代购模式花样繁多。它们的相同点是，商品都是以出入境旅客行李的名义通关进境的。根据海关总署 2010 年第 54 号《关于进境旅客所携行李物品验放标准有关事宜》，免税额度为 5 000 元。另根据财政部《口岸进境免税店管理暂行办法》，允许个人在口岸进境免税店增加一定数量的免税购物额，连同境外购物额总计不超过 8 000 元则享有进境免税优惠。

海关要求旅客随身行李的物品，以个人使用的合理数量为参考，超出这个限度的就需要办理手续并交进口税。现在很多海淘及代购大量使用邮政包裹将商品寄送回国，甚至为了降低邮费而和海外邮政公司签订代理协议，用邮件方式通关。如果进境被海关抽查到，发现超出了免征税额，就会被征收行邮税。

知识拓展

征收关税的目的

「财政关税」

财政关税以增加国家财政收入为主，通常向外国生产，国内消费需求大的产品征收，税率适中。多为发展中国家采用，对工业发达国家已经不再重要。

征收财政关税的条件如下。

（1）商品的进口需求缺乏弹性。

（2）税率不宜过高。

（3）税率高到了完全禁止进口的程度，就是禁止性关税。

「保护关税」

保护关税为保护国内经济行业、农业等而征收。

知识拓展

我国海关成功开展 AEO 线上认证观摩

2022 年 4 月 7 日，我国海关成功开展认证经营者（authorized economic operation，AEO）线上认证观摩，向哥斯达黎加海关展现我国 AEO 认证流程，推进两国 AEO 国际互认合作，如图 8–9 所示。

AEO 是世界海关组织向全球推广的旗舰项目，通过两国海关间的 AEO 互认合作，能有效促进双边经济外贸发展，从而推动全球供应链安全与便利。其中，认证观摩是 AEO 互认安排签署的必备前提和关键环节。疫情期间，在无法赴当地海关进行实地认证观摩的情况下，我国海关创新工作方式，组织开展全球首次线上认证观摩，继续推进互认合作。

图 8–9　AEO 线上认证观摩

此次认证观摩运用云平台和物联网技术实现了我国海关总署、哥斯达黎加海关以及济南海关认证现场的三方连线，实景展示了我国海关 AEO 认证实践。在传统认证观摩工作中，认证组除了要审阅查看企业文件外，还需要下厂查看企业多个重要生产、装卸等区域。本次在线认证观摩中，我国海关通过有效地组织多个场景的无缝衔接与切换，不仅在更短时间内完成对企业全方位的认证，也保证了全过程的网络稳定性与安全性。

近年来，我国海关不断推动 AEO 互认合作。截至目前，我国已与 22 个经济体 48 个国家（地区）实现 AEO 互认，互认国家（地区）数量居世界首位，AEO 制度框架得到广泛认可，为世界海关 AEO 制度发展提供了我国经验。

下一步，我国海关将进一步推动 AEO 的制度创新和技术创新，响应世界海关组织（World Customs Organization，WCO）推进数字化转型发展、推动我国海关“三智”理念落地生效。

项目评价

课堂表现评价

评价内容：跨境电子商务进口的运输方式和途径、跨境进口供应链的构成及行邮税的计算。

评价规则：将全班同学分成若干小组来组织教学，每个小组需要设计队名，每次课在黑板上画出表 8–1。每次课都有评价，只要本组同学回答正确，就给全组加分，每组同一个人不能连续回答问题，必须换人回答才能给本组加分，如果回答错误，其他小组可以回答；小组讨论表现最好的（一组）和较好的（两组）加分；当堂课小组全勤的加分；每项分值由教师指定，每次课堂结束后由学习委员在分数记录册上进行记录，最终形成该小组分数，如表 8–1 所示。

表 8-1　课堂表现评价表

小组	回答或解决问题	小组讨论表现	小组全勤	合计
小组一				
小组二				
小组三				
小组四				
小组五				
小组六				
小组七				
小组八				
小组九				
小组十				

项目学习成果评价

评价规则：项目学习成果评价汇总表分数将作为学生项目学习成果得分，如表 8–2 所示。每个小组完成项目学习的可视化学习成果将会存档。

表 8-2　项目学习成果评价汇总表

小组	任务一	任务二	任务三	课堂表现	总评
小组一					
小组二					
小组三					
小组四					
小组五					
小组六					
小组七					
小组八					
小组九					
小组十					

项目小结

本项目首先介绍了跨境电子商务进口物流模式；其次介绍了跨境进口供应链的相关知识；最后介绍了跨境进口通关便利化的相关措施。通过本项目的学习，读者不仅扩展了对跨境电子商务进口物流管理的认知和实践经验，也培养了对供应链优化和通关便利化的重视意识和应对能力。读者能够在未来的工作中灵活运用所学知识，优化进口物流管理流程，为跨境电子商务的进口业务顺利开展提供支持和保障。

巩固与训练

思考练习

1．我国跨境电子商务进口物流模式有哪几种？

2．跨境进口供应链管理应采取哪些策略？

3．进口通关模式有哪几种？

拓展训练

1．通过调查研究，找到一家供应商（可以是国内或海外），分析其在跨境进口供应链中的角色和重要性。结合供应商的真实案例，讨论如何与供应商建立长期合作关系，并解决潜在的问题和风险。

2．若北京某4S店企业从国外进口一批高级轿车，除了要缴纳进口关税外，是否还需要缴纳其他的税费？具体有哪些税费需要缴纳？

项目九

跨境电子商务出口物流管理

项目导读

物流是跨境电子商务流程中最重要的一部分，选择合适的物流方式，不仅可以节省成本，还可以极大地提升客户体验。中国出口的跨境电子商务70%的包裹是由邮政系统投递的，其中中国邮政占据50%左右。在国际电子商务中，使用国际物流是非常频繁的。目前市场上较为主流的国际商业物流主要有TNT、UPS、FedEx、DHL四大国际物流快递。商业快递的特点是自建网络可覆盖全世界，并且拥有强大的IT系统和遍及全球的本地服务，给消费者带来了很好的物流体验。专线物流能够集中大批量到某一特定国家或地区的货物，通过规模效应降低成本，是比较受欢迎的一种物流方式。本项目主要介绍跨境电子商务出口物流管理相关知识。

学习目标

◎知识目标

◆了解跨境电子商务出口物流的主要方式。

◆了解跨境电子商务物流线上发货与线下发货的主要模式与优劣势比较。

◆掌握跨境电子商务出口物流线上发货流程。

◆熟悉跨境出口供应链的结构和流程。

◎能力目标

◆能够根据不同产品和目的国（地区）情况选择合适的跨境出口电子商务物流方式。

◆能够根据不同产品和海关要求，选择合适的包装。

◆能够根据出口电子商务问题，精准定位供应链阶段。

◎素质目标

◆培养学生跨境电子商务平台商品发货操作能力。

◆提升学生高质量、安全、快捷的物流服务水准，超越客户期望，为客户创造附加值。

思政目标

◆提升学生的法律意识，确保在物流管理中合法合规，维护市场秩序。

◆引导学生认识到出口物流管理在促进国际贸易、推动经济发展和服务社会中的作用，关注物流对社会和环境的影响。

案例导入

货兜物流平台

货兜（厦门）科技有限公司（以下简称“货兜”）是一家致力于帮人们提高寄件效率的物流聚合平台，根据收货地、货物基本信息和时效性等要求给用户推荐高性价比的方案。作为国际物流聚合平台，货兜不赚取任何中间差价，只做提高发货效率的加速器。2016 年 11 月，货兜联合欧洲航空首次推出包机服务——WEA 欧洲 FBA 专线。货兜 WEA 欧洲 FBA 专线的物流路线是中国香港地区—捷克—欧洲五国（英国、德国、法国、意大利、西班牙）。通常情况下，每天提取的快件都会在当日处理完毕，并在第二天就完成目的国的清关手续。货物抵达欧洲五个目的国后，将由货兜严格筛选出来的有实力、有信誉的快递公司进行最后的投递工作，总运输时效平均为 4 ～ 7 个工作日。

货兜目前已经筛选了 100 多家优质的物流供应商入驻，整合了 10 000 多条国际物流方案，每条方案都具有自身的优势，可以发往全球 200 多个国家和地区，并且提供全国 5 000 个网点免费上门取件服务。目前业务覆盖商务快递、电子商务小包、FBA 等主要热门领域，基本上每个跨境电子商务用户都可以在上面找到适合自己的物流方案。平台支持自定义查询物流方案，可根据用户自身货物的特点，结合指定的目的地国家，在后台数据库计算后，为用户返回最适合的物流方案，这个过程不到 1 s 就可以完成。同时平台还支持批量下单、打单、付款和自动获取转单号等功能。

任务一　跨境出口物流模式的相关情况

任务描述

跨境出口物流模式的选择不仅影响商品的运输速度和成本，还会影响客户满意度和企业的品牌形象。因此，了解和选择合适的物流模式对于跨境出口企业至关重要。某跨境电子商务企业（以下简称“企业”）希望通过优化出口物流模式，提高物流效率和客户满意度。

任务分析

通过优化跨境出口物流模式，企业可以提高物流效率和客户满意度，满足不断变化的市场需求。企业可以根据本次案例的成功经验，进一步优化出口物流模式，提升整体运营效率，增强市场竞争力。同时，企业应加强信息化建设和风险管理，与合作伙伴建立良好关系，为客户提供优质的物流服务，推动跨境电子商务的健康发展。

知识积累

跨境电子商务运营中，运营和管理的能力缺一不可。运营主要是指平台选择、选品、服务设计、营销渠道、引流等活动；管理主要是指产品包装、运输、供应链设计、仓储等活动。物流管理作为管理的核心环节，首先要判断货物的属性和品类，再决定运输的模式及操作。目前来看，由于中国制造成本较为低廉，并且采取低价开拓市场的战略，大部分中国出口 B2C 类产品的客单价较低，如全球速卖通客单价仅为 10 美元，亚马逊最高的客单价才 17 美元，因而对出口物流以及其他方面的成本管理至关重要。

一、我国跨境出口物流现存的问题

（一）物流成本高、时效性差

1. 物流成本高

我国的跨境出口物流发展始终面临着基础设施不完善带来的成本增加问题。跨境电子商务运营成本由平台佣金、产品总成本、运费构成。在全球疫情背景下，国际快递价格相继上涨，邮包价格紧随其后。而跨境电子商务物流小批量、多批次的特点，对 B2C 企业提出了更高的要求，高频配送、地点分散、物流规则混乱使得物流成本难以估算。跨境电子商务货物运输过程中涉及不同国家的关税以及商检政策，并且面临基础设施不完善带来的运输难度增大、成本增加的问题，影响了跨境物流的效率。

2. 物流时效性差

受不同国家或地区基础设施水平、检验检疫政策等因素的影响，跨境货物运输无法像境内物流一样准确把握运输和配送的时间。货物损坏、偏远地区物流信息无法更新、货物丢失的现象频发。物流配送的时间从 1 ～ 2 周到 1 ～ 2 个月不等，容易产生食品安全问题和货物遗失问题。因此，大多数跨境电子商务企业会采用自建保税仓或自建物流的方式减少中间环节，提高物流配送效率。

（二）物流信息系统不健全

物流企业跨境物流信息化水平较低，物流信息更新速度慢，极大影响了物流完成效率。而且物流包裹无法跟踪，货物离开本国（地区）后没有任何的物流信息，影响了买卖双方的体验。

最近几年，跨境电子商务产业的发展带动了传统物流企业物流信息系统的不断更新。我国物流企业在信息系统建设和应用方面不断地进行探索并取得了显著成就，但依旧处于初级阶段。在信息系统建设过程中，各系统之间相互独立、没有任何联系，企业商品信息处于较低的集成水平。在信息系统的实际应用中，传统的收集、传输和处理等基础阶段仍然耗费了企业较大的精力。对于大多数企业而言，依旧无法实现利用信息系统优化自身的运营系统、提高库存管理效率。对于高级的物流供应链管理，极少有企业能够进行高级信息技术的开发。

（三）存在清关问题

近年来，经济安全问题不断增多，中国海关和检验检疫部门为了应对新矛盾，出台了一系列新政策，不断提高进出口安全检查质量，简化相关部门所需的程序。然而，跨境电子商务的快速发展仍然存在许多障碍，如货物出口手续、税收和边境货物储存等问题。许多中小型跨境电子商务公司由于无法按照海关要求获得正式的采购发票或提供报关单，因此无法享受基于 B2C 跨境电子商务出口物流模式的退税政策。跨境物流的通关障碍主要来自跨境电子商务的卖家不注意相关的监管制度和出口国政策，如未能报告货物的价值或未能及时获得相关的产品认证。

二、跨境电子商务出口物流选择

跨国电子商务出口涉及不同国境、不同的社会背景和法律条文、不同的文化以及风俗习惯，物流时间长、风险较大、情况复杂，电子商务企业难以通过自营物流解决所有物流问题。对于跨境物流的选择，卖家首先看性价比，其次才是可追溯性、时效性、安全性等因素。当然，差异化产品除外。

根据《2024 年跨境电商行业报告》，跨境电商出口物流模式主要分为两大类：国际物流模式及海外仓模式。国际物流模式仍是当前使用最多的物流方式。目前主要的国际物流方式对比如表 9-1 所示。一方面，邮政小包覆盖面广、价格低，但丢包率高。另一方面，国际快递速度快但价格昂贵。专线物流往往采用空运客舱的方式，增加运输规模，降低成本。近几年，国内快递企业加紧跨境业务布局，但目前覆盖的地区有限。FBA 发展迅速，布局全球，衍生出了专线服务。海外仓模式逐渐兴起，成为企业跨境出口的另一选择。

表 9-1　主要的国际物流方式对比

指标	邮政小包	国际快递	专线物流	国内快递企业的跨境物流业务
时效	30 天以上	7 ～ 15 天	15 ～ 30 天	2 ～ 7 天
价格	80 ～ 90 元 / kg	120 ～ 130 元 / kg	100 元 / kg	110 ～ 120 元 / kg
代表企业	中国邮政	DHL、UPS、FedEx	俄速通	顺丰、“四通一达”、EMS

续表

指标	邮政小包	国际快递	专线物流	国内快递企业的跨境物流业务
优点	价格便宜、覆盖地区广	速度快、服务优、丢包率低	成本低、速度中等	速度快
缺点	速度慢、丢包率高	价格昂贵	国内揽收范围小，覆盖地区有限	覆盖地区有限

跨境电子商务出口物流选择的几个要素：一是价格。运费直接影响产品的定价以及利润率，不是越低越好，而是要可控。重要的是，要看物流供应商是否提供了透明、合理和稳定的报价。二是时效。首先要符合买卖双方对时效的预期，在可控的成本下，时效越稳定越好。建议跨境电子商务卖家在淡季尽量多联系几家物流供应商，同时拿货测试，为旺季做准备。还要考虑物流供应商在旺季的承载能力，看看物流供应商过去对单量暴涨有没有好的应对方法和相应的赔偿机制。三是物流匹配度。产品是企业选择物流方式时的关键因素。低成本轻货适合国际小包，成本低，但重量限制为 2 kg。如果超重，应该选择国际专线或者快递，这样效率更高，也更安全。贵重商品需要依赖国际快递，时效性更强。小包裹物流方式对比情况如表 9–2 所示。

表 9-2　小包裹物流方式对比

方式	优点	缺点	价格	时效
UPS、FedEx、DHL	速度快、服务好，丢包率低，发往欧美国家十分方便	价格昂贵，资费变化大，只在货值高、时效性强的情况适用	价格高	3 ～ 7 天
中国邮政、EMS 及区域快递	速度快，费用略低于三大国际快递，EMS 在中国境内的出关能力强	缺乏经验，并非专注于跨境业务，路径有限	价格中高	5 ～ 10 天
国际 e 邮宝	速度快，费用低于 EMS，出关能力差	仅限 2 kg 以下包裹，路径少，上门取件城市有限	价格低	7 ～ 20 天
邮政小包	网络基本覆盖全球，价格便宜	无法享受退税，速度较慢，有重量尺寸限制	价格低	20 ～ 50 天
专线物流	集中运输，价格低廉，速度快于邮政小包，丢包率低	费用较高，揽收范围有限，需要卖家自己送货	价格中等	俄罗斯专线 10 ～ 30 天
FBA	成本低廉，退换货灵活，发货周期短，速度快	有库存占用，适用于热销品，对卖家的供应链管理有更高要求	价格中等	本地快递 3 ～ 5 天

（一）邮政包裹

邮政网络已经覆盖全球，我国卖家有 1/3 以上的包裹是通过邮政网络发出的。邮政渠道包括邮政小包、邮政大包、国际 e 邮宝和 EMS 等，个人邮包形式通过万国邮联出口发货。

邮政小包分为中国邮政小包和外邮小包，以新加坡、德国、瑞士、荷兰、英国、比利时、马来西亚等邮政小包最为常见。有些偏远国家、岛国走小包最省运费。通常卖家为了保证投递准确，会直接把货物送到中国邮政分局，而有些卖家会为了折扣把货物交给外邮代理。外邮小包利用全球邮政网络共享能够覆盖全世界大多数地区，但价格优势不明显，物流信息上网速度会晚 1 ～ 2 个工作日，中转丢包、难跟踪、价格波动大。考虑到饰品、配件等商品微利环境的要求，以及特轻、小件、不带电且非紧急的特性，邮政包裹成为卖家的第一选择。

清关方面，对于邮政特有的 CN22 报关单，各国驻邮办海关查验比例较低。但由于在偶然的抽样检查中发现问题，因此，俄罗斯、巴西等国的海关开始采取行动，拦截了大量的跨境包裹；欧盟也开始在税收方面向小包施压。

在运营中，邮政会先将邮件在海关过机、铅条关封，发至航空口岸，再把从各地收到的货物按照目的国（地区）打包成大的总包，安排航线，即交航发运。交航后还有一个交机安检环节。不同于邮局安检倾向于查验有没有法律禁止货物流出，机场主要从运输安全性方面进行检查，因此货物在机场仍可能被退回。到达目的国（地区）后就是清关，以及目的国（地区）内的邮政转运、分拣与派送。很多发展中国家（地区）的物流基础设施较差，只能提供最基本的邮件服务。

（二）商业快递

UPS、DHL 等跨国快递公司拥有全球网络和代理清关资质，针对跨境网购的国际快件业务高效、安全，且能提供全程跟踪查询，从美国到我国的全程寄递时限为 3 ～ 7 天。相比邮政渠道，商业快递报关程序复杂，查验严格，关税征收概率较高。DHL 发往欧洲、日本、韩国价格较有优势，在西欧国家通关速度最快；FedEx 和 UPS 美国路向时效性强，东南亚国家能做到隔天送达。但商业快递对产品要求高，仿牌、含电、特殊类产品基本上都不能递送，并且价格昂贵，即使企业能够拿到很好的折扣价，价格也还是很高。商业快递收费名目繁多，如偏远地区附加费、清关费、燃油附加费、更改地址费、住宅交付附加费、高托运申报价值附加费、纺织品费用等，一旦出现偏远地区附加费，价格就会相当惊人。常态化使用此类物流方式邮寄小包的商家非常少，高价值商品毕竟是少数。

由于海外网络的匮乏，使得我国快递企业一直无法独立承担全程寄递业务，我国约 80% 的国际快递业务被几家大型国际快递巨头掌握。从事国际快递业务需要国际快递业务经营许可和报关单位相关资质。近年来，我国快递企业加紧布局跨境物流，顺丰、“四通一达”的国际快递业务逐渐兴起，多采用邮路合作模式，与国外快递企业合作，利用对方的区域配送能力，弥补对方在我国境内揽收范围不足的弱点。

（三）国际专线物流

国际专线物流是指专门派送到一个国家或地区的特定的物流路线，比如日本专线、美国专线、英国专线等。集中大批量货物发往目的地，通过规模效应降低成本，国际专线物流在价格上要比商业快递低。针对性强，加上没有太多中转，所以丢包率低，在运输时效上也更加高效。

首先，专线物流由于是分环节的专业分工，运作主体取决于资源整合能力，运作主体最终主导着商品的全程门到门物流服务。专线物流头程多采用全货包机运输，节约时间，价格和耗时均介于邮政小包和国际快递之间。其次，专线物流在清关方面比较专业，采用大包 DDP 交货清关（所有费用由发货人承担）较顺利，如果境外有贸易公司配合清关，可能会在更大程度上降低清关成本（针对起征点低的国家）。SKU 要归类，清完关后进行拆包配送。最后，货物分拣完成后一般由当地邮政或快递负责接收派送。很多区域快递，如澳大利亚的 Toll、中东的 Aramex、日本的 OCS、印度的 GATI 等，货物送达时间基本固定。专线物流针对某一个国家或地区的跨境电子商务来说是比较折中的物流解决方案，大部分国家或地区已形成了一些专线通道。例如，针对发往俄罗斯的小包，有国际 e 邮宝、赛诚、俄速通、速邮宝、燕文等产品。寄往美国的专线包裹到达美国后，进入当地 FedEx 和 USPS 派送网络。专线物流的特点主要体现在“专”上，兼顾规模经济性及点到点线路时效性。

另外，专线物流还引申出跨境电子商务的“仓配一体”模式，与国内电子商务类似。由跨境电子商务 B2C 平台主导，在全国几个城市建立大型仓储中心，卖家将货物发至平台指定仓库，当消费者通过 B2C 平台下单后，平台直接将订单传递给仓储中心，仓库进行拣选、包装、发运，货物通过平台的合作物流商发送至目的国家或地区，最后运送到消费者手中。

（四）中欧班列

中欧班列是指按照固定车次、线路等条件开通，往返于我国与欧洲和“一带一路”沿线各国的集装箱国际铁路联运班列。中欧班列物流组织日趋成熟，班列沿途国家经贸往来日益密切，国家间铁路、口岸、海关等部门的合作日趋成熟，为铁路运输进一步发挥国际物流骨干作用、将丝绸之路从原先的“商贸路”转变为“经济带”起到了重要作用。

铁路运输是一种比海运更安全的运输方式，还可以大大缩短中欧之间的距离和运输时间。随着我国沿海加工业向中西部地区转移，中欧陆运的重要性将越来越突出。但目前，整个欧亚“铁路桥”的运输能力较低，沿线国家的铁路基础设施薄弱，车站线路紧张，换装能力不足。沿线国家相关部门和企业对中欧班列进行中短期运营，侧重于挖掘现有资源和设施的潜力，以满足中欧班列日益增长的需求，不太愿意大规模扩建和增加相关基础设施，限制了未来可持续发展的空间。与海运相比，中欧班列运力有限，对我国与沿线国家整体贸易往来和产业合作规模的影响仍然较小。由于渠道缺乏、垄断管理强、市场化程度低、运输和转运手续繁杂等缺点，托运人关心的物流信息跟踪查询问题一直没有完全解决。

知识拓展

中欧班列对全球物流链的贡献

中欧班列，是全国运行数量最多且到达全球线路最广的列车。作为共建“一带一路”项目，不仅保障了中欧及沿线国家物流畅通，也高效促进了中欧及沿线国家的抗疫合作。在受全球疫情影响，国际航运、海运大幅减少，全球贸易通道受阻的当下，中欧班列却逆势增长，成为一条快捷、高效，绿色的运输通道，为降低疫情对中欧产业链、供应链带来的冲击影响，确保全球物流链、供应链稳定贡献了我国力量。

近几年的“双十一购物狂欢节”活动提前启动，物美价廉的商品不仅受到国内人民的疯抢，也受到了国外民众的追捧。铁路部门凭借比飞机运输价格便宜，比海运速度快的优势，积极开行中欧班列。载运跨境电子商务出口包裹的集装箱在阿拉山口可以灵活编组发运，出口包裹从菜鸟全国仓库随时发运到阿拉山口综保区，海关通过电子清单方式审核放行后，集装箱从综保区出区后直接从铁路站发运欧洲，物流时效提升 10% 以上。

中欧班列在帮助更多“本土”产品、防疫物资“走出去”，让更多国外好货“引进来”的同时，也将更多的便捷、实惠带给了国内人民和沿线各国百姓，带动了全球化市场的发展与繁荣。放眼未来，中欧班列的发展空间更为广阔，它正在用开拓进取的姿态，打造疫情影响下“黄金通道”，用逆势增长的“优异成绩”带动“一带一路”国家提振经济。

（五）境外配送

任何跨境出口物流方式，最终都无法避免海外的终端配送。俯瞰全球物流网络，“最后一公里”的配送是最简单也是最难的。各国情况各异，全程时限差异很大，新兴国家和欠发达地区基础设施短板明显。而发达国家（地区），从投递上来说，邮政及快递的投递分层服务做得很好，一分价钱一分服务，完全差异化。例如，在法国，用户可以选择物流送货上门（home delivery）、送货到旗下的门市或派送点自取，送货上门又分为标准、跟踪和签名，另外，预约、消息通知、查询等服务也比较到位。而在美国，电子商务大部分使用“老三家”。USPS 收费相对便宜，小件 30 克平均起步价 1 美元，4 ～ 6 个工作日送达。如果选择商业快递送货，价格就会贵得多。UPS 有陆运和航空两种，陆运不保证时效，一般为 1 ～ 5 天，价格一般为 4 ～ 8 美元。FedEx 航空件有次日达、次晨达等多项服务，当然价格也高。签收方式默认都是送达通知，即把快件送到客户住宅附近即可。本人签收、他人代收、改址、定时配送都属于附加服务，需额外付费。另外，欧美很多快递休息日是不送货的，如果需要休息日送货，也会加收费用。

每个国家（地区）都有一些本地分销商，相对其他物流商可以提供更有效率的服务。如英国 Hermes、日本黑猫、韩国三友、法国 DPD 等公司，无论是价格、速度，还是清仓能力，都比其他公司更有优势，成为各大物流商“最后一公里”分销唯一的，也是最安全的选择。

知识拓展

来自国际邮政公司的消费者调查

国际邮政公司的数据显示，相对于其他国家消费者，我国消费者更倾向于在线购物，36% 的消费者每周至少网购一次。调查表明，免费退货，以及购物满额后的免费快递是驱动跨境在线消费的重要因素。

在跨境电子商务消费者最常购物的商家来源地中，我国排名第一，占比为 26%，随后依次为美国（16%）、德国（15%）和英国（15%）。在亚太地区和加拿大，我国和美国是跨境电子商务消费者购物的主要商家来源地。欧洲消费者最喜欢从我国购物。不过在卢森堡、比利时、奥地利和瑞士，跨境电子商务消费者主要会从有着相同语言的邻国购物。

跨境电子商务消费者关注的前四大商品品类分别为鞋帽服饰（33%）、消费电子（21%）、图书音乐和媒体（14%），以及健康美妆（13%）。通过在线跨境电子商务购买的商品大部分是重量轻、价格低的物品，其中 45% 的重量不到 500 克，16% 的价格不到 10 欧元，而有 40% 的价格为 10 欧元至 49 欧元。大部分跨境电子商务消费都包含了免费快递。59% 的受访者表示，在最近一次跨境电子商务购物中获得了免费送货服务。我国消费者享受的免费送货最多，比例为 78%。

跨境电子商务消费者中，超过 7 成都获得了包裹追踪服务，获得该服务的消费者中 88% 的人使用了这类服务，这可以帮助消费者了解送货进度。支付行业媒体 The Paypers 的报道显示，相对于需要 3 ～ 4 天送达、无法追踪的商品，那些需要 5 ～ 8 天送达、可以追踪的商品消费者支付快递费用的意愿更高。整体来看，87% 的受访者对于送货体验感到满意。30% 的购物包含了免费退货服务，但只有 6% 的消费者退掉了通过跨境电子商务购买的商品。

任务二　跨境电子商务物流的发货流程

任务描述

某跨境电子商务企业（以下简称“企业”）主要经营电子产品，如智能手机、平板电脑和智能穿戴设备。企业通过跨境电子商务平台（如亚马逊、eBay 等）向全球多个国家销售商品。由于电子产品的高价值和易损性，企业在物流发货流程中面临诸多挑战，包括物流成本高、运输时间长、清关复杂等。

任务分析

为了提高物流效率和客户满意度，企业决定优化跨境电子商务物流的发货流程。通过优化跨境电子商务物流的发货流程，企业可以提高物流效率，降低物流成本，提升客户满意度。

知识积累

根据商家实力和运营的跨境电子商务平台的能力，跨境电子商务的发货方式一般可以分为线上发货和线下发货两种。

一、线上发货

随着跨境电子商务的发展，买卖双方对物流的可靠性提出了更高的要求，依托于跨境电子商务平台的可选物流成为买卖双方的首选。线上发货操作简单，无论是快递小包还是大宗商品的集装箱物流，其操作流程基本类似。

线上发货

发货的流程一般为在线选择物流商—在线创建订单—交货给物流商—点击发货完成。下面以一达通服务平台为例进行介绍。

（一）海运

在线查询物流方案，如有方案满足产品需求，查询物流方案如下。

（1）根据所在城市选择合适的港口，选择“在线订舱”。

（2）接收平台发送的舱位确认信息，通知工厂备货。

（3）提交船舶信息给客户，确认信息。

（4）在线支付货舱费、港杂费等费用。

（5）确认客户将费用打到账后，寄送提单。

如无查询方案结果，则查询方案如下。

（1）点击“人工询价”。

（2）平台会联系客户所在城市的物流合作公司跟客户联系。

（3）确认船舶仓位信息。

（4）在线订舱，支付费用，安排发货。

（二）海运拼箱

海运拼箱涉及货物的尺寸、重量等问题，因此，在查询页面，除了选择始发港和目的港之外，还需要写上拼箱货物的具体尺寸、重量和件数。对平台支持上门提货、送货到门的方案，可直接勾选“上门提货”“送货到门”选项。在勾选“上门提货”后的方框内点选提货地址后，平台将自动根据查询方案时录入的货物信息，显示相应的“起运港上门提货费用”。

（三）国际快递

FedEx、DHL、UPS、EMS 等快递公司同各大跨境电子商务平台合作，在客户完成线上下单、支付后，提供快递公司上门取件服务。亚马逊主要采用 FBA 物流模式。

用户在线选择合适的物流服务商，根据要求填写产品的尺寸、重量和件数，在线下单。为了节省运费、方便运输，跨境电子商务平台一般在全国各地建立集货仓，用户在线下单后，由国内的合作物流公司上门取件，将货物寄送到集货仓。进入集货仓后，平台工作人员会将产品贴上收货人信息和规格，转交给国际物流公司，根据货物的体积和重量核算运费，以在线通知或者打电话的方式通知发货人付费，在收到发货人的付费后安排运输。总体而言，随着平台的完善和物流系统的发展，各大平台不约而同地开始为用户提供更加全面的服务，吸引卖家入驻。

二、线下发货

线下发货是相对于线上发货而言的。除线上的物流渠道外，商家用任何非线上物流方式发运订单均称为线下发货。线下发货是跨境电子商务的传统发货方式，商家可以通过万国邮联或者三大国际商业快递公司的官方渠道发货，但更多的还是选择和货代公司合作。

商家直接跟物流公司对接，根据物流公司的要求对货物进行包装，对货物出现异常问题的相关处理就会更直接。商家不需要重新打印地址标签、报关单等，可以直接收货和出货，直接和物流公司结账。物流企业会更加热衷于线下配送，也会提供多种物流渠道供企业选择。

根据卖家选择的物流方式不同，线下发货流程也不尽相同，总体上可以分为邮政物流模式、快递物流模式、海外仓模式三种。

（一）邮政物流模式

买家在平台下单后，卖家对商品进行包装，联系邮政快递公司。一般由快递公司对货物进行上门揽收，也就是邮政快递员从邮政网点中提取卖家所要邮寄的国际小包，将所有快递包裹统一收集到相应的地点。

包裹集中存放地的负责人将包裹卸货，并根据相应的渠道出货时间对包裹进行分拣、再装包，以达到统一邮寄的效果。

邮政快递的工作人员根据收货单与系统中的相关数据，来核对国际邮政小包的相关物品信息，以剔除包裹中存在问题的不合格产品，达到合法合规的目的。

相关负责人检查出库数量与录入数量是否吻合，如果出现偏差，就需要展开进一步的检查与核对工作，情况严重时甚至会直接邮寄回发货地点。

邮政快递的工作人员对商品实物进行称重，并检查与系统中录入的重量是否一致。根据称重计算运费，在收到发货人的运费之后，安排寄送，上传单号。

卖家在跨境电子商务平台后台录入邮政快递单号，即算完成发货。

（二）快递物流模式

快递物流一般由国际快递公司承运，需要报关，需要卖家提供正规的单据。在发货过程中，卖家根据快递公司要求及商品特性，对商品进行包装。

一般来说，卖家可在商业快递公司官网查询报价，录入商品信息。需要录入商品的海关编码及真实货值，方便报关和退税。

完成商品信息填报后，快递公司会安排人上门揽收。商品揽收入库后，由快递公司的工作人员对尺寸和重量进行测量，根据重量计算运费。对于长期合作的卖家，通常采取月结或者季结的方式结算运费，先寄件，再收费；对于短期合作的卖家，一般要求先支付运费。

提交报关信息后，快递公司安排寄送。一般通过航空公司运送包裹，时效性强，物流信息可追踪。

卖家获得快递公司提供的单号之后，在平台输入发货单号或者上传发货凭证完成发货。现在越来越多的平台只有在查验单号真实有效之后，才会帮助卖家完成发货。

（三）海外仓模式

近年来，海外仓模式迅速发展。海外仓通常由跨境电子商务平台在目的国（地区）建立，并且和当地的物流服务商建立合作关系，搭建库存管理系统。卖家可以通过库存管理系统，完成发货。

一般要求卖家在跨境电子商务平台注册成为库存管理系统的用户，将计划在未来一段时间内销售的产品打包，通过国内的物流商将货物运送到头程仓。所谓头程仓是指跨境电子商务平台在国内建立的物流集散地，用来接收来自全国各地的卖家的货物。货物的报关和清关工作也在头程仓完成。

平台将来自全国各地的卖家的货物集中起来后，使用船舶、铁路或者飞机等运输工具将货物运送到海外仓。物流商接收货物后，根据商品编码对货物进行分拣和归类，录入库存管理系统。

买家在平台下单后，卖家根据要求，对海外仓的工作人员下达指令，将指定商品包装好并且寄送到客户手中。因为货物已经到达目的国（地区），因而海外仓模式时效性强，能够提升用户体验。物流商一般通过库存管理系统帮助卖家完成发货，卖家也可以自己录入单号完成发货。

三、线上发货与线下发货的对比

线上发货与线下发货的特点和对比如表 9–3 所示。

表 9-3　线上发货与线下发货的特点和对比

发货类型	特点	说明
线上发货	运费低廉	平台运用自身规模优势，和承运企业签订代理合同，为卖家赢得一个折扣价格，即使单量很小，也可以享受折扣价格
	平台监控	网上发货的订单发生纠纷，商家无须再提供发货证明，为广大商家节省了大量时间，同时对商家服务等级的改善有很大帮助。平台直接监控物流过程，出现问题可以及时联系买卖双方解决，避免信息传递不及时带来的损失
	范围广	线上发货可以将包裹送到该物流公司在本国境内的仓库，然后再进行处理。这样可以较好地照顾城市货运代理行业欠发达的地区，打消商家的疑虑，降低进入门槛
线下发货	方便	在跨境电子商务发展成熟的地区，往往邮局、三大国际商业快递和货代公司及相关配套措施也很成熟。联系物流商的方式很多，如实体店面、电话都可以，甚至还有专门的客户经理。不管是送到网点去发货还是请物流商上门收货都很方便
	渠道多	渠道多是相对于线上发货来说的，因为毕竟不是任何商品都能符合严格的线上发货要求的。如带电池甚至纯电池商品，放到线下发货则相对好处理。部分货运代理公司甚至还开设了一些特色渠道，如品牌货的渠道等
	系统无缝衔接	一是物流公司或者货代公司的内部系统可以和商家使用的 ERP 系统很好地对接，如直接生成 DHL 跟踪号；二是物流公司或者货代公司可以很好地配合商家日常发货的时间，如晚上 8 点上门取货等

任务三　跨境出口供应链

任务描述

某跨境电子商务公司（以下简称“公司”）是一家专注于跨境出口业务的企业，主要产品包括高端电子设备、智能家电和创新科技产品。公司通过跨境电子商务平台（如阿里巴巴国际站、亚马逊全球开店等）向欧美、亚洲等多个市场销售产品。由于产品的高价值和对供应链稳定性的高要求，公司在跨境出口供应链管理上面临诸多挑战，包括供应商管理、库存控制、物流运输、目的地国家的合规要求等。

任务分析

公司在跨境出口供应链管理中，通过严格的供应商管理、科学的库存控制、多样化的物流运输、合规的目的地管理和完善的客户服务，实现了供应链的整体优化。公司能够稳定供应高质量产品，满足不同市场的需求，并在全球市场中保持竞争力。通过不断优化和改进供应链管理，公司可以进一步提高运营效率，降低成本，提升客户满意度，实现可持续发展。

知识积累

跨境出口供应链需要各个环节和因素的协同合作。为了提高整个供应链的效率和客户满意度，企业需要采取有效的管理措施和技术手段，如优化生产流程、采用智能物流系统、加强信息共享等。

一、跨境出口供应链概述

进入21世纪以来，随着互联网、物联网技术的不断创新，产业垂直解体，全球价值链深度分解，全球生产要素重组、服务外包、产业转移掀起高潮。在这一过程中，逐渐形成了跨境出口供应链。

（一）供应链服务

供应链服务，即全球服务外包中的业务流程外包（business process outsourcing，BPO），致力于为客户提供跨境出口供应链规划与运筹、流程管理、物流管理、信息管理、融资支持等服务，是通过协同客户需求，降低运营成本、提高劳动效率的一种新兴商业模式和企业组织模式。其商业平台及服务外包网络具有广阔的辐射与聚集效应，为原材料供应商、物流供应商、产品分销商、资金供应商、生产制造企业等供应链中的所有参与方提供一个资源对接平台，使各方致力于核心业务的强化。

跨境出口供应链服务最初是从为加工贸易企业代理通关、退税等业务升级而来，其演变过程大致分为三个阶段：第一阶段以进出口代理为主，融合物流和信息流，并逐渐以供应链金融为切入点将服务扩展至采购和分销执行；第二阶段以提供全链条集成式服务为特点，为客户提供供应链方案设计、采购、分销、库存管理、资金结算、通关、物流、生产管理以及信息系统支持等服务，建立商流、物流、资金流、信息流“四流合一”的供应链一体化服务平台；第三阶段是供应链服务网络化延伸拓展阶段，致力于打造供应链绩效优化、生态圈互利共赢模式。

（二）跨境出口供应链的构成

跨境出口供应链的构成和传统供应链的构成基本相同，主要包括供应商、生产商、经销商及消费者。

1. 供应商

供应商是指给生产商提供原材料或零部件的企业，是产品生产的源头。产品质量由供应商的实力和原材料来源决定。对于目标是赢得全球市场的跨境电子商务企业而言，把控好上游原材料的质量是严格把控整个跨境出口供应链的重中之重。

2. 生产商

生产商即产品制造企业，处于产品生产的最重要环节，负责产品生产、开发和售后服务等。

3. 经销商

经销商是指为将产品送到经营地理范围的每一角落而设立的产品流通代理企业。跨境电子商务的经销商分为境内、境外两端，通过跨境电子商务平台联系并完成交易。境内经销商主要负责从生产商处获取高质量的产品，在电子商务平台上展示，并且出售给境外经销商；境外经销商在取得产品后，将产品一级一级地销售给国内的零售商，进而到达消费者手中。

4. 消费者

消费者是指使用最终产品的用户群体，在整个跨境出口供应链中处于末端环节，也是整个供应链获取收入的唯一来源。供应链能否顺利地运行下去，取决于消费者对产品的认可度的高低。

（三）跨境出口供应链的流程

跨境出口供应链一般包括物资流通、商业流通、信息流通、资金流通四个流程。四个流程的参与主体不同，有各自不同的功能以及不同的流通方向，如图 9-1 所示。

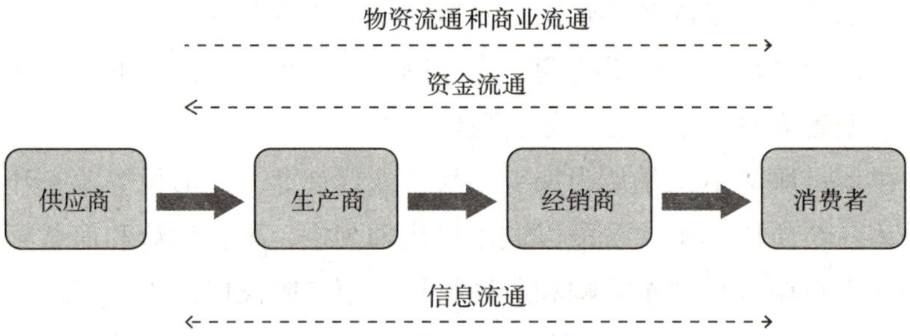

图 9-1　跨境出口供应链的流程

1. 物资流通

物资流通是指在供应链中，商品从供应商向消费者的转移。简言之，是一个商品流通的过程。这个过程的总体方向是，供应商将原材料送到生产商，生产商生产产品并将其送到经销商手中，经销商取得货物后售卖给消费者。但是由于存在退货的现象，因此物资流通也存在逆向的过程，即由消费者退货给经销商，经销商再退货给生产商或者直接销毁。

2. 商业流通

商业流通主要是指买卖的流通过程。与物资流通不同，商业流通仅限于商业往来，无商品实物，供应商、生产商、经销商之间签订购销合同即构成商业流通。该流程是在供应商与消费者之间双向流动的。与传统的线下交易签订纸质合同不同，跨境电子商务由于存在平台，可以签订电子合同，由平台监管，节省了时间和成本，极大地促进了商业流通的发展。

3. 信息流通

信息流通是指商品及交易信息的流通。信息流通过程一般是双向的，除了传统意义上人们对物流信息流通的要求，下游市场对上游市场的反馈越来越重要。上游企业根据下游企业和终端消费者的反馈，及时更新产品，占据市场竞争的主动权，保证整个供应链的顺利运行。

4. 资金流通

资金流通是指货币的流通。参与供应链的企业要想正常运营，必须保证资金的及时回收，否则就无法建立健全的运营体系。这个过程的方向是从消费者到供应商，通过零售商、批发商、物流商、生产商等，与物资流通过程方向相反。

二、跨境出口供应链的痛点

（一）物流问题

我国跨境电子商务出口物流虽然渠道比较多，但是配送时效性较长，对于一些偏远区域，配送时间更长，由此导致用户体验不佳。在当今时代，消费者对交易周期的要求越来越短，如果跨境电子商务出口企业不能在物流成本和用户需求之间做到平衡，就会给业务发展带来严重的制约。

（二）客户需求问题

跨境电子商务出口贸易涉及的消费者来自世界各地，不同的生活环境必然会形成不同的购物要求和生活习惯。为了满足多元化的用户需求，就需要跨境出口供应链随着社会和市场经济的发展不断改善。

（三）库存问题

库存的作用就是通过维持一定量的存货来避免市场需求变化和供应不确定风险对供应链造成的不利影响。然而，在实际管理活动中，由于各种不确定性，物资流通和信息流通往往存在障碍，进而导致货物积压严重，影响企业资金回收，甚至会导致企业经营崩溃。

（四）追踪问题

我国境内的物流系统基本已经全部实现包裹的实时查询，然而跨境电子商务出口中还是有很多包裹在出境之后就“石沉大海”。在小语种或者物流欠发达的国家和地区，更难及时查询到包裹的实时信息，很容易导致丢包丢件，给消费者带来糟糕的购物体验，造成客户流失。

三、跨境出口供应链的优化

跨境出口供应链出现上述问题，一个重要的原因就是单一企业分散式管理，没有形成供应链管理系统，因此要形成集成式的供应链管理思想，建立起系统的从供应商到消费者的物流计划和控制等职能，通过改善上、下游供应链关系，整合和优化供应链中的信息流、物资流、资金流，以获得企业的竞争优势，主要包括计划、采购、制造、配送、退货五个方面。

（1）计划是指上下游企业共同出台一项策略，来管理所有的资源，以满足客户对产品的需求。主要是建立一系列的方法来监控供应链，使其能够有效、低成本地为顾客提供高质量和高价值的产品或服务。

（2）采购是指通过行业对比，选择能提供最优质产品和服务的供应商，与供应商建立一套定价、配送和付款流程，创造方法监控和改善管理，并把为供应商提供的产品和服务的管理流程结合起来，包括提货、核实货单、转送货物到制造部门并批准对供应商的付款等。

（3）制造是供应链中需要测量内容最多的部分，包括质量水平、产品产量和工人的生产效率等，要求生产企业公开透明地向上下游合作企业，尤其是下游经销商展示生产流程。优质的生产流程可以帮助企业获取更多的市场，各大平台也在采取措施鼓励优质厂家展现实力，如阿里巴巴国际金品诚企服务。

（4）配送即物流，跨境电子商务物流涉及国内、国外两大部分，在国内物流企业很少涉足跨境物流的情况下，要因地制宜，跟当地有实力的物流商建立合作关系，取得折扣价格，形成稳定的物流通道，为用户提供实时的物流信息，降低丢件率。

（5）退货是供应链中的问题处理部分。过去大部分跨境电子商务企业很少重视退换货，主要是因为退换货对于卖家而言只有损失。货物退返的快递费用高，相比于寄回换新，很多企业宁愿直接退款，甚至“拉黑”客户。因此，建立网络接收客户退回的次品和多余产品，并在客户使用产品出现问题时提供支持，是现代跨境电子商务出口供应链的一个核心环节，可以帮助跨境电子商务平台和卖家赢得消费者信任，进而赢得市场。

项目评价

课堂表现评价

评价内容：跨境电子商务出口物流的主要方式、跨境电子商务物流线上发货与线下发货的主要模式及跨境电子商务出口物流线上发货的流程。

评价规则：将全班同学分成若干小组来组织教学，每个小组需要设计队名，每次课在黑板上画出表 9-4。每次课都有评价，只要本组同学回答正确，就给全组加分，每组同一个人不能连续回答问题，必须换人回答才能给本组加分，如果回答错误，其他小组可以回答；小组讨论表现最好的（一组）和较好的（两组）加分；当堂课小组全勤的加分；每项分值由教师指定，每次课堂结束后由学习委员在分数记录册上进行记录，最终形成该小组分数，如表 9-4 所示。

表 9-4　课堂表现评价表

小组	回答或解决问题	小组讨论表现	小组全勤	合计
小组一				
小组二				
小组三				
小组四				
小组五				
小组六				
小组七				
小组八				
小组九				
小组十				

项目学习成果评价

评价规则：项目学习成果评价汇总表分数将作为学生项目学习成果得分，如表 9–5 所示。每个小组完成项目学习的可视化学习成果将会存档。

表 9-5　项目学习成果评价汇总表

小组	任务一	任务二	任务三	课堂表现	总评
小组一					
小组二					
小组三					
小组四					
小组五					
小组六					
小组七					
小组八					
小组九					
小组十					

项目小结

本项目首先介绍了跨境出口物流模式的相关情况；其次介绍了跨境电子商务物流的发货流程；最后介绍了跨境出口供应链的相关知识。通过本项目的学习，读者能够掌握物流产品类型以及其各自相关说明和优劣势，掌握跨境电子商务专线相关概念，能结合实际选择合适的跨境物流模式。

巩固与训练

思考练习

1．我国跨境电子商务出口物流有哪些主要方式，分别具有哪些优缺点？

2．线上发货与线下发货的特点有哪些？

3．跨境出口供应链由哪几部分构成？一般包括哪些流程？

拓展训练

1．请罗列不同的国际物流运输方式，详细对比其安全性、可跟踪性、费用、时长等。（不仅限于教材中所提及的国际物流方式）

物流方式				
安全性、可跟踪性				
时效性				
价格 / 成本				
服务（尺寸、保质期、通关便利性等）				
优点				
缺点				

2．了解与分析不同国际物流运输方式后，请为以下的包裹找一个合适的出口物流运输方式，对比各运输方式的时效、运费、服务等。

包裹信息：

起始地：四川成都锦江区东大街　　邮编：610021

目的地：Regent Road，Edinburgh，UK　　邮编：EH1 3DG

重量：5 kg　　物品类型：手套　　体积：长 120 cm× 宽 80 cm× 高 80 cm

期望运输时间：客户下单后 20 个自然日之内收件

项目十

跨境物流绩效管理

项目导读

物流绩效是指在一定的经营期间内企业的物流经营效益和物流业绩。不同的跨境电子商务平台会对卖家物流业绩有不同的考核指标和考核标准，但无论如何考核，平台和卖家的共同目标都是为用户创造良好的购物体验。对跨境电子商务卖家来说，平衡销售和库存的关系、提升用户的物流体验、控制物流成本是物流绩效管理的关键。本项目主要介绍跨境物流绩效管理相关知识。

学习目标

◎知识目标

◆了解跨境物流长期存在的问题。

◆熟悉跨境物流运营规划要点、备货计划制定内容。

◆了解配送绩效评价指标。

◆掌握平台商品退换货规则。

◎能力目标

◆能够分析仓库储存问题，并制订合理的备货计划。

◆能够根据绩效评价指标要点对店铺进行优化、做出调整计划。

◆能够完成商品退换货流程。

◎素质目标

◆培养学生创新意识、创新精神，能够在跨境物流绩效管理中提出自己的观点。

◆培养学生资源整合能力，能够借助外部资源进行跨境物流绩效管理规划。

思政目标

◆提升学生在跨境物流绩效管理中的实际操作能力和问题解决能力。

◆培养学生在学习过程中，不断探索新技术和新方法，提高物流管理的效率和效果。

案例导入

“前店后仓极速配送”模式

围绕跨境电子商务发展，贵阳综合保税区管理委员会在贵阳海关隶属筑城海关的大力指导和支持下，推动“前店后仓极速配送”创新模式试点，将展示交易中心设立在海关特殊监管区域围网边，将一般贸易进口货物与跨境商品相结合，消费者现场扫码下单，商家后台第一时间完成订单、支付单、物流单等“三单”的海关申报手续，经自动审核后系统自动放行，仓库同步接受指令办理出库手续，全程不超过 3 min。同时，消费者在现场可以通过大屏幕，及时了解自己所购买的跨境电子商务商品海关通关放行状态，商家据此办理提货手续。

当前，贵阳综保区将跨境电子商务发展作为对外开放的重中之重，通过抓通道、抓平台、抓机制、抓供应链、抓市场，提前布局、打好基础、抢占先机。下一步，贵阳综保区将通过加快推进都拉营国际陆海通物流港建设，推动国际贸易要素在贵阳综保区集聚，形成外贸进出口货物集散中心、跨境电子商务物流分拨中心。同时，将在贵阳海关、筑城海关的指导下，进一步加强业务优化设计指导，强化通关保障，优化货物进出区流程，更好地保障快速通关、极速送达。

任务一　跨境物流运营规划

任务描述

某跨境电子商务公司（以下简称“公司”）是一家专注于跨境电子商务的零售企业，主要销售时尚服装和配饰。公司通过跨境电子商务平台（如亚马逊全球开店、阿里巴巴国际站等）向欧美、亚洲等多个市场销售商品。由于时尚服装和配饰的流行周期短、季节性强，公司在跨境物流运营规划上面临诸多挑战，包括物流成本高、运输时间长、库存管理复杂等。为此，公司制定了详细的跨境物流运营规划，以确保物流效率和客户满意度。

任务分析

公司在跨境物流运营规划中，通过市场分析与需求预测、物流模式选择与优化、多仓库管理系统、全程物流跟踪与信息透明化、客户服务与售后支持等多个方面的综合规划，实现了物流效率的提升和客户满意度的提高。公司能够快速响应市场需求，确保产品及时送达客户手中，并在全球市场中保持竞争力。

知识积累

一、跨境物流存在的问题

长期以来困扰我国跨境电子商务企业发展有两大难题，一是如何形成稳定的客群提高复购率；二是如何在控制成本的基础上提升物流效率与本土电子商务竞争。跨境物流是桎梏我国跨境电子商务企业实现大规模盈利的一大瓶颈。发展至今，跨境物流仍然存在诸多问题需要解决。

（一）运输周期长

国内跨境电子商务的包裹大都通过邮政或专线等小包渠道运输，渠道虽然比较多，但时效的稳定性不高，目前从中国发货到美国客户收货的时间一般需要 10~15 天，更远一点的国家配送时效就更加长了，有时候甚至需要数月的配送时间，给跨境电子商务的发展带来了严重的制约。

（二）出境后货物追踪难度大

国内快递系统基本已经实现包裹的实时查询，然而跨境物流有很多包裹在出境之后很难追踪轨迹。这种情况在欧美等物流发达国家还好，但是在物流欠发达国家和地区，很难及时查询到包裹的路由信息，跨境全程追踪难以实现。并且由于物流链路长、环节多、语言不通等因素，包裹出国基本处于不可控的状态，一旦出现投递异常，卖家和服务商都基本无法解决，给客户带来非常不好的购物体验。

（三）退换难、清关慢

跨境物流跟国内物流最大的不同就在于前者通过两次或多次不同国家海关。在出口电子商务中，关键环节在于目的国海关，有时候经常会出现海关扣货查验，而处理的结果基本就是三种：直接没收、退回发件地、要求补充文件资料。无论哪种情况，都会给卖家造成大额损失。

（四）货物易损、易丢

在跨境电子商务物流从揽件到最终货物送达客户，需要经过四五次甚至更多次数的转运，这种情况很容易出现包裹破损的情况。即使是专线物流，也存在一定的丢失率。这些不仅仅增加了卖家货损赔偿，也给买家带来了糟糕的购物体验，造成客户流失等损失。

（五）政策变化快

跨境物流不同于国内物流运输，跨境物流很大程度上受制于国际贸易形势、政治形势的变化，商贸环境不够稳定。国与国之间的贸易和运输不仅需要遵守发件国法律法规，还需要遵守收件国的法律政策和销售平台规则等，而政策随时会变化，这无疑也会增加跨境企业的运营难度。

二、建立跨境物流运营规划

跨境物流问题一直是跨境电子商务的短板，跨境物流的效率提升在于实现合理的智能化。高信息化、自动化的物流系统能提高订单处理的效率。跨境物流行业发展到今天，已经从跨境电子商务的背后走到了与之并肩的位置，已经与跨境电子商务形成了不可分割的关系。跨境电子商务的发展促进了跨境物流行业壮大，物流能力不足将严重限制跨境电子商务发展。有必要通过目标导向建立物流运营规划，提升跨境物流效率、控制物流成本。

跨境物流运营规划

（一）关注关键指标

对于跨境电子商务物流来说，成本主要来源于运作成本和管理成本。运作成本包括产品运输费用和仓储费用；管理成本包括日常管理费用、IT 系统应用成本、存货占用资金成本和沉没成本（如缺货成本等）。我们可以从销售的本质入手来探讨跨境物流的关键指标。对电子商务公司来说，商品交易总额（gross merchandise volume，GMV）= 流量 × 转化率 × 客单价 × 复购率，卖家的盈利水平与流量、转化率、客单价、复购率这四个因素相关联。

1. 物流与流量的关系

通常情况下，海量 SKU 铺货会为卖家带来巨大的流量，但到了一定的程度跨境电子商务平台就会限制总流量。如果想要继续引流，最好的方式是从服务质量入手。做好产品质量和售后服务能赢得买家的认可，也会极大提升产品在平台的曝光度。

2. 物流与转化率的关系

影响转化率的关键因素包括销量、排名、卖家评论、价格和产品详情等。销量高的时候，如果出现仓库库存为零的情况会被平台认定服务质量不合格，降低卖家的综合评分。如果发货时间过长，影响买家的购物体验，同样会被平台判定服务质量不合格，降低综合评分。这些情况的出现都是由补货不及时或发货时效慢造成的。如果能提前大批量备货至海外仓，后续再通过商业快递的方式小批量补货，就能很好地规避这些问题。

3. 物流与客单价的关系

大件商品、定制化商品或高价值商品对物流运输的要求非常高，自然运输成本较高。对于这类产品选择专业的服务商提前规划库存计划可以有效降低物流成本，提高价格竞争力。

4. 物流与复购率的关系

提升复购率有很多因素，与物流相关的主要有发货速度和售后效率，这两者都跟卖家所选择的物流服务商和线路有关。

（二）建立物流供应链思维

跨境电子商务卖家需要建立供应链思维，打造稳定的供应链，为跨境销售建立稳固的后方。供应链有两个关键的要素：物流要素和支付要素。前者主要关于设施、库存、运输；后者关于流程、信息和采购。只要这些要素能够有效地结合，就可以提升物流时效，降低成本。许多跨境电子商务卖家都在多个跨境电子商务平台（如 Amazon，eBay，AliExpress）上经营店铺，并且经营了多个品类，因此从采购、库存到资金流的规划就需要做到面面俱到，卖家应该建立数据思维，用数字说话。

供应链管理的一个核心是数据分析（data analysis），这是供应链里最底层的内容之一。供应链所有的活动都是建立在数据分析的基础上的。比如说卖家要给供应商下一个采购订单，具体要订多少数量的原材料，这绝不是拍脑袋或是根据经验得出来的。下单的数量要既不会产生过量库存，也不能造成生产线缺料，只有通过严谨的数据分析后，才能做出一张合理的采购订单。

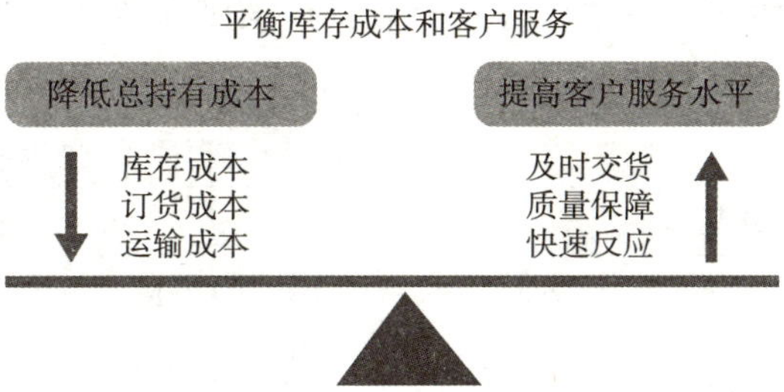

图 10–1　库存和客服服务的关系

供应链是平衡的艺术，其中最主要的一项就是平衡成本和服务，如图 10–1 所示。企业一方面想要降低总的持有成本，包括库存、订货和运输的成本；另一方面，又想要提高客户服务水平，包括及时交货、质量保障和快速反应水平，来保持竞争力，争取更多的市场份额。但现实中这两个目标往往是相互背离的，这就要看企业的战略到底是什么。有些企业的毛利率不高，那就要增加运营的效率，势必要考虑降低成本。有些企业的利润率比较高，为了争取更多的市场份额，打击竞争对手，就一定要提高客户服务水平，成本就不是主要的约束条件了。

（三）制订合理的备货计划

商品的销量在一年当中并不是一成不变的，通常都存在一个周期性变化。遇到重要节假日，商品的销量可能会成倍增长，此时很容易出现库存量不够的情况。很多初级卖家都遇到过这种情形，商品上架一段时间后销售火爆，结果仓库库存不足，再想补货又因为距离遥远根本来不及，结果就是造成商品权重下降，曝光减少，辛苦打造的商品因物流问题而耽误销售。所以需要制订合理的备货计划规避意外，备货计划主要围绕三个时间段来制订：淡季、旺季和节假日促销备货。

1. 淡季备货

淡季首先要注意的是旺季过后的订单退换货潮，如果卖家没有提供便利的退换货渠道可能会引发很多差评，更严重的是降低跨境平台对卖家的综合评分。淡季销量虽小，却是市场扩张、产品试销的好时机，卖家在这个时间段可以把主要精力放在推广上，还可以把之前曝光较少的产品做一个系统性的优化。此外卖家可以针对旺季做好准备，提前联系供应商进行生产备货，通过海运等便宜的运输方式备货至海外，降低物流成本。

2. 旺季备货

以亚马逊为例，每年第四季度是全年的销售旺季，9 到 10 月的时候卖家就可以将第四季度的库存提前备货至海外仓或亚马逊 FBA 仓库，倒推到供应链，需要卖家最迟在 7 ～ 8 月就进行选品和采购。旺季考虑的是卖家的资金实力，卖家需要垫付大量的资金进行采购、备货、物流运输、仓储等，而跨境电子商务平台在交易完成后还要等待一定的周期才能回款，所以资金链紧张是跨境电子商务卖家在旺季的常态。与此同时，跨境电子商务又存在太多不确定因素，尤其是在旺季，诸如物流问题、产品滞销、侵权风险或平台政策调整等，任何变动都可能会造成卖家资金链断裂。

3. 节假日促销备货

节日促销和一般促销有所不同，一般促销活动的目的是通过打折优惠活动来提升店铺的流量或者清库存。节假日促销则需要注意当地的节日风俗和习惯，节假日的销售额可能会占据全年销售额的很大一部分，卖家踩准点非常重要。世界各地区主要节日如表 10-1 所示。

表 10-1　世界各地区主要节日一览

地区	节日列表				
国际节日	元旦	国际妇女节	愚人节	劳动节	母亲节
	1 月 1 日	3 月 8 日	4 月 1 日	5 月 1 日	5 月 第二个星期日
	国际儿童节	父亲节	护士节		
	6 月 1 日	6 月第三个星期日	12 月 12 日		
欧美	情人节	圣帕特里克节	枫糖节	狂欢节	复活节
	2 月 14 日	3 月 17 日 （爱尔兰）	3—4 月 （加拿大）	2 月中下旬 （巴西）	春分月圆之后 第一个星期日
	银行休假日	仲夏节	啤酒节	南瓜节	
	5 月 31 日 （英国）	北欧 6 月	10 月 10 日 （德国）	10 月 31 日 （北美）	
亚洲	宋干节		食品节		
	4 月 13—15 日		4 月 17 日（新加坡）		
	元宵节	端午节	中秋节	教师节	除夕
	农历 1 月 15 日 （中国）	农历 5 月 5 日 （中国）	农历 8 月 15 日 （中国）	9 月 10 日	农历 12 月 31 日 （中国）
	春节	成人节	桃花节	马来西亚日	义蓬节
	农历 1 月 1 日 （中国）	1 月 15 日（日本）	3 月	9 月 16 日 （马来西亚）	11 月的满月期间 （泰国）

卖家在选品时需要考虑到当地的风俗习惯、消费总量，针对性制订合理的促销方案。很多卖家经常碰到备货不足导致产品突然断货，或者备货过多导致库存积压，这些问题都是事先没有充分考察当地市场实际情况的结果。

（四）数据驱动业务决策

《哈佛商业评论》曾这样论述，创建真正的企业数据文化，依靠的“不只是一系列技术或少数人”而是“应让数据和分析成为组织的脉搏，融入到所有关键决策之中”。在一个真正的数据驱动的企业中，数据一定是发现问题、影响业务决策的首要信息来源。跨境电子商务物流管理者应该将数据分析纳入公司决策流程，并对公司的决策提供价值和影响。可以组建专门的数据团队收集监控所有的物流相关数据，同时根据业务需求制定相应的物流数据体系，使数据分析、数据驱动成为真正的企业文化，同时不断促进业务的迭代发展。

（五）仓储物流常用运营指标

在考核物流运输和仓储管理时，经常会用到以下指标。

1. 妥投率

妥投率是指快递公司提供送件服务过程中，快件派送成功的比率。妥投率的计算公式为

妥投率 = 成功派送票数 / 总投递票数 ×100%

妥投率一般以月为单位统计。例如 A 物流公司 6 月份总发货 100 票，其中有 2 票因物流原因造成延期到达，有 1 票被物流丢失，还有 1 票投送给客户时发现破损，那么，6 月份 A 物流公司的妥投率为 96%，即（100–2–1–1）÷100×100%=96%。

2. 库存金额

因为仓库随时有货物入库和出库，因此在计算库存金额的时候通常说的是平均库存金额，计算公式为

平均库存金额 =（期初库存金额 + 期末库存金额）÷2

例如，1 月 1 日库存金额为 100 万元，1 月 31 日库存金额为 50 万元，则平均库存金额为（100+50）÷2=75 万元。

3. 库存可用天数

亚马逊后台又称作“供应天数”。库存可用天数反映了当前库存可以满足供应的天数，计算公式为

库存可用天数 = 库存商品数量 / 期内每日商品销售数量

“期内”一般可以用 7 天或 30 天来计算。

库存可用天数越长，代表库存可用时间越多，但过长的可用天数可能意味着商品滞销，过短则可能造成断货，因此库存可用天数要保持在一定的范围内。

4. 库存周转率

又称作库存周转次数，是商品销售出库数量与库存商品平均数量的比率，是仓储物流业务最关注的指标之一。库存周转率的计算公式为

库存周转率 = 销出商品数量 ÷[（期初商品库存数量 + 期末商品库存数量）÷2]

或

库存周转率 = 销出库存金额 ÷[（期初商品库存金额 + 期末商品库存金额）÷2]

不同的公司对库存周转率有不同的要求，有些电子商务企业要求一月内库存周转2次，假设某产品一个月销售100件，那它的平均库存量需要保持在50件左右。

5. 库龄

仓储中的商品从进入仓库就开始计算库龄，一般意义上的库龄指的是商品库存时间。库龄的计算公式为

库龄 = 出库时间 – 入库时间

仓储系统中按照先进先出、先进先销的原则出库。无论仓库操作人员实际出库的是哪件商品，系统里都会从存放最久的库存中扣除库存数量。

6. 缺货率

缺货意味着库存商品无法满足用户的购买需求。缺货率计算公式为

缺货率 = 缺货商品数量 / 顾客订货数量

知识拓展

一日达全国，隔日连世界

随着我国和新加坡之间的贸易往来持续加强，为了给客户提供更高效的服务体验，顺丰再次升级跨境寄递服务，实现新加坡至我国和马来西亚两个国家的9个城市跨境快递次日达。

此次升级，新加坡寄往我国流向，覆盖香港、上海、深圳、广州、东莞、中山、珠海、佛山等城市；寄往海外其他国家流向，已开通马来西亚吉隆坡市，越南胡志明市、泰国曼谷市流向也在筹备中。同时，新加坡顺丰也于近期全面升级本地快递网络运营模式，进一步构建本地件即日达时效服务。

顺丰结合自有全货机优势，以及日常稳定的航班，同时进一步提升口岸操作时效，在新加坡实现一周七天日均一班飞机往返，在9个城市实现了“当天寄，明天到”高时效履约服务。货物在新加坡当天16：00前揽收，可在次日22：00之前送达跨国收件方，时效全速提升，为巩固东南亚时效寄递竞争优势走出了坚实的一步。

顺丰始终致力于为客户提供更好的时效快递服务，此次将优质服务能力由国内拓宽至跨境，为新加坡乃至东南亚的商家开辟了更迅速、更高效的全球生意通道，不仅可为多个国家的商家大幅度缩短物流时间，也极大地提高了东南亚地区和我国之间货物流通的效率，从而加强与我国及周边市场的紧密联系。

顺丰始终贯彻为客户提供有速度、有温度、高效稳定的服务宗旨，致力于打造“一日达全国，隔日连世界”的高效运输网络，把新加坡货物快速“运进来”的同时，也持续助力我国产品“走出去”。2023年以来，无锡的水蜜桃、烟台莱阳的梨等多

种农产品首次通过个人寄递搭上国际航班，仅用十几个小时就送到了新加坡顾客的餐桌上。

顺丰将持续深耕国际快递服务，继续拓展跨境寄递次日达的城市范围，凭借在时效寄递领域的领先优势，为客户持续提供高效、快速、安全的跨境快递服务，巩固“高时效寄递”全球品牌形象。

任务二　亚马逊物流绩效管理

任务描述

某跨境电子商务公司（以下简称“公司”）是一家在亚马逊平台上销售电子产品的跨境电子商务企业。为了在竞争激烈的亚马逊市场中取得优势，公司需要高效管理其物流绩效，确保产品能够快速、准确地送达客户手中，并保持良好的客户满意度。

任务分析

公司在亚马逊物流绩效管理中，通过库存管理、订单处理、物流运输、退货处理和客户服务等多个方面的综合管理，实现了物流效率的提升和客户满意度的提高。公司能够快速响应市场需求，确保产品及时送达客户手中，并在亚马逊平台上保持竞争力。

知识积累

亚马逊物流绩效主要分为两个部分：配送绩效和库存绩效。配送绩效直接关乎卖家账号安全，严重违反亚马逊配送绩效政策时可能会被移除销售权限。库存绩效主要决定账号是否能使用亚马逊 FBA 仓库以及 FBA 仓库使用配额的大小。

一、配送绩效

不同站点要求的配送绩效可能不尽相同，这里以亚马逊美国站点为例。美国站主要考察卖家“迟发率（late shipment rate，LSR）”“预配送取消率（cancellation rate，CR）”“有效追踪率（valid tracking rate，VTR）”和“准时交货率（on-time delivery rate，OTDR）”四个指标。

（一）迟发率

迟发率是在 10 天或 30 天的时间段内，在预计配送时间之后确认配送的所有订单数占订单总数的百分比。LSR 仅适用于卖家自配送订单。

在预计发货日期之前确认订单发货十分重要，这样买家才能在线查看他们的已发货订单的状态。订单延迟确认发货可能会导致索赔、负面反馈或买家联系次数增加，并对买家体验产生负面影响。

亚马逊的政策规定，卖家需维持低于 4% 的 LSR，才能在亚马逊上销售商品。高于 4% 的 LSR 可能会导致账户停用。

有些卖家为了使迟发率不高于 4% 的阈值，会采用虚假发货的方式随意填入一个追踪编号。但亚马逊同样会考察卖家货件的“有效追踪率”，有效追踪率不达标同样也会触发警告或引起账户问题。

卖家也可以下载报告查看具体的迟发率报告。具体方式为前往【账户状况】页面。在【配送绩效】部分，点击【查看详情】。选择【迟发率】选项卡。向下滚动并点击【下载报告】按钮。

（二）预配送取消率

预配送取消率主要考察卖家是否“有货不发”或“无库存铺货”等问题，卖家因任何原因取消订单都会被亚马逊视作给客户带来不好的购物体验。卖家应当确保在亚马逊上发布的商品有货且能够配送，这一点非常重要。在配送前取消订单或取消订单中的商品通常是因为商品缺货。当然，在正常的业务操作中，一定比例的缺货现象可能无法避免，但亚马逊希望卖家能够最大限度减少此类问题。订单预配送取消率较高可能会影响卖家的销售能力。就短期而言，它还会对卖家的利润产生负面影响，因为未配送商品或订单会导致卖家损失收入。

预配送取消率是在给定的 7 天时间段内，卖家取消的所有订单占订单总数的百分比。预配送取消率仅适用于卖家自配送订单。

预配送取消率包括所有由卖家取消的订单和商品，但买家使用其亚马逊账户中的订单取消选项请求取消的订单除外。也就是说当买家向卖家发送以 Order cancellation request 开头的信息，卖家取消的订单不会被计入取消率。买家在亚马逊上直接取消的等待中订单或商品不包括在内。

亚马逊的政策规定，卖家应维持低于 2.5% 的 CR，这样才能在亚马逊上销售商品。高于 2.5% 的 CR 可能会导致账户停用。

要查看 CR 并下载 CR 报告可以在【账户状况】页面，在【配送绩效】部分，点击【查看详情】，选择【预配送取消率】选项卡，向下滚动并点击【下载报告】按钮，如图 10-2 所示。

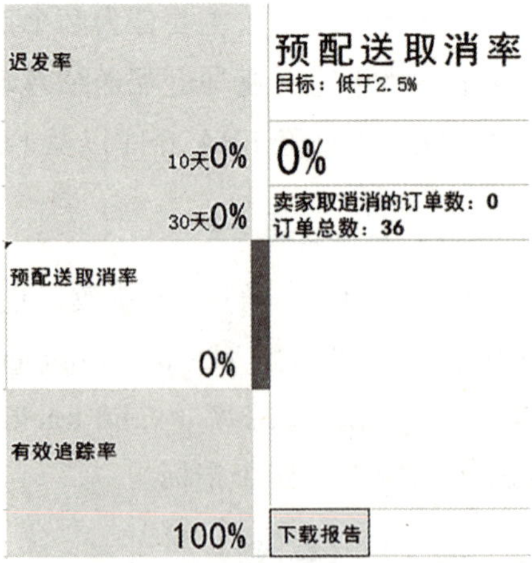

图 10-2　亚马逊预配送取消率

知识拓展

“退款”和“取消订单”有何区别

在确认发货前决定不配送订单被视为取消订单。在订单确认发货后，决定接受退货或不配送商品被视为退款。

有些卖家为了使取消率不高于2.5%的阈值，会采取先虚假发货，后退款的方式规避取消率超标。但虚假发货必然也会使“有效追踪率”下降。实际上卖家还可以主动和客户联系，请客户发送一封以 Order cancellation request 开头的信息来取消订单。这需要卖家具有一定的沟通技巧，也取决于客户是否愿意配合。

（三）有效追踪率

有效追踪率用于衡量卖家为订单使用有效追踪编码的频率，即卖家是否提供了可供追踪的快递单号供买家查询，换句话说，亚马逊不允许卖家使用平邮等无法追踪的物流方式发货。

亚马逊买家使用追踪编码来了解订单配送状态和预计收货时间。有效追踪率是一项可以反映这些期望的绩效指标。以下是有效追踪率的要求。

1. 卖家必须维持大于或等于95%的VTR

如果某个商品分类中的VTR低于95%（亚马逊是按卖家销售的品类大类别，分类来统计VTR），亚马逊可能会限制在此分类下销售非亚马逊物流商品的权限。这还可能影响参与优先配送和保证送达的资格。

2. VTR的计算

VTR是指在30天内具有有效追踪编码的所有货件占总货件数的百分比。

3. VTR仅适用于卖家自配送订单

要查看VTR并下载VTR报告可以在【账户状况】页面，在【配送绩效】部分，点击【查看详情】，选择【有效追踪率】选项卡，向下滚动并点击【下载报告】按钮，如图10–3所示。

问题1：如果我要使用未与亚马逊合作的服务商提供的追踪服务，应该怎么做?

答：卖家需要使用亚马逊合作的物流服务商发货，国内大的物流公司如中国邮政、燕文快递、云途物流、递四方等都是亚马逊认可的服务商。有些卖家因为规模比较小，并没有和有些物流服务商如UPS建立直接的联系，而是把货交给货代公司，货代公司再将卖家的货件交由UPS发运。卖家在亚马逊后台填写发货追踪编号的时候依然可以直接选择服务商为UPS，填入UPS的追踪编号。

问题2：我的包裹有追踪编码，但是有效追踪报告里显示包裹缺少有效追踪信息。我该怎么做?

答：可能的原因如下。

（1）提供的追踪编码不正确。

（2）如果追踪编码正确无误，但该编码与您指定的承运人没有任何关联。例如，如果使用 UPS 配送包裹，但在承运人名称处输入了“USPS”，则该追踪信息将标记为“未确认”。

（3）追踪编码和承运人名称均正确（承运人未在【确认发货】页面的“下拉列表”中列出），但亚马逊不支持该承运人，由于亚马逊无法核实追踪编码，因此不计入有效追踪率指标。

（4）卖家在订单完成配送后或“发货日期”后确认或更新信息，此时追踪编码对买家而言已无用处，因此不计入有效追踪率指标。

（四）准时交货率

准时交货率显示的是，在卖家自配送包裹中，买家在预计送达日期前收到的包裹所占的百分比，如图 10–4 所示。

据买家反映，能否准时收到订购的商品以及能否追踪包裹，在很大程度上决定了他们对订单的整体满意度。亚马逊的研究显示，追踪订单的缺陷比普通订单少 60%，并且追踪也有助于减少买家的订单查询。

亚马逊建议卖家维持高于 97% 的准时交货率，以便可以为其提供更好的客户体验，但是目前对于没有满足绩效目标的情况暂无处罚。

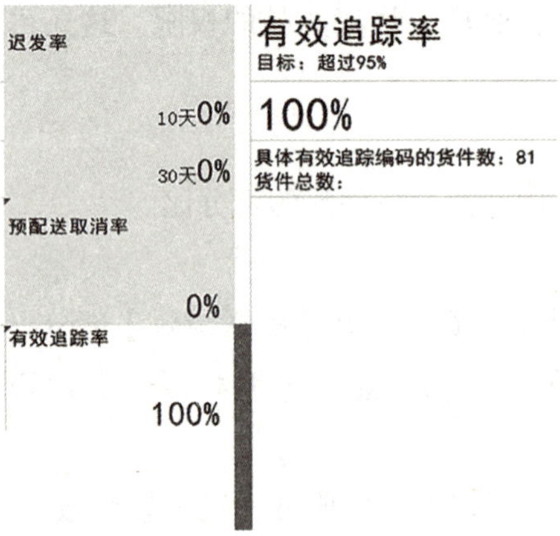

图 10–3　有效追踪率

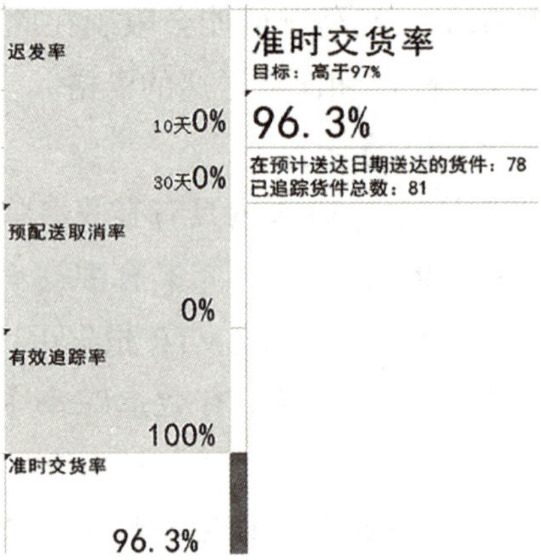

图 10–4　准时交货率

二、优先配送资格

借助优先配送服务，卖家能够为买家提供快速配送选项。这些快速配送选项可提供追踪信息，让买家了解确切的送达日期，从而改善买家体验。在美国站，优先配送选项包括次日达或隔日达，卖家可在配送设置中启用此服务。

如果使用了优先配送，那么自发货订单也带亚马逊 Prime 标志，就和 FBA 发货一样，从而大大提高店铺订单转化率。但由于优先配送选项只包括次日达或隔日达，这就要求中国卖家必须使用美国第三方仓，从美国本土发货才有可能达到物流配送要求。

为了具备提供优先配送选项的资格，必须在亚马逊上开店超过 90 天，且必须有 30 天满足以下针对优先配送订单的要求。

（1）有效追踪率不低于 99%。

（2）准时送达率不低于 97%。

（3）卖家取消率低于 0.5%。

卖家可以在【绩效】–【账户状况】–【资格条件】选项卡中查看自己是否具备优先配送资格。当然，即便拥有优先配送资格，但是由于并没有使用美国本地第三方仓，卖家也可以在配送设置中不启用此服务。

知识拓展

亚马逊 Prime 的介绍

亚马逊 Prime 主要是针对买家而言的，可以翻译为尊贵会员，需要每年缴纳年费，比普通会员拥有更多的服务。可以享受以下服务。

（1）对符合条件的物品承诺 2 天到货。

（2）对符合条件的物品免运费。

（3）对不急的订单（一般一个星期以上）免运费。

（4）升级为加急物流。

（5）可以限时免费观看某些付费视频。

（6）可以免费观看某些 Kindle 里的书籍。

Prime 会员显示比普通会员更具购物力，作为卖家应努力触及此类用户，亚马逊也鼓励卖家针对 Prime 会员设置单独的产品折扣。

亚马逊创始人杰夫•贝索斯（Jeff Bezos）在 2021 年 4 月 15 日的年度股东信中称，目前亚马逊全球 Prime 会员数量已突破 2 亿。在大约一年的时间内，增长了 5 000 万新用户。2023 亚马逊黑五网一再创纪录，全球消费者下单超 10 亿件商品。

三、库存绩效

（一）库存绩效指标

库存绩效指标（inventory performance index，IPI）是衡量一段时间内卖家库存绩效的指标。IPI 分数用于衡量卖家在管理亚马逊物流库存方面的效率和成效。IPI 的得分在 0 到 1 000 之间，亚马逊会根据卖家的 IPI 得分来评估卖家的 FBA 库存管理情况，并没有公布具体的计分算法。目前 IPI 分数是按周更新，每周一后台都会自动计算卖家的 IPI 最新得分。

亚马逊会不定时发布 IPI 分数阈值，例如本周期亚马逊要求的 IPI 分数为 450 分，如果你的 IPI 分数在本周期降到 450 分以下，那么亚马逊会在本周期结束前 4~8 周发出警告。如果你的 IPI 分数在亚马逊的两次分数检查周都没有高于 450 分，那么在新的周期亚马逊将会对你实施 FBA 存储限制。从新的周期起，你将无法向亚马逊发送更多库存。当然，如果你的 IPI 分数能在新的周期中上升到 450 分以上（必须是两次分数检查周中的一次），那么亚马逊将在下一个新周期取消 FBA 库存限制。如果没有，你将会再次进入存储限制的恶性循环中。需要注意的是 IPI450 分并不是一成不变的，亚马逊随时会根据需求提高或降低分数门槛。至于 IPI 分数阈值和两次分数检查周在什么时间则需随时关注卖家后台的“新闻”界面。

卖家在【库存】–【库存规划】界面，找到【绩效】选项卡，就能看到库存绩效。

影响 IPI 分数的因素有很多种，但其中最重要的是操作因素如下。

（1）在已售库存和现有库存之间保持平衡的库存水平，避免冗余库存（积压库存）。

（2）避免长期仓储费。

（3）修复商品信息问题。

（4）尽可能将最畅销商品保持在适当的有货水平，以满足买家需求并最大限度地提高客户满意度。

IPI 控制面板会显示其中每个分类的绩效标准，一共有 4 个绩效标准。

1. 冗余库存百分比

冗余库存百分比是指冗余库存在全体库存中的占比。

商品的可供货天数超过了 90 天，或者库存中至少一件存储超过 90 天并且系统判定继续存储的成本高于其他对应措施（如弃置、降价等）成本。以上两种情况的 FBA 库存都会被亚马逊判定为冗余库存。

2. 无在售信息的亚马逊库存百分比

库存空间有限的情况下亚马逊不会允许没有销售信息的商品存在。一般在商品已经到达亚马逊物流运营中心但依然是卖家自配送时会出现无在售信息的情况，及时修复这些产品的页面即可，即把卖家自配送转换成亚马逊物流配送。

3. 亚马逊物流售出率

亚马逊物流售出率是指通过 FBA 售出的订单数量占库存的比重。具体计算方法是过去 90 天内售出并配送的商品数量除以该时间段内 FBA 库存的平均可售商品数量。

要提升这个分数比较难，需要卖家把握好库存数量和销售量的关系。而且想要提升这个指标，需要有一个过程。

4. 亚马逊物流有存货率

亚马逊物流有存货率可以解读为，FBA 的货物在一个月内有货时间的占比。每个 SKU 根据近 60 天的销量，有不同的权重。60 天内如果无销量或者销量很低的 SKU 相对对于这个分数的影响不及销量很高但是断货的SKU。

亚马逊需要所有可售的listing保持有货的状态，避免卖家的损失（当然也是亚马逊的损失）。

总体来说，亚马逊这样的考核方法是为了提高仓库的利用率。这必然也增加了卖家的运营难度与为了达标为付出的额外成本。FBA卖家需要注意自己IPI，了解IPI的计算方式，及时进行优化。

随时注意查看IPI分数的异动，提前规划。注意IPI相关指标，根据销售情况合理备货。尽量多批次分散发货。适量结合自发货，降低对FBA的依赖。考虑合理利用多账号来更灵活地使用FBA。

（二）IPI提升方法

IPI分数决定了卖家能使用多大的FBA库存容量和能发多少件货品到FBA，因此提升IPI分数，保证在旺季前账号能被允许发送足够的库存量到FBA仓库就显得十分重要，非常考验卖家的运营能力。

1. 清理积压库存

滞销库存不仅有仓储费，还会影响到IPI分数。可以通过降价、促销活动或库存移除或弃置来处理掉滞销库存。有时即便不是滞销库存，但是因为前期发往FBA的货量过多，也需要尽快降低库存水平。

2. 停产和无法补货的产品

停产和无法补货的产品不会影响IPI分数，因此可以忽略亚马逊在补货页面对这些产品提出的推荐。影响IPI分数的操作如表10–2所示。

表10-2　影响IPI分数的操作

提高IPI分数	降低IPI分数
通过广告或Deals降低库存提高销量	储存过多无销量或销量差的库存
移除超龄库存，避免长期库存费	持有很多无销量的超龄库存（并侥幸希望未来会产生销量）
采用“少量多次”的方式为畅销品补货	不为畅销商品补货，且仅有销量差的过季商品积压在库
移除销量差或无销量的库存	拥有大量产生长期仓储费的库存
通过outlet deal销售过季商品	未及时修复不在售信息的库存

3. 加快库存周转

FBA备货的商品需要在短时间内快速销售出去。在可能的情况下，尽量小批量、多批次地向亚马逊FBA仓库补货，避免库存堆积过多。

4. 避免热销品缺货

如果一件商品的销量是另一件商品的10倍，那么这件商品对你的IPI的影响也是另一件商品的10倍。因此，在评估期开始之前，应该专注于保证畅销品的库存供应量，来提高你的IPI分数。当补充库存时，亚马逊不会因为实际发送库存量比推荐得少而惩罚卖家。但当库存完全售出时，IPI 分数会立即受到影响。因此需要确保仓库内至少有一个库存，尤其是热销产品。

5. 修复无效 listing

新库存一旦入库，立刻会对“亚马逊物流售出率”产生影响。因此需要频繁监控产品发货状态，及时将商品发货状态转化为“亚马逊配送”，还需要不断调整产品价格和优惠信息来加速销售，注意 listing 的描述和语法，提升产品页面吸引力。

（三）库存绩效其他问题

问题 1：新 ASIN 是否会影响 IPI 分数？

答：不会，90 天内的新商品不会影响卖家的 IPI 分数。

问题 2：IPI 中是否会计算已申请移除但还未出库的库存？

答：一旦提交移除订单或清货请求，库存将不再计入卖家的 IPI 分数。请记住，当前采取的措施（如移除订单）需要一些时间才能反映在卖家的 IPI 分数中，因为 IPI 分数目前是按周更新。

问题 3：经过分数检查周发现达到了 IPI 分数阈值。能否马上取消仓储容量限制？

答：不可以。亚马逊会公布和评估两个分数检查周来确定您的仓储容量限制。需要在这两个分数检查周内至少有一次等于或高于要求的 IPI 阈值，才能在下一时间段豁免仓储容量限制。当前的容量限制将持续有效，直至新期限开始。IPI 限制仓储容置的规则如表 10-3 所示。

表 10-3　IPI 限制仓储容置的规则

情景	第 1 个分数检查周	第 2 个分数检查周	是否都要遵守仓储容量限制？
1	等于或高于 IPI 阈值	等于或高于 IPI 阈值	否
2	低于 IPI 阈值	等于或高于 IPI 阈值	否
3	等于或高于 IPI 阈值	低于 IPI 阈值	否
4	低于 IPI 阈值	低于 IPI 阈值	是

问题 4：如何知道使用哪个 IPI 分数来确定仓储容量限制？

答：新期限限制生效前 4 至 8 周，亚马逊会提前通知 IPI 阈值，以及评估是否受限于仓储容量限制所用的 IPI 分数检查周。卖家可以在库存绩效控制面板上查看当前和过去几周的 IPI 分数。分数上方的该周即为适用卖家当前分数的周期，可以点击分数下方的【显示详情】链接来查看过去几周的分数。

问题 5：将 ASIN 标记为不可补货商品会如何影响 IPI 分数？

答：将商品标记为不可补货商品不会影响 IPI 分数，它只是从亚马逊物流有存货率计算中移除 ASIN，以保持商品信息的准确性，从而使有存货率保持最新。现有库存的绩效会影响 IPI 分数。

问题 6：如何提高售出率？

答：提高售出率的两个主要方法是提高现有库存的销量或移除未出售的库存。为了提高销量，请考虑您的定价，并在适当情况下开展促销活动、改进关键词或使用商品推广做广告。如果销量未在同一时间段以相同的速度增长，那么最近持续向亚马逊发送大量库存可能会影响售出率。

问题 7：亚马逊物流售出率是如何计算的？

答：亚马逊每天更新售出率，计算售出率需查看过去 90 天的已发货商品和同一时间段内的平均库存。亚马逊物流售出率的计算方法是，卖家在过去 90 天内售出并配送的商品数量除以该时间段内在运营中心的平均可售商品数量。亚马逊会通过当天、30 天、60 天和 90 天前的库存水平快照来计算平均可售商品数量，然后取这些数值的平均值。例如，一卖家在过去 90 天内配送了 120 件商品，且在该时间段内的平均可售商品数量为 80 件，售出率将为 120÷80=1.5，如图 10–5 所示。

在过去90天内售出的商品总数（累计）				120件商品
日期	当天	30天前	60天前	90天前
可售库存	80件商品	150件商品	40件商品	50件商品
		（已收到150件商品的新货件）		

图 10–5　库存绩效指标 IPI

平均可售库存 =（50+40+150+80）÷4=80 件

售出率 =120/80=1.5

问题 8：我为什么没有 IPI 分数？

答：IPI 分数仅适用于参与专业销售计划、在亚马逊物流运营中心有库存和最近有账户活动的卖家。如果是亚马逊物流的新用户或在过去 13 周内不活跃，那么在系统记录到更多数据之前，可能没有 IPI 分数。

任务三　全球速卖通物流绩效管理

任务描述

某跨境电子商务公司（以下简称“公司”）是一家在全球速卖通平台上销售家居用品的跨境电子商务企业。为了在竞争激烈的全球速卖通市场中取得优势，公司需要高效管理其物流绩效，确保产品能够快速、准确地送达全球客户手中，并保持良好的客户满意度。

任务分析

公司在全球速卖通物流绩效管理中，通过库存管理、订单处理、物流运输、退货处理和客户服务等多个方面的综合管理，实现了物流效率的提升和客户满意度的提高。公司能够快速响应市场需求，确保产品及时送达客户手中，并在全球速卖通平台上保持竞争力。

知识积累

全球速卖通商家后台首页上线了商家成长模块，主要由商家能力模型和数据诊断，优化建议组成。能力模型由七大能力项组成，分别为商品能力、流量渠道能力、流量承接能力、物流能力、客服能力、客户运营能力和成长规模。运营能力分可以全面地衡量商家的综合能力，同时平台会根据数据分析得出商家运营短板，店铺诊断后给予提升指引。为了激励平台全体商家提升运营能力，全球速卖通平台正式推出全新商家分层和匹配权益——由能力模型 – 店铺诊断 – 优化建议 – 商家分层 – 权益匹配组成的商家成长机制。

一、运营能力综合分

运营能力综合分由七大能力项单项得分组成，每个单项能力得分由旗下多项指标表现得出，各指标在单项能力项中的所占权重由算法模型自动跑出并不断调整优化，各单项能力得分会每日更新，根据二级类目的不同，单项能力得分在综合分中所占权重也是不同的，且权重规则会定期更新，并不对外公布。

根据运营能力综合分的高低，最新的商家运营能力分层有四个层级，分别为高级 – 高潜 – 腰部 – 普通，当月运营能力层级根据上月运营能力综合得分参考二级类目下排名得出，如图 10–6 所示。

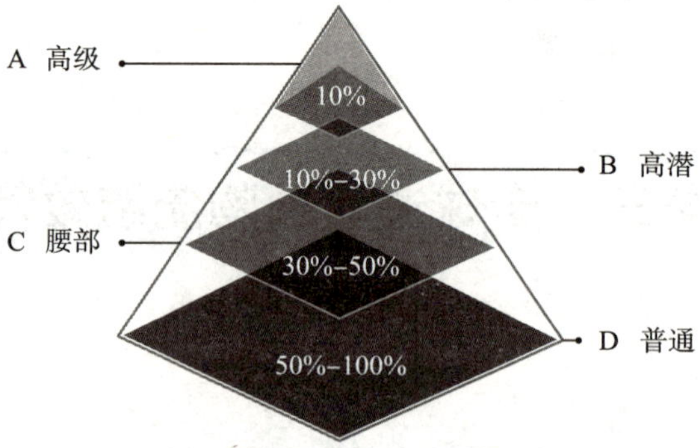

图 10–6 二级类目运营能力得分排名

商家运营能力层级越高，享受资源越多。平台将给予不同层级商家以下几大种类的权益：流量支持、服务支持、品牌特权等，如图 10–7 所示。各层级权益会视平台业务变化定期进行优化和更新。

权益	高级	高潜	腰部	普通
金银牌复筛选门槛	√	√		
银牌复筛选门槛	√	√	√	
橱窗奖励	√3个/月	√2个/月		
平台活动入选几率增加	√	√	√	
联盟流量扶持	√			
直通车优惠	√	√	√	
定制成长课程	√	√	√	√

图 10–7 商家层级和权益对照表

商家七大能力指标明细表如表 10–4 所示。

表 10-4 商家七大能力指标表

能力模块	指标名	指标解释（支付排风控）	统计时间范围
商品能力	在售商品数	统计当天产品管理页面中状态为【正在销售】的产品个数，一天仅更新一次	统计当天
	店铺爆品数	累计支付金额在全平台二级类目里前 20% 的商品个数	近 30 天
	单品最高支付件数	支付件数最高商品的支付件数	近 30 天
	上新商品数	首次发布成功的商品数	近 30 天
	货不对版纠纷提起率	（买家因货不对版提起退款订单数 – 买家主动撤销退款的订单数）除以（买家确认收货 + 确认收货超时 + 买家提起退款的订单数）	近 30 天
	DSR 商品描述	DSR 商品描述分的平均分	近 30 天
	商品动销率	有支付成功的商品数除以在售商品数（近 30 天反复上下架仅进入 1 次）	近 30 天
	新品动销率	新发布且支付成功商品数除以上新商品数（近 30 天上线的商品）	近 30 天
	成交不卖率	卖家未全部发货且卖家发货超时或者买家选择卖家原因并成功取消订单数除以（卖家未全部发货且卖家发货超时或者买家选择卖家原因并成功取消订单数 + 全部发货的订单数）。全部发货的订单是指排除未发货和部分发货	近 30 天
流量渠道能力	搜索店铺访客数	通过搜索进入店铺（含商品详情页）的去重访客人数（PC+APP）	近 30 天
	搜索点击率	搜索店铺访客数 / 搜索曝光访客数	近 30 天
	搜索引导支付转化率	搜索支付买家数 / 搜索店铺访客数（PC+APP）	近 30 天
	直通车点击量	直通车推广商品的点击次数	近 30 天

续表 1

能力模块	指标名	指标解释（支付排风控）	统计时间范围
流量渠道能力	直通车下单转化率	直通车引导下单订单数 / 直通车点击量	近 30 天
	联盟访客数	联盟引导访问店铺页面（含商品详情页）人数（PC+APP）	近 30 天
	联盟下单转化率	联盟引导下单买家数 / 联盟店铺访客数	近 30 天
	站外访客数	第一步直接进店或者商品详情页的访客数	近 30 天
	站外访客支付转化率	第一步直接进店或者商品详情页的支付访客数 / 第一步直接进店或者商品详情页的访客数	近 30 天
	店铺活动访客数	店铺活动（全店铺 & 限时限量）中商品的点击访客数（PC+APP）	近 30 天
	店铺活动支付转化率	店铺活动（全店铺 & 限时限量）中支付买家数 / 店铺活动访客数（PC+APP），排风控	近 30 天
	店铺活动支付金额	已生效店铺活动的商品的支付成功订单金额，含之前下单当天支付订单	近 30 天
	店铺活动次数	已生效的店铺活动次数（生效时间持续多天的同一个店铺活动只记为一次）	近 30 天
	平台活动访客数	已生效平台活动对应商品的访客数	近 30 天
	平台活动支付转化率	平台活动支付买家数 / 平台活动访客数	近 30 天
	平台活动支付金额	已生效平台活动的商品的支付成功订单金额，含之前下单当天支付订单	近 30 天
流量承接能力	支付转化率	支付买家数 / 店铺访客数	近 30 天
	商品收藏人数	点击收藏商品的人数	近 30 天
	加购人数	添加购物车的人数	近 30 天
	平均停留时长	访问店铺的所有访客总的停留时长 / 店铺访客数，单位为秒	近 30 天
	跳失率	没有发生点击行为的访客数 / 店铺访客数	近 30 天
	人均浏览商品数	浏览商品数 / 店铺访客数	近 30 天
	人均支付件数	支付件数 / 支付买家数	近 30 天
	客单价	支付金额 / 支付买家数	近 30 天
物流能力	DSR 物流服务分	DSR 物品运送时间合理性平均分（不包含采用线上发货 /4PL 物流且物品运送时间合理性评分为 1、2、3 分的订单）	近 30 天
	平均发货时长	声明发货总时长 / 声明发货总包裹数	近 30 天
	未收到货物纠纷提起率	（买家因未收到货物提起退款主订单数 – 买家主动撤销退款的主订单数）/（买家确认收货 + 确认收货超时 + 买家提起退款的主订单数）	近 30 天
	海外仓商品覆盖率	支持海外仓发货的商品数 / 在售商品数	近 30 天

续表 2

能力模块	指标名	指标解释（支付排风控）	统计时间范围
物流能力	7 天上网率	（过去 30 天全部发货且物流上网时间—支付成功（风控审核成功）时间小于等于 7 天的订单数）/（过去 30 天支付成功（风控审核成功）的订单数—成功取消 / 超期取消订单数）	近 7 天
服务能力	DSR 卖家服务	统计时间范围内，DSR 沟通质量及回应速度平均分	近 30 天
	好评率	统计时间范围内，好评次数除以（差评次数 + 好评次数）	近 30 天
客户运营能力	支付买家数	支付成功买家数	近 30 天
	新买家数	统计当日之前，在店铺没有支付行为的买家，且统计当日第一次支付的买家数	近 30 天
	新买家转化率	新买家数 / 新访客数	近 30 天
	老买家数	统计当日之前，在店铺有过支付行为的买家，在统计当日再次支付的买家数	近 30 天
	老买家转化率	老买家数 / 老访客数	近 30 天
	90 天回访率	90 天回访访客数 /90 天前那一天访客数	
成长规模	支付金额	支付金额为统计时间范围内按天累加值	近 30 天
	支付金额同比	（支付金额 / 去年同期支付金额 –1）× 100%	近 30 天
	支付金额环比增长	（支付金额 / 上一周期支付金额 –1）× 100%	近 30 天

二、物流能力评分

物流能力得分由卖家服务评级系统（detailed seller ratings，DSR）物流服务分、平均发货时长（h）、未收到货纠纷提起率、海外仓商品覆盖率和 7 天上网率五项指标构成，要想提升物流能力得分，需要对五项指标都进行优化。

（一）DSR 物流服务分

卖家服务评级系统包括买家在订单交易结束后以匿名方式对卖家在交易中提供的商品描述的准确性（item as described）、沟通质量及回应速度（communication）、物品运送时间合理性（shipping speed）三方面服务作出的评价（单向评分）。DSR 评分会在全球速卖通前台页面展示给买家。

DSR 物流服务分可以通过完善物流政策和细则，如发货、运输说明、退货说明等，选择优质的物流供应商等方法进行提升。

（二）平均发货时长

平均发货时长越短越好，卖家后台会给出同行同层级卖家的平均值和优秀值，超过平均值才能提升得分，而平均值和优秀值是动态变化的，所以需要卖家经常关注这个指标。

平均发货时长 = 声明发货总时长 / 声明发货总包裹数

（三）未收到货纠纷提起率

未收到货纠纷提起率 =（买家因未收到货物提起退款主订单数—买家主动撤销退款的主订单数）/（买家确认收货 + 确认收货超时 + 买家提起退款的主订单数）

订单如果使用线上发货，物流原因造成的投诉会计算卖家免责，不包含以下情况。

（1）使用线上发货方式，且填写发货通知时正确选择物流渠道并填写物流单号；若卖家创建了线上发货物流订单但是后续却通过了线下的方式进行发货将无法享受免责。

（2）物流运单号和全球速卖通交易订单号必须一一匹配。若卖家创建了线上发货物流但是没有填写对应的物流单号（如误填写了其他订单的线上发货物流单号）将无法免责。

（3）订单提起的纠纷最终上升到平台后，被平台判为的纠纷类型是“未收到货物”才能免责，若是“货不对版”类型的将无法享受到保护。

（4）无忧标准，简易和优先，还必须同时满足卖家已交货到仓库且无延迟发货情况：自创建物流订单起 5 个工作日内货物到仓。货物是否到仓以及到仓时间以上网信息为准：揽收件以揽件成功信息为准，自寄件以仓库签收成功信息为准。

（5）无忧集运自创建物流订单起 3 个工作日内货物到仓。订单如果是线下发货，物流原因产生纠纷不会免责。

（6）仅创建运单号，未实际发货的订单不能免责。

在日常未收到货纠纷和申诉咨询中，全球速卖通平台经常收到一些商家因为对纠纷响应不及时，对物流线路和规则不了解，从而在操作发货和后面纠纷处理时产生一些问题，这里总结了一些场景，希望商家能在纠纷产生前，做好风险的预判，提前避免这些不当操作导致后期产生资损。

场景 1：协商阶段商家超时未响应纠纷导致退款。

纠纷流程：当买家提起纠纷后，卖家需要在买家提起纠纷的 5 天内接受或拒绝买家提出的纠纷，若逾期未响应，系统会自动根据买家提出的退款金额执行。

举例：日常交易管理完全依赖订单通知邮件，认为没有看到邮件通知就不需要关注纠纷列表；5 天响应的截止时间在周末，或者平台未官方告知响应期会顺延的节假日，不在自己的工作时间所以错过响应，要求平台赔付。

目前处理：5 个自然日的协商期响应超时，未响应退款的订单，平台目前是不支付赔付的。

建议：订单通知邮件是作为辅助功能使用的（邮件通知存在送达的概率问题），订单和纠纷列表才是商家日常处理订单交易问题的主页面。需要商家日常自己多关注该页面订单的情况。订单少的商家尽量养成每日查看的习惯；订单多的商家，在使用第三方工具批量处理订单的时候，也可以关注下第三方工具是否有相关提示或者倒计时提醒。关于节假日，目前一般涉及春节或者国庆长假，相关业务会有商家公告。短期节假日，纠纷有 5 个自然日的响应期，请不要等到最后一天再去操作。

场景 2：补差价下单。

纠纷流程：平台订单纠纷是独立订单维度处理，未收到货纠纷处理时，是依据商家在订单申明发货填写的运单物流信息。

举例：买家下单 A 订单 15 美元，由于各种原因需要补差价，商家引导买家重新下单 B 订单 5 美元，A 订单填写了无忧运单号 LA，LA 实际并未操作发货，B 订单进行实际操作了无忧发货，运单号 LB。后期买家未收到货在 A 订单提交了纠纷，平台直接介入无商家响应阶段，按照 A 订单的物流信息处理纠纷，A 并未发货，因此纠纷会退款买家，此时因为未发货无忧也不会赔付。

此时如果买家在 B 订单也提交了未收到货的纠纷，物流实际未在限时达内妥投，此时纠纷退款买家，平台会代替商家发起无忧赔付投诉，但是这个时候，按照无忧物流的赔付标准，未超过该线路上限的订单是按照本订单金额赔付，因此赔付不会超过 B 订单的金额 5 美元。此种操作就会造成资损。

目前处理：未收到货纠纷在处理时，主要依据商家在订单申明发货时填写的运单信息。

建议：产品运费等信息，建议商家定期检查，避免在下单后产生此类问题。如果已经产生可以和买家协商，协商一致后，重新按照约定下单，在新订单按照真实发货信息填写物流单号。

场景 3：补发或者换运单。

纠纷流程：订单在申明发货之后 10 天内可以在系统更换物流单号，纠纷处理是依据商家在订单申明发货填写的运单物流信息。限时达一般是按照买家下单时选择物流线路的承诺运达时间计算。

举例：商家订单 C 于 5 月 1 日操作线上发货并填写发货通知，在申明发货后 5 月 8 日商家发现物流信息未更新，联系物流之后核实到该包裹揽收未入库，此时商家重新操作了发货于 5 月 9 日在买家会话留言给买家说更换了运单号。限时达到期后，包裹未妥投，买家提交了纠纷。纠纷会按照申明发货的运单判断。

目前处理：订单系统有正规提交运单信息的位置，买家会话和订单留言等其他地方备注的信息不是纠纷判断依据，未在申明发货的有效位置更新运单的，在纠纷处理阶段未在纠纷中举证或者在 4PL 平台直接代替商家处理纠纷时这些信息是无法获得的。申诉也不支持该场景。

建议：如果发生更换运单的情况，在系统支持的运单更换的时效内，商家务必及时去系统更新运单号。如果超出了 10 天，需要补发系统无法更新的话，建议联系买家协商一致之后，重新下单再重新发货。

场景 4：纠纷限时达和物流投诉限时达。

纠纷流程：纠纷限时达，是从商家在全球速卖通订单填写申明发货开始计算。物流时效投诉的限时达，一般是从揽收成功开始计算。

举例：订单E，运单号LE，全球速卖通订单系统申明发货时间是在2023年3月1日，物流线路和商家运费模板设置的限时达一致，都是60天。实际操作发货和物流揽收成功的上网信息是在2023年3月5日。运单LE还显示在途，从4月份就无更新记录，在2023年5月1日没有到达代取或者尝试投递信息，买家提交了纠纷，此时纠纷判则的时候，因为超过承诺运单时效所以是退款买家的。纠纷结案之后物流信息在2023年5月3日更新显示到达代取，此时商家去投诉物流超时投递，一般不会投诉成功，因为从揽收成功到妥投计算，还在物流承诺的投递时间内。

目前处理：在限时达起点一致的情况下，物流超过投递时效，纠纷退款买家，物流按照线路规则赔付商家。但是如果揽收操作晚于申明发货时间，产生案例这样的情况，物流就不会赔付，商家会产生资损。

建议：在申明发货之后，买家也是按照看到的申明发货和限时达自己关注到货时间的。因此请及时真实操作发货，尽量缩短申明发货和揽收时间差，减少此类特殊情况发生的可能。

（四）海外仓商品覆盖率

海外仓商品覆盖率 = 支持海外仓发货的商品数 / 在售商品数

海外仓发货的商品越多，该项得分就越高。

（五）7天上网率

7天上网率的计算公式为

7天上网率 =（过去30天全部发货且物流上网时间 – 支付成功（风控审核成功）时间小于等于7天的订单数）/（过去30天支付成功（风控审核成功）的订单数 – 成功取消 / 超期取消订单数）

（1）统计时间均为自然日，考虑物流上网时间反馈延迟情况，统一会预留7天，举例1月8日的数据，统计的是1月1日倒推30天的数据。国庆和春节假期统计顺延，不统计进7天中。7天上网率考核商家过去30天订单中7天上网情况，跟服务分考核时间不相关。

（2）外仓订单暂不考核，海外仓是平台重点，平台将单独启动激励政策。

（3）定制类目：备货期 >7天的订单暂不考核。

（4）特殊类目补差价链接不考核。

（5）特殊商品（如大件、液体粉末等）暂无线上物流解决方案的，卖家通过自定义发货的订单暂不考核，平台将联合菜鸟拓展和对接特殊商品线路及物流信息，根据线路拓展和数据对接情况，另行启动考核计划。

三、线上发货的问题投诉

针对卖家线上发货产生的物流问题，卖家可以在全球速卖通后台进行投诉，维护自身权益。目前线上发货可以针对时效性问题、货物类问题、费用类问题这三类问题发起投诉。

（1）针对时效性发起投诉：物流商未在承诺时效内达成服务。如入库延迟、调拨延迟、发货延迟、配送延迟等情况。

（2）针对货物类问题发起投诉：货物在仓储、运输、配送过程中发生的错发、破损、丢失或发票问题，在物流订单投诉时效内卖家可在平台上起投诉。如库存差异、发货错误、货物丢失、货物破损等情况。

（3）针对费用类问题发起投诉：客户对菜鸟费用结算有异议，在物流订单投诉时效内卖家可在平台上起投诉。如多收费、扣费错误等情况。

任务四 海外退换货管理

任务描述

某跨境电子商务公司（以下简称“公司”）是一家在多个跨境电子商务平台销售时尚服饰的电子商务企业。随着公司业务扩展到多个海外市场，海外退换货管理成为其物流绩效管理中的重要环节。高效的海外退换货管理不仅能提升客户满意度，还能减少退货成本，提高运营效率。

任务分析

公司在海外退换货管理中，通过流程设计、成本控制、客户满意度和数据分析等多个方面的综合管理，实现了退换货效率的提升和客户满意度的提高。公司能够快速响应客户退换货需求，确保退货和换货过程的透明、高效和标准化。

知识积累

跨境电子商务由于距离原因，商品一旦出现退换货问题就非常麻烦，而退换货又无法避免。以鞋类为例，无论是内贸还是外贸通常都会有 15% 左右的退换货率，并且鞋类的退换货也没法通过给客户部分退款或送优惠券等常规手段来解决。

客户退换货面临最主要的两个问题，一是时间太长，如果按照电子商务正常的处理规则，客户需要把商品寄回给商家。如果商家在海外没有仓库的话，客户就需要把货寄回中国；二是高额运费，如果商品本身价值不高，由于客户缺乏国际物流寄送渠道，客户寄回我国的运费往往会远远高于商品价值。对价值不高的商品，平台也不愿出退回的运费。

对于自建网站的跨境电子商务企业来说，可以自定义退换货规则，相对可以灵活处理各种问题。而在一些跨境电子商务平台，退换货规则较买家更有利，这也变相增加了卖家运营成本。总体来说，是否需要卖家退货退款需要视商品价值决定，很大一部分跨境卖家会采用退款不退货或者免费再寄一个替换品的方式来解决退货问题。

一、亚马逊退货规则

亚马逊不同国家站点的退换货政策可能存在一定差异。以下除特别说明外均是以美国站为例。

（一）卖家自配送订单退货政策

为确保买家获得一致体验，亚马逊第三方卖家必须至少提供与亚马逊自营退货政策同等的退货政策。亚马逊会根据实际情况随时调整买家退换货政策，有时买家购买订单后，最长三个月内都可以申请退货。

自 2021 年 5 月 25 日起，如果卖家从美国境外国家或地区向美国境内买家配送价值低于 $25 的订单商品，则必须提供一个有效的美国境内退货地址。在退货请求符合要求时，亚马逊将使用此地址为买家生成预付费退货标签（即已经向物流服务商支付了运费的运单标签，买家可自行下载打印并贴在退货包裹上）。如果未提供美国退货地址，亚马逊将为 $25 以下符合要求的退货向买家发放退款，并且不要求退回商品（即不退货退款）。

一般情况下，卖家自配送订单出现的退换货申请有四种处理方式：不退货退款、提供国内退货选项、提供预付费国际退货运输、提供部分退款。

1. 不退货退款

不退货退款即提供全额退款，而不要求退回商品。具体操作步骤为：从“订单”下拉菜单中，点击【管理退货】，如图 10-8 所示选择要退款的商品，然后点击【发放退款】。选择【买家退货】作为退款原因，然后发放全额退款。关闭退货请求时选择【退款而不退货】作为原因，然后给买家留言。

2. 提供国内退货选项

提供国内退货选项是指提供买家所在国家或地区的当地退货地址，由于亚马逊 FBA 仓库不会接收卖家自配送订单的退货，卖家可以填写合作的海外第三方仓库的地址。在海外第三方仓收到货物并验收合格后，卖家就可以提供退款。

从【设置】下拉菜单中，点击【账户信息】。在“卖家账户信息”页面上，前往【发货和退货信息】部分，然后点击【退货信息】。在“退货设定”页面中，点击【退货地址设置】。选择一个现有当地地址作为默认退货地址，如图 10-9 所示或者输入一个新的默认退货地址。

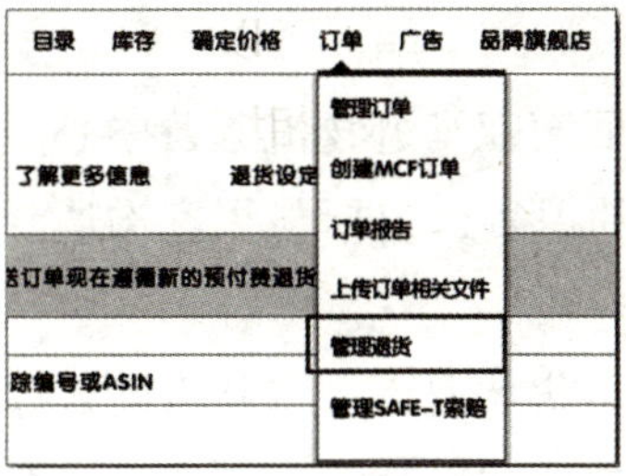

图 10-8　管理退货界面

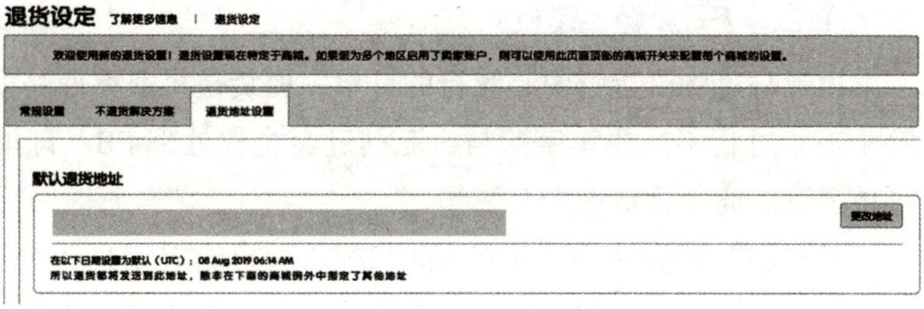

图 10-9　设置默认退货地址

3. 提供预付费国际退货运输

实际上，卖家也可以将退货地址设置成卖家实际所在地，让买家跨国退货。操作与上一步中“提供国内退货选项”一样，只是把退货地址填写为卖家所在地。

从“订单”下拉菜单中，点击【管理退货】。选择要批准的退货请求，点击【批准请求】。在【退货邮寄标签】部分中，选择【我将为此申请提供预付费邮寄标签】，如图 10-10 所示。上传货件标签，选择使用的承运人，然后输入追踪编码（如有）。将退货标签成本设置为 0.00，以确保买家无须支付退货运费。或者也可以转至卖家平台账户的“买家与卖家消息”部分，然后通过站内信将预付费退货标签发送给买家。

事实上，卖家也可以不提供预付费的邮寄标签（快递运单标签），让买家承担国际退货费。但这会造成不好的购物体验，需要事先与客户沟通好，否则容易产生差评。

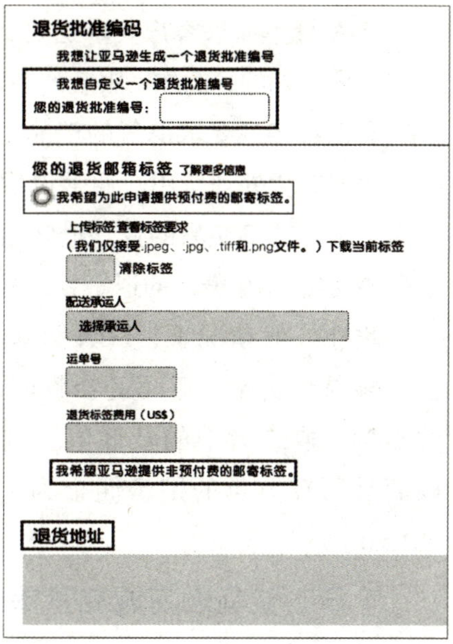

图 10-10　订单退货选项设置

4. 提供部分退款

取消订单和缺货商品，应给予全额退款。对于退货申请还可以与客户沟通发放部分退款。例如，送达的商品存在轻微残损或与商品描述略有差异。部分退款发放与否、发放多少由卖家自行酌情决定。如果卖家决定发放部分退款，一定要提前征得买家同意，并请买家取消退款申请。以免造成误解或导致亚马逊商城交易保障索赔。

此外，卖家可以在后台通过添加规则的方式自动处理退货申请，具体操作如下。

从【设置】下拉菜单中，点击【账户信息】。在“卖家账户信息”页面上，前往【发货和退货信息】部分，然后点击【退货信息】。

在这个“退货设定”页面中，可以在退货【常规设定】中让亚马逊自动批准满足规则的（如金额规则）退货申请等，还可以在【不退货解决方案】中添加规则，自动拒绝某些类目的某些退货理由。

（二）FBA 订单退货

由亚马逊物流运营中心履行的订单，退货是买家将商品发回至亚马逊物流运营中心。整个退货过程不需要卖家参与，亚马逊会全权处理 FBA 订单的退货，包括与买家沟通、订单退款、商品重新入库上架等。

亚马逊会评估每件退货商品的状况。如果确定该商品处于可售状况，会将其重新入库上架到卖家库存中。如果确定该商品处于不可售状况（如存在缺陷或已残损），亚马逊会评估造成该损坏的责任方（亚马逊或买家），然后再决定卖家是否可以获得赔偿。

1. 退货时间范围

在大多数情况下，买家可以在收到货后的 30 天内请求退回商品。亚马逊可根据具体情况确定例外，接受收货 30 天后的退货请求。在大多数情况下，如果商品未在买家提出退货请求后的 45 天内抵达亚马逊物流运营中心，亚马逊将向买家收取商品的相关费用，并将其存入卖家的账户。

2. FBA 退货费用

FBA 订单如果客户要求退货，一般的品类卖家是无须再付另外的费用了。但是也有一些品类是例外的，例如、服装、手表、珠宝、鞋子，包包、太阳眼镜、行李箱等。也就是说，如果卖家被客户要求退货的产品是属于这 5 个类目中的一个，那么退货时候亚马逊还需要收取卖家退货处理费用。通常退货处理费等于 FBA 正向配送费用。例如，一件出库配送重量为 1 磅且这笔交易的亚马逊物流配送费用为 3.19 美元。如果买家决定退回该商品，则卖家需要支付 3.19 美元的退货处理费。卖家可以在亚马逊物流买家退货报告中查看该明细。

此外一般情况下，FBA 订单如果发生了退货，亚马逊之前已收取的订单佣金并不会全额退给卖家。亚马逊会收取一定的退款管理费用，退款管理费为 $5.00 或销售佣金的 20%，取二者中的较低值。例如，如果向买家退款的商品总销售价格为 $10.00，而该商品所在分类的销售佣金为 15%，则退款管理费用为 $0.30（$10.00 × 15% 销售佣金 =$1.50）。

（三）亚马逊商城交易保障索赔

亚马逊商城交易保障索赔（Amazon A-to-Z guarantee claim，A-to-Z 或 A-to-Z claim）。亚马逊对在亚马逊平台上购买商品的所有买家实施保护政策，如果买家不满意第三方卖家销售的商品或服务，买家可以发起亚马逊商城交易保障索赔保护自己的利益。卖家可以在【绩效】菜单上，选择“亚马逊商城交易保障索赔”查看详情。

一般情况下，买家在发起 A-to-Z 索赔前都会先联系卖家，告诉卖家自己的真实需求。卖家有 48 小时可以解决客户问题，如果 48 小时内没能解决买家的问题，或买家不满意卖家服务，亚马逊就会允许买家发起 A-to-Z 索赔。如果亚马逊在调查买家索赔后批准了索赔，便会从卖家的账户中扣除索赔金额，同时也会在订单缺陷率（order defect rate，ODR）统计中计入该订单。

一旦卖家收到 A-to-Z，需要在 3 天内与客户沟通，让客户取消 A-to-Z，或者直接向亚马逊陈述你的拒赔理由，由亚马逊来判断该索赔是否成立。如果卖家未在规定期限内让买家取消索赔或未向亚马逊陈述理由，则买家将直接获得胜诉。注意，直接回复买家或者致电 Seller Support 不属于正式的 Claim 回复。

买家提出索赔的前提条件：①买家已等到预计送达日期过期 3 天，并且首先通过站内消息联系过卖家；②卖家未在收到买家第一条消息后的 48 小时内解决问题。

基于亚马逊保护买家的倾向，除非卖家有确凿的证据，A-to-Z 绝大多数情况下都将会是买家胜诉。卖家处理 A-to-Z 要比一般的退换货问题棘手。因为一旦 A-to-Z 成立，会影响卖家的绩效指标中的订单缺陷率以及完美订单（perfect order percent，POP）的分数，对卖家的负面影响是显而易见的。假如卖家成交的订单本来就不多，就要小心了，可能会因为存在一两个 A-to-Z，账号就会有被审核、冻结的风险，甚至被关闭。亚马逊商城交易保障索赔流程如图 10-11 所示。

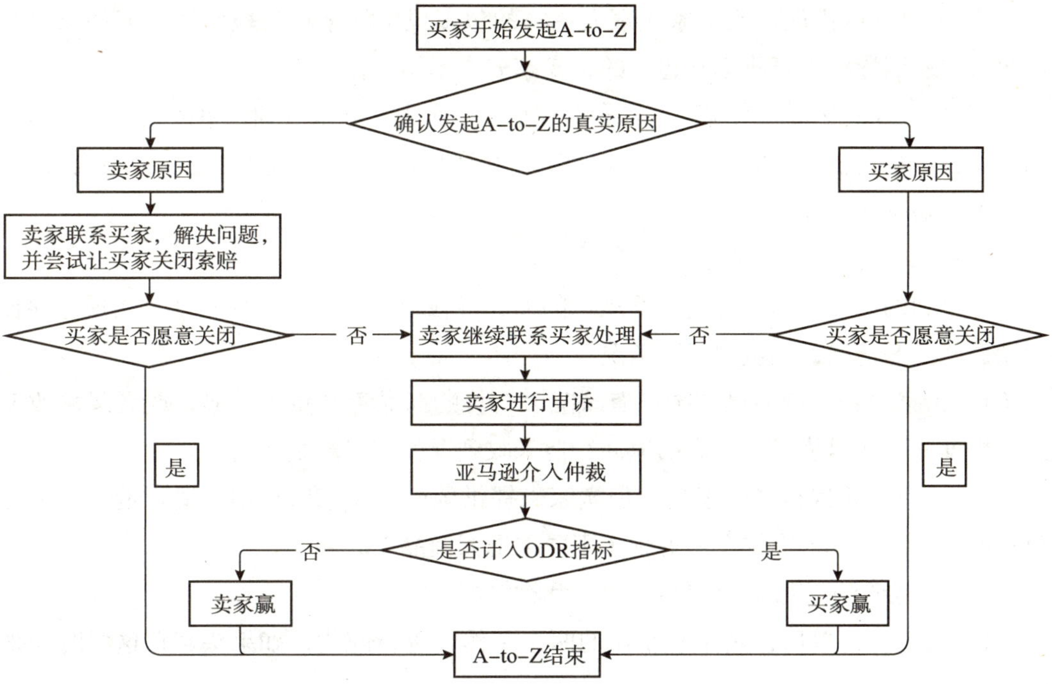

图 10-11　亚马逊商城交易保障索赔流程

买家发起索赔的原因可能有以下情形。

1. 买家未收到商品

买家对订单提出索赔的时间限制：卖家已经安排配送订单，但是买家没有收到订单包裹。买家最早可在下订单的 3 个工作日以上或经过下单后 30 天（以两者中较早的日期为准）的这段时间内提出索赔，最晚可在预计最迟送达日期算起 90 天时间内提出索赔，但如果亚马逊发现需要就相关事宜展开调查，对于超出此时间范围提出的索赔，亚马逊将依然保留接受买家索赔的权利。

买家未收到商品索赔案例进行说明。

（1）如果卖家提供追踪订单的追踪信息（快递单号）表明商品预计会在某段时间到达，但实际上无法在预计或合理的时间内送达，买家发起的索赔将获得批准，且卖家应承担赔偿责任。

（2）订单已配送且追踪信息显示已送达，但买家声称未收到商品，买家可以发起A-to-Z索赔。亚马逊可能会联系买家确认是否收到订单商品，而这个确认订单签收的过程，可能会有以下结果。

① 如果确认到买家确实没有签名确认签收订单包裹，卖家存在无法控制的配送错误（如发错货或发错地址）的问题，卖家需要承担未配送责任。

② 如果买家声称未收到商品，但签名确认上的姓名与买家姓名匹配的，亚马逊将会驳回买家发起的索赔；但如果签名确认上的姓名与买家的姓名不符的，亚马逊也将会驳回买家发起的索赔，并要求买家调查签署包裹的人。

③ 针对由货运代理人或买家代理人签收的包裹提出的索赔将被驳回，但如果调查显示是卖家的原因导致买家收不到包裹的，卖家需要承担责任。

（3）商品通过亚马逊物流配送且有追踪信息，而买家称未收到订单商品并提出索赔，亚马逊将会承担责任，同时也不会向卖家发送索赔通知，即使有索赔成立，也不会计入卖家的订单缺陷率。

2. 商品不符合买家期望

买家收到的商品与商品详情页面展示的商品存在重大差异，包括收到时受损、存在缺陷、缺失零件等情况，还包含以下情况。

（1）买家收到的商品已残损、有缺陷、与订购商品存在重大差异，或者买家改变了主意，根据亚马逊退货政策将商品退回，但未收到退款或退款金额有误。

（2）买家想要进行国际退货，但卖家未提供国内（买家所在国）退货地址、未提供预付费退货标签，或未提供全额退款（不要求退回商品）。

亚马逊不会受理买家索赔申请有以下几种情况。

（1）买家下订单后，卖家有默认的两个工作日进行配货，如果买家在这段时间提出索赔，将不会获得批准。

（2）买家订单的追踪信息（快递单号）显示预计不久即可送达，买家在这个节点提出索赔不会获得批准，亚马逊会要求其等待商品送达，卖家暂时无须承担责任。

（3）如果买家拒收包裹，或者声称已退回包裹给卖家了，但无法向卖家提供有效的追踪号，买家发起的索赔将不予受理。

（4）卖家已经全额退款给买家了，买家不能再发起A-to-Z索赔。

（5）每张订单只能开一次A-to-Z。如果买家取消了，就不能再开。

二、全球速卖通退货规则

相较于亚马逊来说，全球速卖通的退货规则不会过于偏向于买家，也正是基于此，全球速卖通商品退换货率相对比较低。一般情况下，买家确认收货后（如果买家没有点击确认收货则订单到期后由系统自动确认收货）15 天内可以提起纠纷的，若买家这时要求退货，则需要将货物退回给卖家，退货的运费需要卖家和买家积极协商。卖家也可以通过直接提供全额退款或部分退款而不要求退货来解决问题。如果双方不能达成一致则需要平台判责。注意，卖家需要在买家提起纠纷的 5 天内接受或拒绝买家提出的纠纷，若逾期未响应，系统会自动根据买家提出的退款金额执行。

交易过程中买家提起退款或退货退款申请，即进入纠纷阶段，须与卖家协商解决。流程如图 10–12 所示。

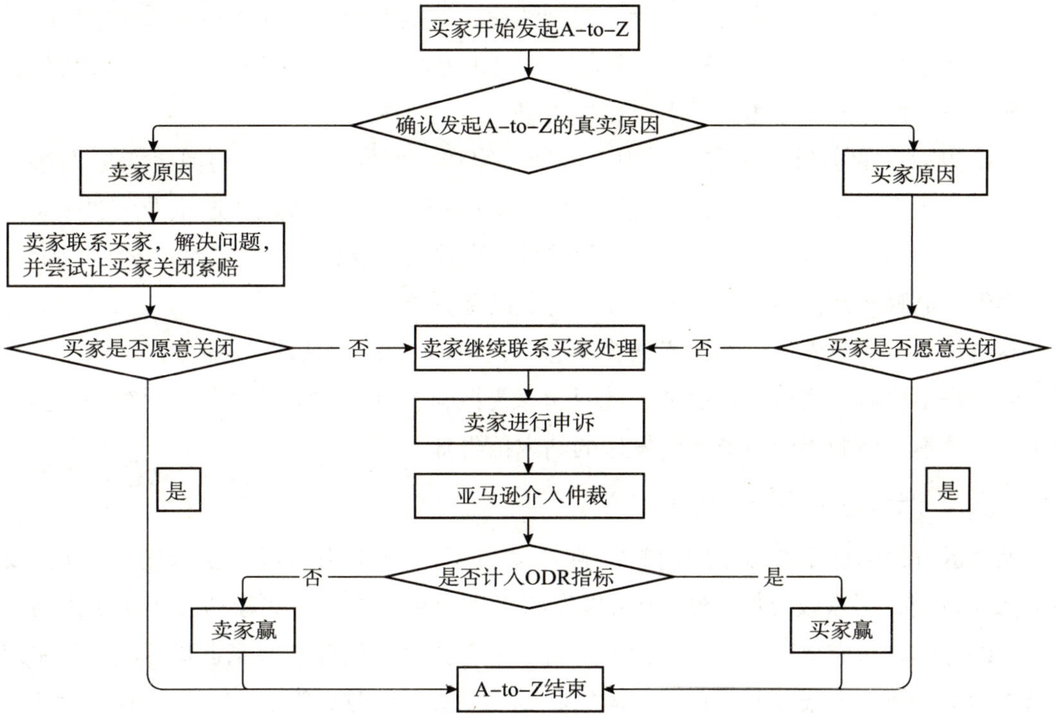

图 10–12　全球速卖通纠纷处理流程

（一）买家退款或退货退款申请

1. 买家提交纠纷的原因

（1）未收到货。

（2）收到的货物与约定不符（货不对板）。

（3）买家自身原因。

2. 买家提交退款申请时间

可以在卖家全部发货 10 天后申请退款（若卖家设置的限时达时间小于 5 天则买家可以在卖家全部发货后立即申请退款）。

3. 买家端操作

在提交纠纷页面中，买家可以看到选项“Only Refund”和“Return & Refund”，选择“Only Refund”就可以提交仅退款申请，选择“Return & Refund”就可以提交退货退款申请。提交退货退款或仅退款申请后，买家需要描述问题与解决方案以及上传证据。买家提交纠纷后，客服会在 7 天内（包含第 7 天）介入处理纠纷。

（二）售后宝

目前平台对于部分类目提供一定的售后支持：即相关类目下的订单一旦产生“货不对版”类纠纷，平台将代卖家处理该货不对版纠纷，这类型的纠纷为售后宝纠纷。纠纷结案后，纠纷详情界面会显示“AE 平台出资”，代表退款是平台承担的，也就是说由售后宝处理的纠纷，都是由全球速卖通出资赔付买家。

支持售后宝的类目：珠宝、手表、服装、家居、假发、玩具、灯具、美容健康、母婴童、电子元器件、特殊类目、办公文具、珠宝配件类、汽摩配、通讯及配件 Phone & Accessories 的部分类目、箱包、假发自营类目、旅游及代金券，以及工具、家装（硬装）、运动娱乐、电脑和办公、消费电子等几个行业的部分类目。

参与售后宝的条件：全球速卖通会动态考核店铺“货不对版”纠纷率，纠纷率过高的店铺会被踢出售后宝售后支持服务，此时卖家需要自行处理“货不对版”纠纷并承担退款费用。考核不合格的店铺会被平台发送的站内信告知。

（三）无忧退货保障计划

无忧退货保障计划类似于国内常见的“运费险”的海外升级版，全球速卖通卖家支付一定保险费用，买家收货后 15 天内可以发起无理由免费本地（买家所在国家）退货。发生退货的订单，对应货物不会退回商家，将由第三方直接处理。买家退货后收到订单退款（退货运费由第三方服务商承担），卖家收到第三方补偿款，第三方收到货物。货权从商家转移至第三方合作伙伴。对卖家来说，这就免去了海外退换货的沟通成本、经济成本，以及退回的货物无法再次销售的麻烦。

1. 无忧退货保障计划服务流程

无忧退货保障计划旨在解决消费者无法退货到中国的问题，通过为买家提供当地的退货仓库地址以提升买家的退货体验。参加无忧退货保障计划的商家和产品均有“Free Return”服务标识，当买家购买带有该服务标识的商品，全球速卖通为买家提供收货后 15 天的无理由本地退货服务。当买家退货时，卖家可以得到服务商给予的补偿金。

2. 无忧退货保障计划参与范围

无忧退货保障计划参与范围如表 10–5 所示。

表 10-5　无忧退货保障计划参与范围

费用收取	赔付卖家	参与范围
美国、加拿大、澳大利亚、英国、法国、西班牙、德国、俄罗斯、巴西、以色列、韩国、沙特、阿联酋、波兰、荷兰和意大利 16 国的无忧退货服务商品订单，在卖家全部发货后，全球速卖通按“买家实付金额 x 无忧退货服务费费率”从卖家资金收款账户扣取无忧退货服务费用。实付金额不含任何形式的店铺优惠券和运费，亦不含买家须承担的税费（如美国部分州的消费税）	赔付到卖家绑定的国内支付宝账号	1. 参与行业：除定制类、贴身内衣类、食品类、成人用品外 2. 参与卖家：自主报名 3. 参与国家：美国、加拿大、澳大利亚、英国、法国、西班牙、德国、俄罗斯、巴西、以色列、韩国、沙特、阿联酋、波兰、荷兰、意大利 4. 参与订单：1 000 美元及以下按实际金额进行保障，1 000 美元以上按 1 000 美元进行保障
费用扣取：全球速卖通卖家资金收款账户		

注：费率具体以全球速卖通订单页面 / 公告 / 站内信 / 邮件为准，不同卖家账号在平台的交易表现会影响该账号服务费率的计算值

3. 服务费用

收货地址国家为美国、加拿大、澳大利亚、英国、法国、西班牙、德国、俄罗斯、巴西、以色列、韩国、沙特阿拉伯、阿联酋、波兰、荷兰、意大利 16 国买家产生的订单，在卖家全部发货后，按照支付金额 × 服务费率的公式扣取服务费用（从卖家资金收款账户系统自动划扣）。支付金额不含任何形式的店铺优惠券和运费，不含买家税费（如美国部分州的消费税）。一旦买家发起无理由退货，系统退款买家后，商家从第三方获得赔付款。无论买家收货后是否发起纠纷，以上 16 国的服务费用在卖家全部发货后系统会自动扣款。

例如，1 个月美国、加拿大、澳大利亚、英国、法国、西班牙、德国、俄罗斯、巴西、以色列、韩国、沙特、阿联酋、波兰、荷兰和意大利 16 国合计成交 1 万美金，且该店铺当时服务费率为 1.3%，则当月服务费用为 1 万 ×1.3%=130 美金，即实现退货不愁，还享受到前台全链路整店货品打标，以及参与营销资源倾斜资格。

4. 加入无忧退货保障计划

在后台【交易】–【物流中心】找到【无忧退货保障计划】，点击进入签署协议加入。

知识拓展

可持续发展成为物流新焦点

温室气体排放量的大幅上升使可持续性发展更加成为新的全球关注焦点，这促使各国开始比原先预期的要早得多地应对气候变化。

欧洲第二大国际包裹配送网络 DPD 宣布到 2020 年末承诺向 20 个国家或地区的

225 个欧洲最大城市提供零排放和低排放的交通工具。所有物流公司都需要进一步努力，以扩大这些类型的交通工具使用的措施或迅速制定更具影响力的战略以适应全球碳中和的大趋势。

中国：两次重要讲话均强调要“提高国家自主贡献力度”，并两次提升碳中和相关政策规划目标，提出在 2030 年碳达峰、2060 年碳中和，体现了全面治理碳排放的态度和政策决心。

项目评价

课堂表现评价

评价内容：跨境物流运营规划的要点、配送绩效评价指标及平台商品退换货规则。

评价规则：将全班同学分成若干小组来组织教学，每个小组需要设计队名，每次课在黑板上画出表 10–6。每次课都有评价，只要本组同学回答正确，就给全组加分，每组同一个人不能连续回答问题，必须换人回答才能给本组加分，如果回答错误，其他小组可以回答；小组讨论表现最好的（一组）和较好的（两组）加分；当堂课小组全勤的加分；每项分值由教师指定，每次课堂结束后由学习委员在分数记录册上进行记录，最终形成该小组分数，如表 10–6 所示。

表 10-6　课堂表现评价表

小组	回答或解决问题	小组讨论表现	小组全勤	合计
小组一				
小组二				
小组三				
小组四				
小组五				
小组六				
小组七				
小组八				
小组九				
小组十				

项目学习成果评价

评价规则：项目学习成果评价汇总表分数将作为学生项目学习成果得分，如表 10–7 所示。每个小组完成项目学习的可视化学习成果将会存档。

表 10-7　项目学习成果评价汇总表

小组	任务一	任务二	任务三	任务四	课堂表现	总评
小组一						
小组二						
小组三						
小组四						
小组五						
小组六						
小组七						
小组八						
小组九						
小组十						

项目小结

本项目首先介绍了跨境物流运营规划；其次介绍了亚马逊物流绩效管理；再次介绍了全球速卖通物流绩效管理；最后介绍了海外退换货管理。通过本项目的学习，读者不仅深化了对跨境物流绩效管理的理解和实践能力，还培养了数据分析、问题解决和团队协作的能力。读者能够在未来的工作中灵活运用所学知识，持续改进跨境物流绩效管理，为企业的发展和客户的满意度做出贡献。

巩固与训练

思考练习

1. 如何建立跨境物流运营规划？
2. 亚马逊 IPI 提升方法有哪些？
3. 全球速卖通的物流能力有哪些指标构成？

拓展训练

1. 跨境物流运输中长期存在的问题有哪些？请列出问题，并举例。

跨境运输存在的问题	举例（可列举自己海外购的例子或新闻）

2. 利用网络资源，进入各大跨境电子商务平台，查找平台对跨境物流是否有绩效要求、物流限制、物流设置规定。

电子商务平台	平台规则	物流绩效规则
阿里巴巴国际站		
全球速卖通		
亚马逊		
eBay		
Shopee		
Wish		
Shopify		

3. 假设店铺内要迎接节日大促，查阅网络资料，请制订合理的备货计划。

4. 以下商家纠纷场景，应该怎么做？

（1）商家使用无忧物流发货，但物流原因导致的运单号无法查询到物流信息。

（2）卖家延迟发货，自创建物流订单起5工日内货物未到达仓库。

（3）卖家按约定时间内发货，商品在运输途中因运输工具发生意外事件而延误送达，且收到商品时包装破损。

5. 已认知跨境物流退换货痛点及难点，请结合跨境电子商务平台、店铺退换货政策、通关政策、可持续发展理念等因素，编写退换货发展建议。

参 考 文 献

[1] 龚英，蹇洁，黄芳等. 跨境电子商务物流管理 [M]. 北京：高等教育出版社，2024.

[2] 邹益民，隋东旭. 跨境电子商务物流 [M]. 北京：人民邮电出版社，2024.

[3] 左锋. 跨境电商物流业务操作（第二版）[M]. 北京：中国人民大学出版社，2023.

[4] 陈岩，李飞. 跨境电子商务（第二版）[M]. 北京：清华大学出版社，2023.

[5] 彭静. 跨境电子商务物流 [M]. 北京：清华大学出版社，2023.

[6] 汪怡. 跨境电子商务理论与实务 [M]. 合肥：安徽大学出版社，2022.

[7] 卞凌鹤. 跨境电子商务速麦通运营 [M]. 北京：清华大学出版社，2022.

[8] 秦良娟. 跨境电子商务 [M]. 北京：中国人民大学出版社，2022.

[9] 马博. 跨境电商物流 [M]. 北京：中国经济出版社，2022.

[10] 李瑞麒. 跨境电商物流 [M]. 重庆：重庆大学出版社，2022.

[11] 陈璇，韩雪. 跨境电商物流 [M]. 北京：机械工业出版社，2022.

[12] 潘勇. 跨境电子商务物流管理 [M]. 北京：高等教育出版社，2021.